Foreign Exchange
Trading Practice

///////// 高职高专金融管理与实务专业系列教材

外汇交易实务

杨向荣 主 编
朱 静 张伟芹 副主编

电子工业出版社
Publishing House of Electronics Industry
北京·BEIJING

未经许可，不得以任何方式复制或抄袭本书之部分或全部内容。
版权所有，侵权必究。

图书在版编目（CIP）数据

外汇交易实务 / 杨向荣主编. —3 版. —北京：电子工业出版社，2022.2
ISBN 978-7-121-41302-5

Ⅰ.①外… Ⅱ.①杨… Ⅲ.①外汇交易－高等职业教育－教材 Ⅳ.①F830.92

中国版本图书馆 CIP 数据核字（2021）第 105928 号

责任编辑：袁桂春
印　　刷：北京盛通数码印刷有限公司
装　　订：北京盛通数码印刷有限公司
出版发行：电子工业出版社
　　　　　北京市海淀区万寿路 173 信箱　　邮编 100036
开　　本：787×1 092　1/16　印张：15　字数：328 千字
版　　次：2009 年 1 月第 1 版
　　　　　2022 年 2 月第 3 版
印　　次：2025 年 2 月第 5 次印刷
定　　价：59.00 元

凡所购买电子工业出版社图书有缺损问题，请向购买书店调换。若书店售缺，请与本社发行部联系，联系及邮购电话：(010) 88254888，88258888。
质量投诉请发邮件至 zlts@phei.com.cn，盗版侵权举报请发邮件至 dbqq@phei.com.cn。
本书咨询联系方式：(010) 88254199，sjb@phei.com.cn。

前言 *Introduction*

金融既是国家经济的命脉，也是现代经济可持续发展的重要支撑，金融外汇交易服务惠及众多企业和千家万户，涉及各个经济领域，并在促进生产、促进外贸、开拓国际市场、拉动就业、赈灾救灾、支持中小微企业发展、支持大学生创业、推动国家经济发展、投资理财、规避汇率风险、改善民生、构建和谐社会等方面发挥着越来越重要的作用。因而，金融外汇交易越来越受到我国各级金融行业主管部门和金融企业的高度重视。

金融企业要想更好、更快地开拓国际市场，要想在金融市场竞争中取得优势，就必须走国际化道路，就必须改进金融服务，就必须加强国际金融外汇交易服务。

外汇交易是金融管理专业的专业核心课程，也是商业银行、金融保险、外贸企业、外汇交易投资公司从业者必须掌握的基本知识技能。保障我国全球经济活动和国际金融外汇交易业务的顺利运转，加强现代外汇交易从业者的应用知识技能培训，提高我国外汇交易管理水平，更好地为我国金融经济教学实践服务，既是金融企业可持续快速发展的战略选择，也是本书出版的真正目的和意义。

本书作为高等职业教育金融管理专业的特色教材，由多年从事金融外汇交易教学与实践活动的教师共同撰写。本书严格按照教育部关于"加强职业教育、突出实践能力培养"的教学改革要求，突出实操性，注重实践能力的培养和训练。本书的出版不仅配合了高职院校外汇交易的教学创新和教材更新，也体现了高职院校办学育人注重职业性、实践性、应用性的特色；既满足了社会需求，也起到了为国家金融经济服务的作用。

本书共十章，以学习者实践能力培养为主线，根据现代金融服务创新与发展，结合国际金融外汇交易业务实际和操作规程，系统地介绍了外汇、汇率、外汇市场、外汇买卖、交易计算、期货交易、期权业务、实盘买卖、交易平台等外汇交易基础知识，并通过外汇交易模拟系统操作训练提高应用技能。

本书由杨向荣担任主编并统稿，朱静、张伟芹担任副主编，由具有丰富实践经验的中国工商银行张家口分行杨海云行长审校。写作分工如下：杨向荣编写第一、第三、第四、第五章，朱静编写第二、第六章，张伟芹编写第八章，马立占编写第九章，乔睿编写第七、第十章，王宝生编写附录。

在本书编写过程中，我们参阅了大量关于外汇交易实务的图书、期刊和相关网站资料，以及国家关于外汇业务管理的最新法规和政策制度，精选了最新典型案例，并得到了金融企业专业人士的指导，在此一并表示感谢。因时间仓促，书中难免存在疏漏和不足，恳请专家和读者提出宝贵的意见和建议。

杨向荣

目 录

第一篇 外汇交易业务基础

第一章 外汇交易基础知识……………………………………………………2
- 第一节 交易的对象——外汇……………………………………………3
- 第二节 交易的价格——汇率……………………………………………7
- 第三节 汇率折算与进出口报价…………………………………………15
- 本章思考题………………………………………………………………18

第二章 外汇市场………………………………………………………………20
- 第一节 外汇市场概述……………………………………………………21
- 第二节 我国外汇市场……………………………………………………31
- 第三节 我国个人外汇买卖业务…………………………………………35
- 本章思考题………………………………………………………………39

第二篇 传统外汇交易业务

第三章 即期外汇交易…………………………………………………………44
- 第一节 即期外汇交易概述………………………………………………45
- 第二节 即期外汇交易实务………………………………………………48
- 第三节 即期外汇交易中的计算问题……………………………………52
- 本章思考题………………………………………………………………56

第四章 远期外汇交易…………………………………………………………59
- 第一节 远期外汇交易概述………………………………………………60
- 第二节 远期汇率的确定与计算…………………………………………63
- 第三节 远期外汇交易的功能……………………………………………66
- 第四节 特殊的远期外汇交易……………………………………………70
- 本章思考题………………………………………………………………74

第三篇 衍生外汇交易业务

第五章 外汇期货交易 ·············· 78
第一节 外汇期货交易概述 ·············· 79
第二节 外汇期货交易方式及工作流程 ·············· 86
第三节 外汇期货交易的应用 ·············· 90
本章思考题 ·············· 96

第六章 外汇期权交易 ·············· 98
第一节 外汇期权概述 ·············· 99
第二节 外汇期权价格的决定 ·············· 103
第三节 外汇期权交易的应用 ·············· 105
第四节 我国外汇期权业务简介 ·············· 111
本章思考题 ·············· 113

第四篇 个人外汇交易业务

第七章 外汇交易相关知识 ·············· 116
第一节 外汇实盘交易 ·············· 117
第二节 外汇保证金交易 ·············· 125
本章思考题 ·············· 128

第八章 基本面分析 ·············· 131
第一节 如何进行基本面分析 ·············· 132
第二节 主要货币的基本面分析 ·············· 139
本章思考题 ·············· 144

第九章 技术分析 ·············· 147
第一节 K线图分析 ·············· 148
第二节 技术图形分析 ·············· 157
第三节 技术指标分析 ·············· 166
本章思考题 ·············· 172

第十章 个人外汇交易模拟 ·············· 178
第一节 中国工商银行个人外汇买卖业务 ·············· 179

第二节　中国工商银行个人外汇买卖模拟交易 ………………………… 182
　　第三节　MT4 外汇模拟交易平台 …………………………………………… 199
　　本章思考题 …………………………………………………………………… 217

附录 A　中华人民共和国外汇管理条例 ………………………………… 219

附录 B　2020 年中国外汇市场交易概况（1—7 月）………………… 225

附录 C　国内实盘外汇交易与国际保证金外汇比较 …………………… 227

附录 D　外汇交易常用术语中英文对照 …………………………………… 228

参考文献 …………………………………………………………………………… 232

第一篇

外汇交易业务基础

- 第一章　外汇交易基础知识
- 第二章　外汇市场

第一章
外汇交易基础知识

 **学习目标**

知识目标
- 了解外汇与汇率的种类;
- 理解外汇与汇率的含义;
- 掌握常见的货币报价方法。

技能目标
- 能够看懂汇率牌价;
- 能够运用汇率报价进行货币兑换;
- 能够运用汇率进行进出口报价的折算。

学习导航

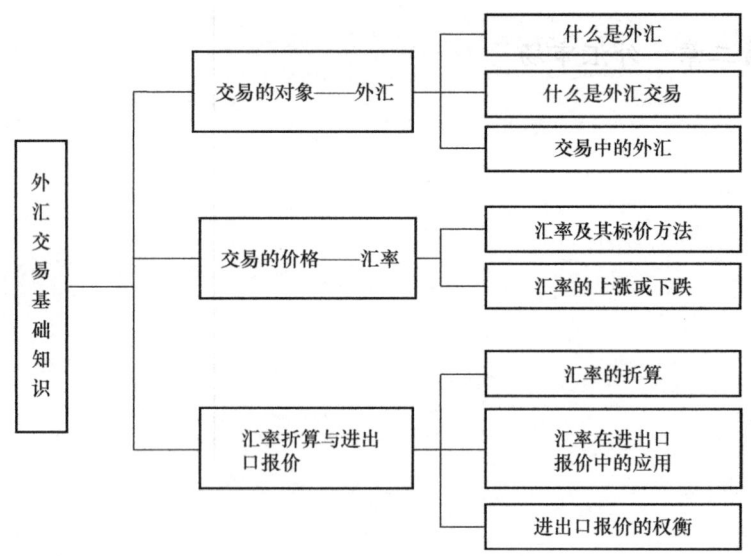

 **课前导读**

你能准确判断以下哪些是外汇,哪些不是外汇吗?

我国某公司持有的美元现金、英镑存款、在美国投资购买的汽车、美国国库券、IBM 公司股票、汇丰银行开出的港币旅行支票、越南盾现钞、花旗银行开出的汇票、在美国购买的房产、人民币存款。

如果上述公司是一家美国公司，你又如何判断呢？

在外汇交易中，"外汇"是最基本的概念，它已成为各国从事国际经济活动不可缺少的媒介。要准确把握外汇的确切内涵及进行各种外汇交易，我们有必要从外汇的概念学起。

第一节 交易的对象——外汇

一、什么是外汇

从形态上讲，外汇（Foreign Exchange）的概念可从两个方面来理解，即动态的外汇和静态的外汇。

（一）动态的外汇

由于各国都有自己独立的货币制度和货币，一国货币不能在另一国流通，因此国与国在清偿债权和债务时，需要进行本外币的兑换。

动态的外汇即"国际汇兑"，就是把一个国家的货币兑换成另一个国家的货币，以清偿国际债权债务的一种专门性的活动。

例如，英国某进出口公司从美国进口一批机器设备，双方约定用美元支付，而英方公司只有英镑存款，为了解决支付问题，该公司用英镑向伦敦银行购买相应金额的美元汇票，然后寄给美国出口商；美国出口商收到汇票后，即可向当地纽约银行兑取美元。这样一个过程就是国际汇兑（见图1-1），也就是外汇最原始的概念。

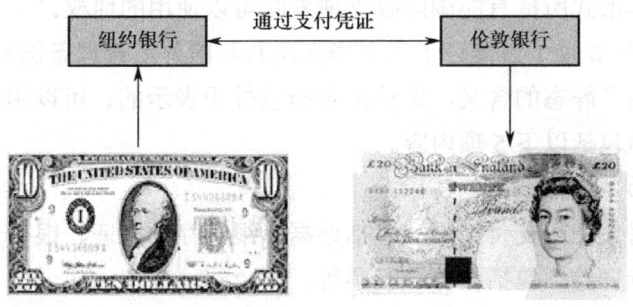

图1-1 国际汇兑

（二）静态的外汇

随着世界经济的发展，国际经济活动日益活跃，国际汇兑业务也越来越广泛，慢慢地，"国际汇兑"由一个过程的动态概念演变为国际汇兑过程中的国际支付手段这样一个静态概念，从而形成了目前外汇的一般静态定义，即以外币表示的、为各国普遍接受的、可用于清偿国际债权债务的金融资产和支付手段。

作为国际支付手段的外汇必须具备 3 个要素：国际性、自由兑换性和可偿性。我们可以从下述 3 个方面进一步理解。

（1）外汇必须是以外币计价或表示的各种金融资产。也就是说，用本国货币计价或表示的金融资产不能被视为外汇。以美元为例，美元为国际支付中常用的货币，但对美国人来说，凡是用美元对外进行的收付活动都不算动用了外汇。只有对美国以外的人来说，美元才算外汇。

（2）外汇必须具有充分的可兑换性。一般来说，一种货币只有能自由兑换成其他国家的货币，同时能不受限制地存入该国商业银行普通账户的才算外汇。例如，美元可以自由兑换成日元、英镑、欧元等其他货币，因而美元对其他国家的人来说是一种外汇；而我国的人民币现在还不能完全自由兑换成其他种类的货币，所以人民币对其他国家的人来说尽管也是一种外币，却不能称作外汇。

？想一想

朝鲜圆是外汇吗？

（3）外汇必须在国际上能够被普遍接受。空头支票、拒付的汇票等均不能被视为外汇，否则国际汇兑的过程就无法进行。同时在多边结算制度下，在国际上得不到偿还的债权显然不能用作本国对第三国债务的清偿。

以上对于外汇的理解主要是从狭义的角度来分析的，即狭义外汇是指在国外的银行存款，以及索取这些存款的外币票据与外币凭证，如汇票、本票、支票等。相对而言，广义的外汇是指国际货币基金组织和各国外汇管理法令中的外汇。

国际货币基金组织对外汇的定义为："外汇是货币行政当局以银行存款、财政部库券、长短期政府证券等形式所持有的国际收支逆差时可以使用的债权。"

我国于 2008 年 8 月 1 日修订了《中华人民共和国外汇管理条例》，该条例第三条对外汇的定义也采用了静态的含义，即外汇是指以外币表示的、可以用作国际清偿的支付手段和资产，具体包括以下 5 项内容。

（1）外国货币，包括纸币、铸币。

（2）外币支付凭证或支付工具，包括票据、银行存款凭证、银行卡等。

（3）外币有价证券，包括债券、股票等。

（4）特别提款权。

（5）其他外汇资产。

二、什么是外汇交易

还记得前面所讲的动态外汇的概念吗？这一概念揭示了外汇交易的含义。

外汇交易是指外汇买卖的主体为了满足某种经济活动或其他活动的需要，按一定的汇率和特定交割日而进行不同货币之间的兑换行为，如美元兑日元（USD/JPY）、英镑兑美元（GBP/USD）等。

概括地讲，外汇交易可分为两大类，即零售性外汇交易和批发性外汇交易。

（一）零售性外汇交易

零售性外汇交易，即银行与客户间的外汇交易。一国的对外经济活动会伴随着大量的外汇供给与需求：外汇供给方将外汇卖给银行，换成本币，称为结汇；外汇需求方将本币付给银行，同时买入外汇，称为售汇。这样便形成了银行与客户间的外汇交易。其中，外汇银行与法人之间的外汇交易采用转账结算，而外汇银行对居民个人的外汇交易通常在柜台结算。由于银行与客户间的外汇交易笔数较多，金额较小，故称为零售性外汇交易。

（二）批发性外汇交易

批发性外汇交易，即银行同业间的外汇交易。外汇银行在对客户买入或卖出外汇后，其自身持有的外汇就会出现多余或短缺，从而形成外汇敞口风险。银行为了保持外汇头寸的平衡，需要在每日零售业务终了后，在银行同业外汇市场上进行外汇抛补交易，以将外汇风险降到最低程度。这种银行间或银行与其他金融机构之间的交易往往涉及金额较大，故称为批发性外汇交易。

阅读拓展 1-1

历史最高！全球 2019 年 4 月外汇交易额日均 6.6 万亿美元

根据国际清算银行的数据，全球外汇市场的交易额已跃升至 6.6 万亿美元的历史最高水平。国际清算银行在 2019 年的一项针对该行业的三年期调查报告中称，2019 年 4 月的平均每日交易额较 2016 年同月的 5.1 万亿美元增长了 29%，如图 1-2 所示。外汇衍生品交易（主要是掉期）的增长超过现货市场，目前占全球外汇交易量的近一半。

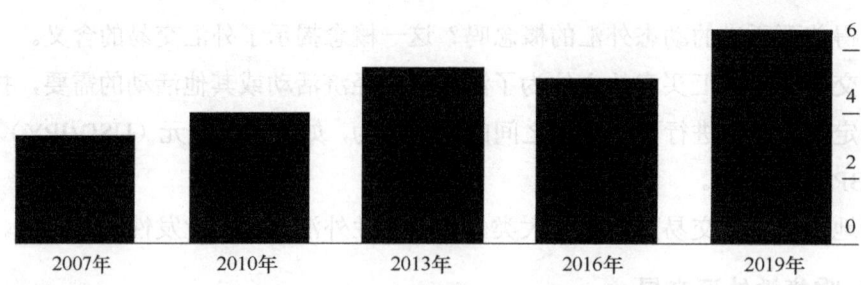

图 1-2　近年来全球平均每日外汇交易量

资料来源：环球外汇网，2019 年 9 月 17 日。

三、交易中的外汇

外汇的种类很多，大部分国家都有自己的货币，但外汇交易中所涉及的货币品种是有限的。进行外汇交易的货币必须是国际上可兑换的货币。

（一）外汇交易中的主要货币名称及符号（见表 1-1）

表 1-1　外汇交易中的主要货币名称及符号

国家或地区	货币名称	ISO 货币符号 字母代码	ISO 货币符号 数字代码	惯用缩写
中国（China）	人民币元（Renminbi Yuan）	CNY	156	¥
中国香港（Hong Kong）	港币（HongKong Dollar）	HKD	344	HK$
日本（Japan）	日元（Yen）	JPY	392	Yen
新加坡（Singapore）	新加坡元（Singapore Dollar）	SGD	702	S$
欧盟（European Union）	欧元（Euro）	EUR	978	€
英国（United Kingdom）	英镑（Pound Sterling）	GBP	826	£
瑞士（Switzerland）	瑞士法郎（Swiss Franc）	CHF	756	SFr
美国（United States）	美元（US Dollar）	USD	840	US$
加拿大（Canada）	加拿大元（Canadian Dollar）	CAD	124	Can$
澳大利亚（Australia）	澳大利亚元（Australian Dollar）	AUD	036	A$

资料来源：国际标准化组织 4217 标准（2001 版）：货币和资金表示代码。

（二）主要货币和次要货币

在外汇交易中，交易最频繁的货币叫作主要货币，按照交易额排序分别是美元、欧元、日元、英镑、瑞士法郎、加拿大元和澳大利亚元等。其余的交易货币都被称为次要货币，如新西兰元、南非兰特和新加坡元是经常交易的次要货币。由于国际市场上的交易合同量在不断变化，其他次要货币的交易频率就很难确定了。

（三）现钞和现汇

现钞主要是指由境外携入或个人持有的可自由兑换的外国货币，简单地说，就是指个人所持有的外国钞票，如美元、日元、英镑等。现汇是指由国外汇入或由境外携入、寄入的外币票据和凭证，在日常生活中我们能够经常接触的现汇主要有境外汇款和旅行支票等。

由于人民币是我国的法定货币，因此外币现钞在我国境内不能作为支付手段，只有在境外才能成为流通货币，银行在使用中需要支付包装、运输、保险等费用。而现汇作为账面上的外汇，它的转移出境只需要进行账面上的划拨就可以了。因此，在银行公布的外汇牌价中，现钞与现汇并不等值，现钞的买入价要低于现汇的买入价。

?想一想

现钞和现汇的区别有哪些？

第二节 交易的价格——汇率

?想一想

你了解外汇行情吗？你会看外汇牌价吗？

一、汇率及其标价方法

从表1-2中可以看到各种不同的数字，这些数字就是汇率。那么，什么是汇率呢？

表1-2 中国工商银行人民币即期外汇牌价　　　单位：人民币/100外币

种	现汇买入价	现钞买入价	现汇卖出价	现钞卖出价
英镑（GBP）	905.61	879.71	912.33	912.33
港币（HKD）	88.12	87.41	88.48	88.48
美元（USD）	682.86	677.39	685.74	685.74
瑞士法郎（CHF）	749.81	728.36	755.37	755.37
新加坡元（SGD）	499.71	485.42	503.43	503.43
巴基斯坦卢比（PKR）	4.1044	3.9759	4.1349	4.1349
瑞典克朗（SEK）	78.12	75.88	78.70	78.70
丹麦克朗（DKK）	108.60	105.49	109.41	109.41
挪威克朗（NOK）	76.52	74.33	77.09	77.09
日元（JPY）	6.4227	6.2391	6.4704	6.4704
加拿大元（CAD）	519.71	504.85	523.57	523.57

续表

币种	现汇买入价	现钞买入价	现汇卖出价	现钞卖出价
澳大利亚元（AUD）	495.90	481.72	499.58	499.58
林吉特（MYR）	164.43	—	165.65	165.65
欧元（EUR）	808.04	784.93	814.04	814.04
卢布（RUB）	9.06	8.77	9.13	9.13
澳门元（MOP）	85.54	84.85	85.90	85.90
泰国铢（THB）	21.72	21.04	21.89	21.89
新西兰元（NZD）	457.27	444.20	460.67	460.67
南非兰特（ZAR）	40.73	38.74	41.03	41.03
哈萨克斯坦坚戈（KZT）	1.619 8	1.569 1	1.631 8	1.631 8
韩元（KRW）	—	0.556 6	0.577 2	0.577 2

资料来源：中国工商银行网站，2020年9月4日。

（一）汇率的含义

汇率（Exchange Rate）是指用一国货币表示另一国货币的价格。换句话说，汇率就是两种不同货币之间的交换比率或比价，故又称为"汇价"或"兑换率"。

从汇率的定义可以看到，汇率属于"价格"的范畴，它跟一般商品的价格有许多类似之处，不同之处在于它是各国的特殊商品——货币的价格。

【例1-1】

1美元=6.865 3元人民币

即用人民币表示美元的价格，也可以说成美元兑人民币的比率为6.865 3。

1英镑=1.929 4美元

即用美元表示英镑的价格，也可以说成英镑兑美元的比率为1.929 4。

那么，在两种货币的价格表示中，到底用哪种货币表示另一种货币的价格呢？这涉及汇率的标价方法问题。

（二）汇率的标价方法

汇率的标价方法即汇率的表示方法。因为汇率是两国货币之间的交换比率，在具体表示时就牵涉以哪种货币作为标准的问题，由于所选择的标准不同，便产生了3种不同的汇率标价方法。

1. 直接标价法

直接标价法（Direct Quotation），是以一定单位的外国货币为标准，折算为若干数量的本国货币来表示汇率的方法，即用本币表示外币的价格。或者说，以一定单位的外币为基准计算应付多少本币，所以又称应付标价法（Giving Quotation），如人民币市场汇价（见表1-3）。

表 1-3　人民币市场汇价（2020 年 9 月 4 日）　　　　　　　　　　单位：元

货　　币	单　位	中 间 价	货　　币	单　位	中 间 价
美元	1	6.835 9	日元	100	6.444 1
欧元	1	8.097 4	港币	1	0.882 0

资料来源：中国外汇交易中心、中国货币网（http://www.chinamoney.com.cn）。

在直接标价法下，外国货币总是一定单位（1、100、10 000 等）的固定数额，汇率的涨跌都是以相对的本国货币数额的变化来表示的，简称"外币不动本币动"。

【例 1-2】

假设我国人民币市场汇率为：

月初　　USD1=CNY6.138 5

月末　　USD1=CNY6.135 2

以上变化说明美元贬值，人民币升值。

直接标价法的特点有以下两个。

（1）在直接标价法下，本币数量的变化反映单位外币价值的变化。本币数量增加，则外汇汇率上涨，即外币升值，或本币贬值；反之亦然。

（2）在直接标价法下，外汇汇率的升降同本币数量的增减成正比。

用直接标价法表示汇率有利于本国投资者直接明了地了解外汇行情变化，它成为目前国际上绝大多数国家采用的标价方法。

2．间接标价法

间接标价法（Indirect Quotation），是以一定单位的本国货币为标准，折算为若干数量的外国货币来表示汇率的方法，即用外币表示本币的价格。或者说，以本国货币为标准来计算应收多少外国货币，所以又称应收标价法（Receiving Quotation），如伦敦/纽约外汇行情（见表 1-4）。

表 1-4　伦敦/纽约外汇行情（2020 年 9 月 4 日）

货币名称	1 英镑折合外币	货币名称	1 美元折合外币
美元	1.329 0	新加坡元	1.363 7
加拿大元	1.742 3	日元	106.170 0
瑞士法郎	1.209 4	港币	7.749 6

资料来源：和讯财经。

在间接标价法下，本币金额总是一定单位的固定数额，汇率的涨跌都是以相对的外国货币数额的变化来表示的，简称"本币不动外币动"。

【例 1-3】

假设伦敦外汇市场汇率为：

9

月初　GBP1=USD1.611 2

月末　GBP1=USD1.613 0

以上变化说明英镑升值，美元贬值。

间接标价法的特点有以下两个。

（1）外币数量的变化反映该外币价值的变化。外币数量增加，则外汇汇率下降，即外币贬值；反之亦然。

（2）在间接标价法下，外汇汇率的升降同外币数量的增减成反比。

目前采用间接标价法的少数货币包括：美元、英镑、欧元、澳元、新西兰元、爱尔兰镑、南非兰特等。英镑长期以来采用间接标价法，对欧元采用直接标价法。美国自1978年9月1日起采用间接标价法，但对英镑和欧元仍然沿用直接标价法。

【例1-4】

假设东京外汇市场月初汇率为 USD1=JPY87.78，月末汇率为 USD1=JPY87.70，以上汇率变化说明什么问题？

假设纽约外汇市场月初汇率为 USD1=HKD7.797 0，月末汇率为 USD1=HKD7.803 0，以上汇率变化说明什么问题？

分析：东京外汇市场汇率的变化说明美元贬值，日元升值；纽约外汇市场汇率的变化说明美元升值，港币贬值。

想一想

直接标价法和间接标价法下的汇率之间是什么关系？

3. 美元标价法

随着国际金融市场间外汇交易量的猛增，为了便于国际交易，在银行之间报价时通常采用美元标价法（U.S. Dollar Quotation System）。美元标价法是指以美元为标准表示各国货币汇率的方法，目前已普遍用于世界各大国际金融中心。这种现象某种程度上反映出在当前的国际经济中，美元仍然是最重要的国际货币之一。

与此相对，国际外汇市场上还有一种非美元标价法（Non-dollar Quotation System），即以非美元作为基准货币，美元是标价货币的标价方法。

【例1-5】

假设瑞士苏黎世外汇市场某日汇率报价如下：

USD1=JPY102.60

USD1=HKD7.797 0

EUR1=USD1.352 6

GBP1=USD1.856 4

这些报价对瑞士来讲，既非直接标价法也非间接标价法，其中，USD1=JPY102.60 和 USD1=HKD7.797 0 属于以美元为标准表示其他货币的价格，称为美元标价法；而 EUR1=USD1.352 6 和 GBP1=USD1.856 4 属于以其他货币为标准表示美元的价格，称为非美元标价法。

对上述几种标价法的比较如表 1-5 所示。

表 1-5　几种标价法的比较

标价法	别称	公式	表示	特点	适用国家、地区
直接标价法	应付标价法	外币/本币=x 如在中国： USD/CNY=6.834 6	外币 1=本币 x 如在中国： USD1=CNY6.834 6	外币不变，若本币数额增加，则外币升值，本币贬值	除英国、美国等少数国家之外的大部分国家
间接标价法	应收标价法	本币/外币=x 如在英国： GBP/USD=1.329 5	本币 1=外币 x 如在英国： GBP1=USD1.329 5	本币不变，若外币数额增加，则本币升值，外币贬值	英国、美国、欧元区、澳大利亚、爱尔兰、南非等
美元标价法	纽约标价法	美元/外币=x 如某外汇市场： USD/HKD=7.750 3	美元 1=外币 x 如 USD1=HKD7.750 3	美元不变，若外币数额增加，则美元升值，外币贬值	世界各大金融中心
非美元标价法		外币/美元=x 如某外汇市场： EUR/USD=1.352 6	外币 1=美元 x 如 EUR1=USD1.352 6	外币不变，若美元数额增加，则外币升值，美元贬值	

（三）标价法中的基准货币和标价货币

1. 基准货币

各种标价法下数量固定不变的货币叫作基准货币（Based Currency）。例如，GBP1=USD1.329 5 中的 GBP，USD1=CNY6.834 6 中的 USD。

2. 标价货币

各种标价法下数量变化的货币叫作标价货币（Quoted Currency）。

显然，在直接标价法下，基准货币为外币，标价货币为本币；在间接标价法下，基准货币为本币，标价货币为外币；在美元标价法下，基准货币是美元，其他货币是标价货币。

在我国个人外汇实盘买卖的报价中，还有两种报价方法，即直盘报价法和交叉盘报价法。直盘报价法指基准货币或标价货币有一个是美元；交叉盘报价法指不论基准货币还是标价货币都是非美元货币。例如，EUR/USD=1.345 1/1.345 7 属于直盘报价法；GBP/JPY= 140.87/141.17 属于交叉盘报价法。

（四）汇率的标价原则

1. 正确的表示方法

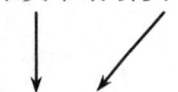

GBP/USD=1.328 0/95

在这两种表示方法中，英镑 GBP 都是基准货币，美元 USD 都是标价货币。

2. 辨别买入价与卖出价

（1）交易双方分别为银行和客户时，站在银行角度。

（2）交易双方均为银行或没有银行时，站在报价方角度。

（3）报价汇率中的货币没有本国货币时，站在基准货币角度。

想一想

若 USD/JPY=102.65/108.30，报价方（或询价方）买入 USD 时要付出多少 JPY？报价方（或询价方）卖出 USD 时要收入多少 JPY？

（五）汇率的种类

外汇汇率的种类很多，特别是在实际业务中，分类更加复杂。这里主要从 3 个角度对汇率的种类加以介绍。

1. 从汇率制定的角度划分

从汇率制定的角度，可将汇率分为基本汇率和套算汇率。

（1）基本汇率（Basic Rate）是指本国货币（Local Currency）对某一关键货币的比率。关键货币（Key Currency）是指国际上普遍接受的、国际收支中使用最多的、外汇储备中占比最大的自由外汇。

（2）套算汇率（Cross Rate）是指通过基本汇率套算得到的两种货币间的汇率。

【例 1-6】

已知基本汇率分别为 USD1 = HKD7.786 0，USD1 = SGD1.840 5，求套算汇率 SGD/HKD。

分析：由已知条件可得 HKD7.786 0 = SGD1.840 5，所以 SGD1=HKD（7.786 0/1.840 5）= HKD4.230 4，即套算汇率 SGD/HKD=4.230 4。

【例 1-7】

已知基本汇率分别为 GBP1=USD1.562 5，USD1=CHF1.603 2，求套算汇率 GBP/CHF。

分析：由已知条件可得 GBP1=CHF（1.603 2×1.562 5）=CHF2.505，即套算汇率

GBP/CHF=2.505。

2. 从银行买卖外汇的角度划分

从银行买卖外汇的角度，可将汇率分为买入汇率、卖出汇率、中间汇率和现钞汇率。

（1）买入汇率（Buying Rate）是外汇银行从客户手中买进外汇时所采用的汇率。

（2）卖出汇率（Selling Rate）是外汇银行卖给客户外汇时所采用的汇率。

外汇银行作为从事货币、信用业务的中间商人，其盈利主要体现在买入与卖出的差价上；换句话说，外汇卖出价高于买入价的部分是银行买卖外汇的毛收益，包括外汇买卖的手续费、保险费、利息和利润等。

（3）中间汇率（Middle Rate）是买入价和卖出价的算术平均数，即中间价=（买入价+卖出价）÷2，报刊、电台、电视中所提到的通常是中间价，它常被用作汇率分析的指标。

（4）现钞汇率（Bank Notes Rate）是指银行买卖外币现钞的价格。

由于外币现钞在本国不能流通，需要把它们运至国外才能使用，在运输现钞过程中需要花费一定的保险费、运费，因此银行购买外币现钞的价格要略低于购买外汇票据的价格，而卖出外币现钞的价格一般与现汇卖出价相同。

3. 按外汇买卖交割期限的不同划分

按外汇买卖交割期限的不同，可将汇率分为即期汇率和远期汇率。即期汇率（Spot Rate）指买卖双方成交后，于当时或两个工作日之内进行外汇交割时所采用的汇率。交割（Delivery）指外汇业务中两种货币对应的实际收付行为。远期汇率（Forward Rate）指买卖双方成交后，在约定的日期办理交割时采用的汇率。

二、汇率的上涨或下跌

（一）汇率上涨或下跌的含义

1. 汇率上涨

汇率上涨（货币升值）指一种货币可以兑换相对多的其他货币。

【例1-8】

假设某外汇市场的汇率如下：

月初　GBP1=USD1.562 5

月末　GBP1=USD1.563 0

以上变化说明英镑可以兑换更多的美元，即英镑汇率上升，英镑升值。

2. 汇率下跌

汇率下跌（货币贬值）指一种货币只能兑换相对少的其他货币。

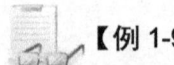【例1-9】

假设某外汇市场的汇率如下：
月初　USD1=CNY6.170 4
月末　USD1=CNY6.169 5

以上变化说明美元只能兑换更少的人民币，即美元汇率下跌，美元贬值。

在任何一组货币对中，一种货币升值的同时，另一种货币必然贬值，如例1-8中，英镑升值，即美元贬值；例1-9中，美元贬值，即人民币升值。

（二）汇率变化幅度的表示方法与计算

1. 基本点（基点）

按照市场惯例，汇率通常由五位有效数字组成，最后一位数字被称为基本点，它是构成汇率变动的最小单位，如1欧元=1.101 1美元，1美元=120.55日元。欧元对美元从1.101 0变为1.101 5，变化幅度为0.000 5，称欧元对美元上涨了5个基本点。美元对日元从120.50变为120.00，变化幅度为-0.50，称美元对日元下跌了50个基本点。可以看出，通常一个基本点是0.000 1，但也有例外，如在日元的汇率中，一个基本点是0.01。

2. 百分比

除了通过基本点表示汇率的变化，还经常使用百分比表示汇率的变化幅度。例如，某年6月24日，上海证券报报道："从上周一的6.902 8到本周一的6.867 6，人民币汇率在最近的一周里表现出了强劲的升值冲动，屡创新高。按照昨日的6.867 6计算，人民币在本月升值796个基本点，折算百分比幅度为1.15%，升值的速度有所加快。"从这段资料里我们就看到了基本点和百分比两种表示汇率变化的方式。

通过以下两个公式可从不同角度计算汇率的变化幅度。

（1）基准货币对于标价货币的汇率变化（%）=（新汇率/旧汇率-1）×100%
（2）标价货币对于基准货币的汇率变化（%）=（旧汇率/新汇率-1）×100%

？想一想

上文中的796个基本点如何计算？人民币升值幅度1.15%又是如何计算出来的？

【例1-10】

假设某年1月20日GBP/CNY=15.353 0，2月20日GBP/CNY=15.227 4。
思考：① GBP升值还是贬值？变化幅度是多少？
② CNY升值还是贬值？变化幅度是多少？
分析：① GBP由15.353 0变为15.227 4，说明GBP贬值，CNY升值，贬值幅度为：
基准货币/标价货币的汇率变化（%）=（新汇率/旧汇率-1）×100%

$$= (15.2274/15.3530 - 1) \times 100\%$$
$$= -0.82\%$$

② CNY 的升值幅度为：

标价货币/基准货币的汇率变化（%）=（旧汇率/新汇率−1）×100%
$$= (15.3530/15.2274 - 1) \times 100\%$$
$$= 0.82\%$$

人民币中间价创逾一年新高

据中国外汇交易中心官网消息，2020 年 8 月 31 日人民币兑美元中间价报 6.860 5，上调 286 点，中间价升值至 2019 年 7 月 2 日以来最高。

受此带动，即期汇率方面，在岸人民币兑美元 16:30 收盘价报 6.853 5，较前收盘价涨 116 点。更多反映国际投资者预期的离岸人民币对美元汇率盘中一度升值至 6.846 7。

过去三个月，人民币持续波动上涨，已从 7.176 5 的低点涨至 6.85 一线，涨幅超过 4%。

分析人士指出，支撑人民币升值的逻辑当前并没有变化，中国经济基本面相对强劲、中美利差走阔、美元趋势性回落及国际收支顺差都是看涨因素。

资料来源：《经济参考报》，2020 年 9 月 1 日。

第三节　汇率折算与进出口报价

在进出口贸易中，经常会遇到以下情况：出口业务中，原来出口商品以一种货币报价，现在需要改用另一种货币报价；进口业务中，进口方需要比较不同货币的报价。解决这些问题需要掌握汇率的折算方法、进出口报价的权衡办法，以及正确运用汇率的买入价和卖出价等。

一、汇率的折算

（一）外币/本币——本币/外币

即已知 1 单位甲货币等于 x 单位乙货币的中间价，求 1 单位乙货币等于多少单位甲货币的中间价。

计算方法：取倒数。

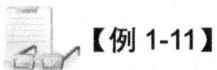【例 1-11】

我国某出口商对外报价某种商品每千克 100 元人民币，客户回电要求改报美元价，

那么我国出口商应报多少美元？（假设当日汇率为 USD/CNY=6.868 4）

分析：首先将 USD/CNY 折算为 CNY/USD=1/6.868 4=0.145 6

则商品的外币价格为：100×0.145 6=14.56（美元）。

（二）外币/本币的买入价/卖出价——本币/外币的买入价/卖出价

即已知 1 单位甲货币等于 x 单位乙货币的买入价/卖出价，求 1 单位乙货币等于多少单位甲货币的买入价/卖出价。

计算方法：取倒数，并调换顺序。

? 想一想

为什么要调换顺序呢？

【例 1-12】

假设中国香港外汇市场某日外汇牌价为：GBP/USD=1.970 9/1.972 7，求 USD/GBP。

分析：按照"取倒数，并调换顺序"的方法，

USD/GBP=（1/1.972 7）/（1/1.970 9）=0.506 9/ 0.507 4。

二、汇率在进出口报价中的应用

在外汇市场上，通常是同时报出买入价和卖出价，而买入价和卖出价之间一般相差 1‰～3‰。进出口商如果在货价折算、对外报价和履行支付义务时考虑不周、计算不精或合同条款不明确，就会遭受损失。在运用汇率的买入价或卖出价时，应遵循以下原则。

（1）本币报价折算为外币报价，应用外币的买入价（本折外，用买入）。

（2）外币报价折算为本币报价，应用外币的卖出价（外折本，用卖出）。

（3）两种外币相折，以外汇市场所在国的货币视为本币。

注：上述"用买入"指的是外币的买入价，"用卖出"指的是外币的卖出价。

【例 1-13】

中国香港某出口商出口机床的底价为 10 万港币，现外国进口商要求用美元报价，那么 10 万港币相当于多少美元？（假设当日汇率为 USD/HKD=7.789 0/7.791 0）

分析：根据"本折外，用买入"，即选择汇率 7.789 0，所以 10 万港元=100 000÷7.789 0= 12 838.6 美元。

【例 1-14】

中国香港某出口商出口西服，每套的底价为 100 美元，现外国进口商要求用港元报

价，那么100美元相当于多少港元？（假设当日汇率为USD/HKD=7.789 0/7.791 0）

分析：根据"外折本，用卖出"，即选择汇率7.791 0，所以100美元=100×7.791 0=779.1港元。

【例1-15】

我国向英国出口商品，原报价商品单价为1万英镑，现英国进口商要求我方改用美元报价，请问我方应报价多少？（假设伦敦外汇市场汇率为GBP1=USD1.708 5/1.709 0，纽约外汇市场汇率为GBP1=USD1.716 7/1.717 2）

分析：若按伦敦汇率折合，应将英镑视为本币，根据"本折外，用买入"的原则，1万英镑=10 000×1.709 0=17 090美元。

若按纽约汇率折合，应将美元视为本币，根据"外折本，用卖出"的原则，1万英镑= 10 000×1.717 2=17 172美元。

三、进口报价的权衡

在进口贸易中，如果一种商品有两种货币报价，那么选择哪种报价更为有利呢？这需要使用一些方法进行权衡，以下举例说明。

【例1-16】

我国某公司从法国进口商品，以欧元报价为每件200欧元，以美元报价为每件297.66美元。思考：对我国进口商来讲，哪种报价更合适？如何比较？

方法1：将两种报价折成人民币进行比较。

若当日我国某银行外汇牌价为 EUR/CNY=10.737 5/10.769 8，USD/CNY=6.870 4/6.878 5。

将欧元报价折成人民币为：

200欧元=200×10.769 8=2 153.96元人民币

将美元报价折成人民币为：

297.66美元=297.66×6.878 5=2 047.45元人民币

所以以USD报价更便宜一些。

方法2：将两种货币折成同种货币进行比较。

若当日汇率为EUR/USD=1.499 3，则200欧元=299.86美元。

所以以USD报价更便宜一些。

如果不考虑其他因素，我国进口商应接受美元报价。

 **本章思考题**

一、填空题

1. 在直接标价法下，外汇汇率升降与本币数量增减成_____比，与本币币值升降成_____比。
2. 在间接标价法下，外汇汇率升降与外币数量增减成_____比，与本币币值升降成_____比。
3. 按照历史习惯，英国、美国采用_____标价法，而美元对英镑采用_____标价法。
4. 若1美元=7.715 6港币，在美国属于_____标价法，在中国香港属于_____标价法，而在其他国家属于_____标价法。

二、选择题

1. 在直接标价法下，外汇汇率上升，则本国货币（   ），二者成（   ）。
   A．升值　　　　B．贬值　　　　C．正比　　　　D．反比
2. 在间接标价法下，外汇汇率上升，则本国货币（   ），二者成（   ）。
   A．升值　　　　B．贬值　　　　C．正比　　　　D．反比
3. 在直接标价法下，本币升值，则兑换本币数量（   ），表示外汇汇率（   ）。
   A．增加　　　　B．减少　　　　C．上升　　　　D．下降
4. 在间接标价法下，本币升值，则兑换外币数量（   ），表示外汇汇率（   ）。
   A．增加　　　　B．减少　　　　C．上升　　　　D．下降

三、计算题

1. 在中国香港，美元被作为关键货币，假设某日汇率1美元=7.715 6港币，同日纽约市场汇率1欧元=1.182 5美元。
   问：在中国香港采用哪种标价法？在纽约采用哪种标价法？1欧元可兑换多少港币？
2. 某日我国外汇市场汇率为1美元=6.868 4元人民币，1澳元=5.933 5元人民币。
   求：1美元可兑换多少澳元？
3. 已知1英镑=1.739 6加拿大元，1英镑=9.091 4元人民币。
   求：1加拿大元等于多少元人民币？
4. 已知1英镑=9.090 2元人民币，1美元=6.872 0元人民币。
   求：1英镑可兑换多少美元？
5. 已知1美元=0.912 0瑞士法郎，1英镑=1.330 1美元。
   求：1英镑可兑换多少瑞士法郎？

四、分析题

1．以下币种在不同国家分别是什么标价方法？

GBP1=USD1.355 0（英国、美国）

USD1=CNY6.834 2（美国、中国）

JPY100=CNY6.650 0（中国、日本）

2．某日我国某机械进出口公司从美国进口机械设备。美国出口商采用两种货币报价：美元报价单价为 6 000 美元，英镑报价单价为 5 000 英镑。

（1）查询当日人民币对美元和英镑的即期汇率分别是 1 美元=6.872 9/6.883 0 元人民币，1 英镑=9.694 1/9.740 5 元人民币。

（2）当日伦敦市场的即期汇率是 1 英镑=1.335 5/1.336 5 美元。

思考：我公司在以上两种条件下分别应接受哪种货币的报价？

3．近年来，人民币升值的趋势越来越明显，请从宏观经济方面和微观经济方面阐述人民币升值对我国经济现在及未来发展的影响。

五、实训题

1．你希望卖出瑞士法郎买入日元，已知市场信息如下：

	USD/CHF	USD/JPY
A 银行	1.494 7/57	141.75/05
B 银行	1.494 6/58	141.75/95
C 银行	1.494 5/56	141.70/90
D 银行	1.494 8/59	141.73/93
E 银行	1.494 9/60	141.76/85

问：（1）你将从哪家银行卖出瑞士法郎买入美元？汇率为多少？

（2）你将从哪家银行卖出美元买入日元？汇率为多少？

2．查询近期人民币兑美元汇率，对比一年前同时期的汇率，计算人民币和美元的升贬值幅度。

第二章 外汇市场

学习目标

知识目标
- 了解外汇市场及其发展情况和外汇市场的特点；
- 了解外汇市场中的参与者和主要的国家外汇市场；
- 了解我国外汇市场的基本特征。

技能目标
- 能够进行个人外汇买卖业务的基本操作；
- 能够进行个人外汇买卖。

学习导航

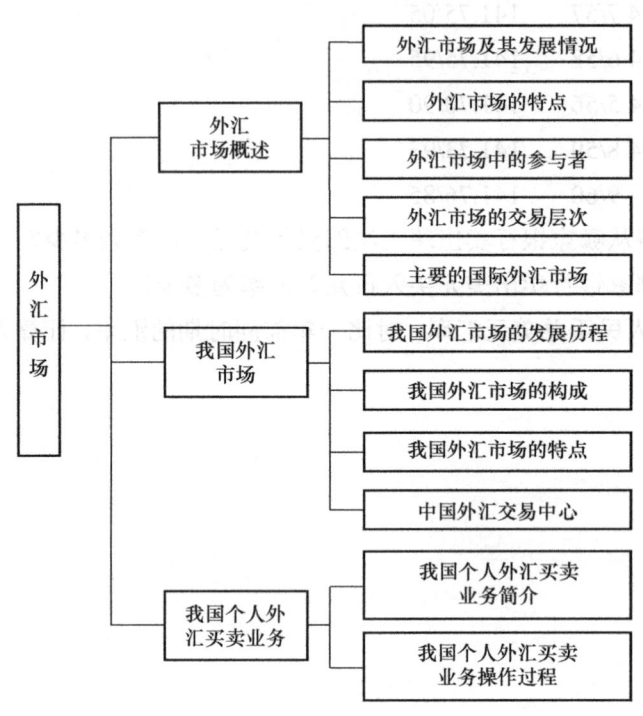

课前导读

据汇通网讯报道，周四欧市盘中，欧元兑美元连续第三个交易日走软，时段内触及一周新低 1.178 9，现交投于 1.18 上方，市场对美元的需求上升，投资者对风险较高的资产进行获利了结，导致欧元兑美元面临新的强劲卖压。据《金融时报》称，欧元升值令欧洲央行对物价下跌引发通缩的状况感到担忧，此番对欧元的罕见评论加大了汇价承受的卖压，周五公布的美国 8 月非农就业报告决定了短线走势。

机构分析显示，美元的下行趋势暂停，至少到欧洲央行利率决议之后。欧元兑美元再度走低，因有新的消息显示，欧洲央行对欧元的强势感到不安，当前欧元区经济正处于困境。从多个方面看，在美元全面下跌至极端低位后，外汇交易商很可能回忆起市场在金融危机后的那段时期，美联储推出更多的宽松政策（压低美元汇率），但没有其他央行希望本国货币过于强势。欧洲央行可能于下周透露更多信息，而在此之前，欧元兑美元很难持续反弹，这可能令美元保持稳定。

从技术层面来看，德国商业银行指出，欧元兑美元修正下跌，已跌破 1.18，短线已在 1.201 4 筑顶，最近破败 1.201 4，且新高和日图相对强弱指标出现巨大背离，这些均表明短期内汇价正下跌修正，后市料续跌，初始支撑位为一个月支撑线 1.178 8，若下跌仍在 4 个月上行趋势线 1.170 9 获得良好支撑，那么总体仍保持上涨倾向，更下方支撑位位于 3 月高点 1.149 5。

以上就是对欧洲外汇市场欧元兑美元的行情分析。看了以上分析，你肯定会产生疑问：什么是外汇市场？外汇市场都有哪些交易可以进行？交易的目的是什么？影响外汇汇率变动的因素有哪些？本章将从外汇市场的概念出发，讲述国际外汇市场的特点及参与者，对主要的国际外汇市场进行介绍，接着讲述我国外汇市场的特征和体系，以及我国个人外汇买卖的操作。

第一节 外汇市场概述

一、外汇市场及其发展情况

（一）什么是外汇市场

外汇市场（Foreign Exchange Market）是指从事外汇买卖的交易场所，或者说是各种不同货币相互之间进行交换的场所。

外汇市场是世界上最大的金融市场，据统计，纽约外汇市场美元的日交易额达数千亿美元，是纽约证券交易所日交易额的几十倍。在外汇市场上交易的货币主要是美元、英镑、瑞士法郎、日元、加拿大元等可自由兑换货币。

外汇市场是金融市场的重要组成部分，外汇市场之所以存在，主要有以下几个原因。

（1）贸易和投资的需要。进出口商在进口商品时支付一种货币，而在出口商品时收取另一种货币。这意味着，它们在结清账目时，收付不同的货币。因此，它们需要将自己收到的部分货币兑换成可以用于购买商品的货币。与此类似，一家买进外国资产的公司必须用当事国的货币支付，因此，它需要将本国货币兑换成当事国的货币。

（2）投机的需要。两种货币之间的汇率会随着这两种货币之间供需的变化而变化。交易员在某个汇率上买进一种货币，而在另一个更有利的汇率上抛出该货币，他就可以盈利。投机占了外汇市场交易的绝大部分。

（3）对冲保值的需要。由于两种相关货币之间汇率的波动，那些拥有国外资产（如工厂）的公司将这些资产折算成本国货币时，就可能遭受一些风险。当以外币计值的国外资产在一段时间内价值不变时，如果汇率发生变化，以国内货币折算这项资产的价值时，就会产生损益，公司可以通过对冲来消除这种潜在的损益，即执行一项外汇交易，其交易结果刚好抵销由汇率变动而产生的外币资产的损益。

（二）外汇市场的类型

外汇市场依据其发展程度、市场参与者、交易方式、交割时间和有无场所等可分为如下几种类型。

1. 地区性的和国际性的外汇市场

地区性的外汇市场是指外汇银行和当地居民进行交易的场所，其交易币种仅限于本国货币与世界上少数几个国际货币，交易量少，如泰国的曼谷外汇市场。国际性的外汇市场是指外汇银行与境内外居民进行外汇交易的市场，交易币种包括各国的货币，交易量巨大，如纽约外汇市场、伦敦外汇市场。

2. 广义的外汇市场和狭义的外汇市场

广义的外汇市场又称客户市场，是指银行与客户间的外汇买卖市场，主要以零星交易为主，交易量比较小。狭义的外汇市场又称银行间市场，是指外汇银行为了轧平其外汇或资金头寸，从事外汇抛补交易或金融性交易的市场，是外汇市场的主流。

3. 大陆式外汇市场和英美式外汇市场

大陆式外汇市场又称有形外汇市场，有固定的地点和固定的交易时间，集中交易，如法国巴黎和中国上海等外汇市场。英美式外汇市场又称无形外汇市场，没有固定地点集中进行外汇交易，市场参与者可以在任何时间、采取各种方式进行交易，如英国伦敦、中国香港等外汇市场。两者之间的异同如表2-1所示。

表2-1 大陆式外汇市场与英美式外汇市场的异同

	大陆式外汇市场	英美式外汇市场
交易地点	有具体的交易场所，一般设在证券交易所内部的外汇交易厅	没有具体的交易场所
交易时间	固定时间	没有固定的开盘或收盘时间
交易方式	各银行的交易代表集中在交易厅内进行交易	买卖双方在安排成交时无须见面，通过连接银行和外汇经纪人的电话、电报、电传、计算机终端等进行
代表市场	欧洲大陆上的外汇市场（除瑞士、伦敦等外）	伦敦、纽约、东京等大多数外汇市场

4. 管制外汇市场和自由外汇市场

管制外汇市场是指政府对外汇的买卖、外汇资金出入国境及汇率水平进行了严格规定的市场，如中国外汇市场。自由外汇市场是指政府对外汇的买卖、外汇资金的出入国境及汇率不进行任何限制的市场，目前发达国家的外汇市场属于这一类。

（三）外汇市场的发展情况

国际外汇市场几十年来发展十分迅速，从最早的仅仅为了规避汇率风险的简单交易，到目前一体化发展的阶段，国际外汇市场大体经历了3个发展阶段。

1. 浮动汇率制为外汇市场的发展提供了市场基础

1973年布雷顿森林体系瓦解，主要发达国家纷纷实行浮动汇率制。汇率的浮动既给市场参与者带来了投资机会，吸引了无数投资者参与外汇市场交易，又使汇率风险急剧上升。市场参与者为了规避汇率风险，把目光转移到外汇市场上，运用技术手段掌握汇市行情，通过外汇交易产品的创新来规避汇率风险，从而使人们更加关注外汇市场。

2. 金融自由化和全球化使外汇市场在深度和广度上迅速发展

20世纪70年代后期，发达国家放松或取消了外汇管制，利率与汇率的自由化、银行混业经营加速了金融自由化和全球化的进程，国际资本流动的成本越来越小。国际资金自由流动，在各个外汇市场上频繁套利，加速了外汇市场的超常发展，外汇交易规模持续增加，促使各个外汇市场在空间上形成统一，大大推动了全球金融和外汇业务的一体化。

3. 计算机和通信网络的广泛运用，为外汇市场的发展奠定了物质技术基础

新技术革命促进了计算机和通信网络的发展，为外汇交易双方快捷清算及资金的国际划拨提供了物质基础。市场参与者利用网络技术在任何时间和地点都可以方便、准确和安全地进行外汇买卖，从而壮大了外汇市场。同时，新技术革命也加速了世界各国外汇市场间的紧密联系，形成了全球性的外汇交易网络，提高了外汇交易效率。

二、外汇市场的特点

近年来,外汇市场之所以能受到越来越多的人青睐,成为国际上投资者的"新宠儿",与外汇市场自身的特点密切相关。

(一) 全天 24 小时交易

国际外汇市场从地理上可分为远东及中东、西欧和北美三大中心。全球各地区的外汇市场随着地球的自转,能够按照世界时区的差异相互衔接,从星期一到星期五,出现全球 24 小时不间断的连续市场。从格林尼治国际标准时间 GMT22:00,也就是北京时间 6:00 开始(见图 2-1),新西兰的惠灵顿、澳大利亚的悉尼相继开市,之后是日本东京、中国香港、新加坡于北京时间 10:00 开市,然后是中东地区的巴林开市,随后是巴黎、法兰克福、苏黎世,接着是伦敦,到北京时间 21:30,纽约开市,随后芝加哥、旧金山开市。

惠灵顿、悉尼、东京、中国香港、法兰克福、伦敦、纽约等地区的各大外汇市场紧密相连,为投资者提供了没有时间和空间障碍的理想投资场所。只有在星期六、星期日及各国的重大节日,外汇市场才关闭。

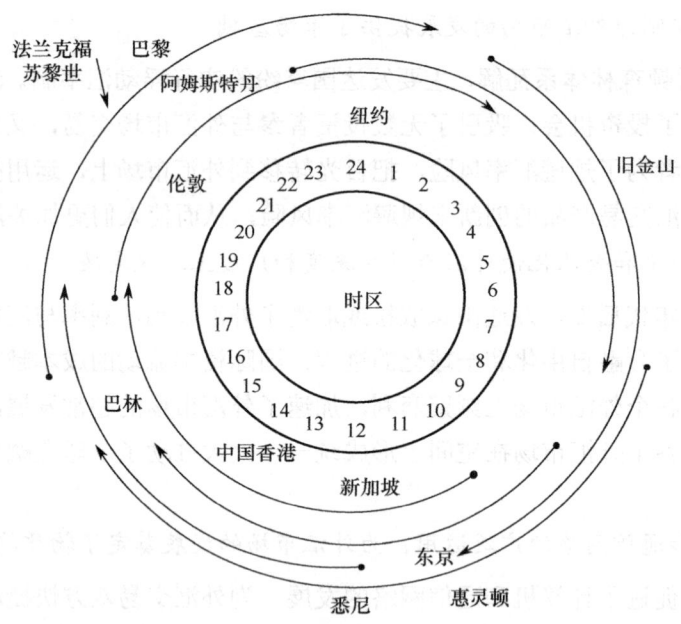

图 2-1　外汇市场开市时间(北京时间)

 小贴士

国际重要汇市交易时间(北京时间)如下:惠灵顿 04:00—13:00;悉尼 06:00—15:00;东京 08:00—15:30;中国香港 10:00—17:00;法兰克福 14:30—23:00;伦敦 15:30—00:30;

纽约 21:00—04:00。

（二）成交量巨大

随着计算机及相关技术的不断发展，跨国资本流动加速，将亚洲、欧洲、美洲等不同时区的市场连成一片，外汇交易量从 20 世纪 80 年代中期的每天成交额约 700 亿美元，到 2019 年猛升至每天成交额超过 60 000 亿美元，最高一天的成交额为 11 万亿美元，是全球期货市场总量的 18 倍，交易量十分庞大，而且每年以 120%的速度递增，是全球任何其他市场都无法比拟的"巨无霸"。

（三）有市无场

外汇买卖是通过没有统一操作市场的行商网络进行的，现代化通信设备和电子计算机大量应用于这个由信息流和资金流组成的无形市场。各国外汇市场之间已形成了一个迅速、发达的通信网络，任何一地的外汇交易都可通过电话、电脑、手机等设备在全球连通的网络中进行，从而完成资金的划拨和转移。这种没有统一场地的外汇交易市场被称为"有市无场"。尽管外汇市场"有市无场"，但它具备信息公开、传递迅速的特点。

（四）零和游戏

在外汇市场上，汇价波动表示两种货币价值量的变化，也就是一种货币价值的减少与另一种货币价值的增加。因此有人形容外汇市场是"零和游戏"，更确切地说是财富的转移。

（五）交易成本低

外汇交易不收取佣金或手续费，只设定点差作为交易的成本，相对而言，成本较为低廉。

（六）双向交易

外汇市场操作可以进行双向交易，交易者可以先买后卖进行多头交易，也可以先卖后买进行空头交易。而股票市场只能"先买后卖"进行单向交易。

（七）政策干预程度低

虽说一国中央银行会从实现货币和汇率政策、宏观经济运行的整体要求等角度出发，对外汇市场进行相应的干预活动，但中央银行的干预能力在这个容量巨大的外汇市场中并不突出，况且在买卖双方阵营中随时都有大型金融机构和为数众多的普通交易者不断地参与交易活动，所以没有机构或个人能够操纵市场。国际外汇市场与期货或股票市场相比，是最公平的市场。

（八）成交方便

利用杠杆进行保证金交易是外汇市场相对于股票交易市场的主要优势。外汇市场每天的交易量超过 60 000 亿美元，巨大的交易量使市场保持高度流通，因此也保证了价格的稳定。高交易量、高流通性和高价格稳定性是支持高杠杆率的理由。

三、外汇市场中的参与者

外汇市场的参与者由外汇供给者和需求者组成，这些参与者出于各自的交易目的进行外汇买卖。参与者因目的不同，从而对外汇市场的影响也不同，以下我们逐一分析。

（一）中央银行

中央银行是外汇市场的特殊参与者，它是各国货币的供给者，是各国银行体系的管理者，也是外汇管制的执行者。

中央银行进行外汇买卖不是为了谋取利润，而是为了监督和管理外汇市场，引导汇率变动方向，使之有利于本国宏观经济政策的贯彻或符合国际协定的要求。中央银行一般设立外汇平准基金，专门用于买卖外汇，以实现干预外汇市场的目的。中央银行还利用利率工具，调整银行利率水平，直接干预远期汇率的决定。中央银行干预外汇市场时，买卖外汇金额非常庞大，而且行动迅速，对外汇市场的供求有很大影响。当今世界，各国中央银行间的合作不断加强，常常联合行动，干预外汇市场，成为外汇市场的领导者。中央银行的货币政策是决定汇率的一个重要因素。

（二）外汇银行

外汇银行是经中央银行批准，可以从事外汇经营活动的商业银行和其他金融机构，其主要业务包括外汇买卖、汇兑、押汇、外汇存贷、外汇担保、咨询及信托等。

外汇银行担当外汇买卖及资金的融通、筹措、运用与调拨任务，是外汇市场的主体，90%左右的外汇买卖业务是在外汇银行之间进行的。

（三）外汇经纪人和外汇交易员

1. 外汇经纪人

外汇经纪人是专门介绍外汇买卖业务、促使买卖双方成交的中间人。

外汇经纪人分为两类：一类叫作一般经纪人，他们用自有资金参与买卖中介活动，并承担损益；另一类叫作跑街经纪人，俗称掮客，他们不参与外汇买卖活动，仅凭提供信息收取佣金，代客户买卖外汇。

外汇经纪人主要依靠提供最新、最可靠、对客户最有利的信息而生存，因此他们拥有庞大的信息网和先进的通信网，善于捕捉并利用信息，开发获利渠道。外汇经纪人在外汇市场上是一支非常活跃的队伍，许多大银行即使能够独立进行外汇买卖，它们也愿意通过经纪人进行交易，因为经纪人不仅能报出最有利的价格，而且大银行也免于暴露自己的经营活动，从而保护自己，顺利实施其市场战略。

2. 外汇交易员

外汇交易员是外汇银行中专门从事外汇交易的人员，交易员向客户报价，代银行进行外汇买卖。

根据承担工作的责任不同，交易员可分为首席交易员、高级交易员、交易员、初级交易员和实习交易员。首席交易员一般负责好几种主要外汇的买卖，交易金额不受限制。高级交易员负责较重要的外汇交易，在交易金额上也很少受限制。交易员、初级交易员和实习交易员则负责一种货币的交易，并根据其经验规定其交易限额，超限额时要请示高级交易员或首席交易员。

（四）一般客户

一般客户是指外汇市场上除外汇银行之外的企业、机关、团体。它们是外汇的最初供应者和最终需求者，如从事进出口贸易的企业、进行跨国投资的企业和偿还外币负债的企业，以及需要汇款的个人等。一般客户的外汇买卖活动反映了外汇市场的实质性供求，尽管这部分交易在外汇市场交易中比例不大，但能对一国的国民经济产生实际影响。

（五）外汇投机者

外汇投机者是指通过预测汇率的涨跌趋势，利用某种货币汇率的时间差异，低买高卖，赚取投机利润的市场参与者。外汇投机者对外汇并没有真实的需求，如调整头寸或清偿债权债务，他们参与外汇买卖纯粹是为了寻找因市场障碍而可能利用的获利机会，这些机会是隐蔽的，难以被发现。

外汇投机者通常以风险承担者的形象出现在外汇市场上，他们出入于各个外汇市场，频繁地买卖外汇，使各外汇市场的汇率趋于一致，更接近外汇供求状况，因此外汇投机者是外汇市场上不可缺少的力量，投机活动是使外汇市场完善的有效途径。但是，外汇投机者往往操纵大量的巨额资金，对某种币种顺势发动突然袭击，影响某种货币的正常趋势，加剧外汇市场的动荡。尤其在当今世界，国际游资规模日增，在先进的通信工具的辅助下，外汇投机者可以十分迅速地流进或流出某个外汇市场，成为一股势不可当的投机力量。

四、外汇市场的交易层次

外汇市场的参与者在市场中交易主要分为3个层次进行（见图2-2）。

（1）顾客与银行间的外汇交易。这是指外汇银行与客户之间的外汇交易。其交易额相对于银行同业间的交易额较小，故又称为零售外汇交易。

（2）银行同业间的外汇交易。这是指外汇银行之间进行的外汇交易，因其交易额大，故又称批发外汇交易。在外汇市场上，银行同业间的外汇交易量通常占总交易量的90%以上。外汇银行参与同业间外汇买卖的目的有两个：弥补因与顾客外汇交易而产生的买卖差额；进行套利、套汇、投机等营利性外汇交易。

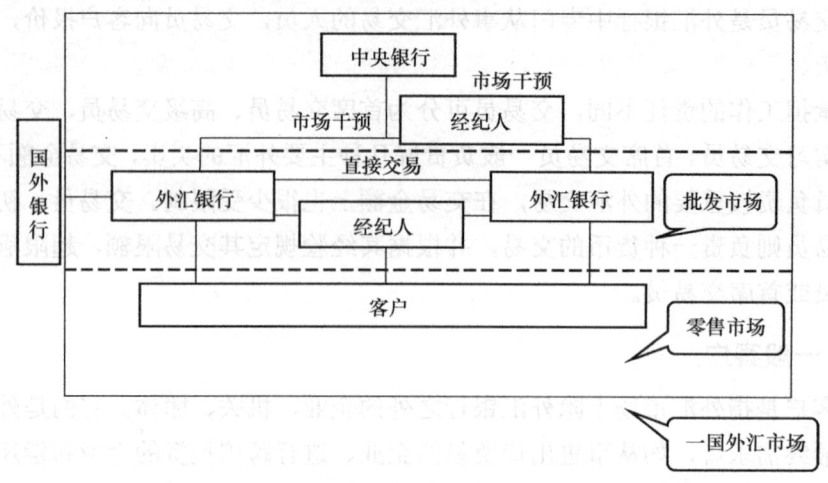

图 2-2 外汇市场的层次结构

（3）中央银行与外汇银行间的外汇交易。中央银行出于管理的需要而干预外汇市场，其干预目的主要通过直接与外汇银行进行外汇交易而实现，有时也通过外汇经纪人从中撮合而实现。

五、主要的国际外汇市场

国际外汇市场是由各国际金融中心的外汇市场构成的，这是一个庞大的体系。目前，世界上大约有 30 多个主要的外汇市场，它们遍布于世界各大洲的不同国家和地区并相互联系，形成了全球统一的外汇市场。根据传统的地域划分，可将外汇市场分为亚洲、欧洲、北美洲三大部分，其中，最重要的外汇市场有伦敦、纽约、中国香港、新加坡、东京、法兰克福、苏黎世、巴黎、洛杉矶、悉尼等。另外，一些新兴的区域性外汇市场如迪拜、开罗和巴林等，也大量涌现，并逐渐走向成熟。这些外汇市场各具特色，分别位于不同的国家和地区。

据国际清算银行 2019 年外汇市场调查结果显示，外汇交易仍然集中在全球主要金融中心，伦敦、纽约、中国香港、新加坡和东京这 5 个金融中心的交易量占全球外汇交易量的 79.4%。其中，英国的外汇交易占比上升了 6 个百分点，占全球外汇交易总量的 43.1%，美国的交易量占比从 2016 年的 19.5%降至 16.5%，新加坡和日本的交易量增长相对较慢，中国香港的交易量增速高于全球外汇市场增速。

2019 年，中国上海外汇市场交易量大幅增长至日均 1 360.2 亿美元，较 2016 年增长了 86.8%，成为全球第八大外汇交易中心（2016 年 4 月排名第 13 位）。

（一）伦敦外汇市场

伦敦外汇市场是一个典型的无形市场，没有固定的交易场所，通过电话、电传、电报完成外汇交易。在伦敦外汇市场上，参与外汇交易的外汇银行机构约有 600 家，包括本国的清算银行、商业银行、其他商业银行、贴现公司和外国银行。这些外汇银行组成了伦敦外汇银行公会，负责制定参加外汇市场交易的规则和收费标准。

在伦敦外汇市场上，约有 250 多个指定经营商。作为外汇经纪人，他们与外币存款经纪人共同组成外汇经纪人与外币存款经纪人协会。在英国实行外汇管制期间，外汇银行间的外汇交易一般都通过外汇经纪人进行。1979 年 10 月英国取消外汇管制后，外汇银行间的外汇交易就不一定通过外汇经纪人进行了。

伦敦外汇市场的外汇交易分为即期交易和远期交易；汇率报价采用间接标价法；交易货币种类众多，经常有三四十种，最多时超 80 种；交易处理速度很快，工作效率高。伦敦外汇市场上外币套汇业务十分活跃，自从欧洲货币市场发展以来，伦敦外汇市场上的外汇买卖与欧洲货币的存放有着密切联系。欧洲投资银行积极地在伦敦市场发行大量外国债券，使伦敦外汇市场的国际性地位更加突出。

（二）纽约外汇市场

纽约外汇市场不仅是美国外汇业务的中心，也是世界上最重要的国际外汇市场之一，还是全球美元交易的清算中心，从其每日的交易量来看，居世界第二位。纽约外汇市场也是一个无形市场，外汇交易通过现代化通信网络与电子计算机进行，其货币结算都可通过纽约地区银行同业清算系统和联邦储备银行支付系统进行。

由于美国没有外汇管制，对经营外汇业务没有限制，政府也不指定专门的外汇银行，因此几乎所有的美国银行和金融机构都可以经营外汇业务。但纽约外汇市场的参与者以商业银行为主，包括 50 余家美国银行和 200 多家外国银行在纽约的分支机构、代理行和代表处。

纽约外汇市场上的外汇交易分为 3 个层次：银行与客户间、银行同业间及本国银行与外国银行间。其中，银行同业间的外汇买卖大都通过外汇经纪人办理。纽约外汇市场有 8 家经纪商，虽然有些经纪商专门从事某种外汇的买卖，但大部分都同时从事多种货币的交易。外汇经纪人的业务不受任何监督，其对安排的交易不承担任何经济责任，只是在每笔交易完成后向卖方收取佣金。

纽约外汇市场交易活跃，但与进出口贸易相关的外汇交易量较小，相当部分外汇交易与金融期货市场密切相关。美国的企业除进行金融期货交易而同外汇市场发生关系外，其他外汇业务较少。

纽约外汇市场是一个完全自由的外汇市场；汇率报价既采用直接标价法（对英镑、欧元等），又采用间接标价法（对其他国家货币），便于在世界范围内进行美元交易；交易货币主要是欧洲大陆、北美加拿大、中南美洲、远东日本等国的货币。

（三）中国香港外汇市场

中国香港外汇市场是20世纪70年代以后发展起来的国际性外汇市场。自1973年香港取消外汇管制后，国际资本大量流入，经营外汇业务的金融机构不断增加，外汇市场越来越活跃，发展成为国际性的外汇市场。香港外汇市场是一个无形市场，没有固定的交易场所，交易者通过各种现代化的通信设施和网络进行外汇交易。香港的地理位置和时区条件与新加坡相似，可以十分方便地与其他国际外汇市场进行交易。

香港外汇市场的参与者主要是商业银行和财务公司。该市场的外汇经纪人有3类：当地经纪人，其业务仅限于香港本地；国际经纪人，是20世纪70年代后将其业务扩展到香港的其他外汇市场的经纪人；香港本地成长起来的国际经纪人，即业务已扩展到其他外汇市场的香港经纪人。

20世纪70年代以前，香港外汇市场的交易以港币和英镑的兑换为主。20世纪70年代后，随着该市场的国际化，以及港币与英镑脱钩并与美元挂钩，美元成了该市场上交易的主要外币。香港外汇市场上的交易可以划分为两大类：一类是港币和外币的兑换，其中以同美元的兑换为主，另一类是美元和其他外币的兑换。

（四）新加坡外汇市场

新加坡外汇市场是在20世纪70年代初亚洲美元市场成立后才成为国际外汇市场的。新加坡地处欧亚非三洲交通要道，时区优越，根据交易需要，可以一天24小时与世界各地区进行外汇买卖。例如，上午可与中国香港、东京、悉尼进行交易，中午还可与中东的巴林进行交易，下午可与伦敦、苏黎世、法兰克福等欧洲市场进行交易，晚上与纽约进行交易。新加坡外汇市场除了保持现代化通信网络，还直接同纽约清算所银行间支付系统（Clearing House Interbank Payment System，CHIPS）和欧洲的环球银行金融电信协会（Society for Worldwide Interbank Financial Telecommunications，SWIFT）系统连接，货币结算十分方便。

新加坡外汇市场的参与者由经营外汇业务的本国银行、经批准可经营外汇业务的外国银行和外汇经纪人组成。其中，外资银行的资产、存放款业务和净收益都远远超过本国银行。

新加坡外汇市场是一个无形市场，大部分交易由外汇经纪人办理，并通过他们把新加坡和世界各金融中心联系起来；交易货币以美元为主，占交易总额的85%左右；大部分交易都是即期交易，掉期交易及远期交易合计占交易总额的1/3；汇率均以美元报价，非美元货币间的汇率通过套算求得。

（五）东京外汇市场

东京外汇市场是一个无形市场，交易者通过现代化通信设施进行交易，其交易量世界排名第三，在三大外汇市场中，东京外汇市场是每天第一个开业的市场。由于东京特殊的地理位置，其与伦敦、纽约外汇市场三分每天的交易时间，成为连接全球市场的关键一环。东京外汇市场的结构与伦敦、纽约外汇市场相似，也是由银行间的批发市场和银行与顾客间的零售市场组成的，其中，银行间的批发市场是东京外汇市场的核心。银行间的批发市场由外汇银行、外汇经纪人、日本中央银行构成。东京外汇市场是随着日本对外经济贸易的发展而发展起来的，与日本金融自由化、国际化的进程相联系。

在东京外汇市场上，银行同业间的外汇交易可以通过外汇经纪人进行，也可以直接进行。日本国内的企业、个人进行外汇交易必须通过外汇指定银行进行。汇率有两种：一是挂牌汇率，包括了利率风险、手续费等的汇率，每个营业日 10:00 左右，各家银行以银行间市场的实际汇率为基准各自挂牌，原则上同一营业日中不更改挂牌汇率；二是市场连动汇率，以银行间市场的实际汇率为基准标价。

第二节　我国外汇市场

一、我国外汇市场的发展历程

（一）第一阶段（1979—1994 年）：外汇调剂金融市场阶段

改革开放之后，我国在 1979 年正式实行外汇留成制度。外汇留成制度指的是，企业和居民账户所得的外汇收入一定要售卖给指定银行，然后企业会按照一定的比例留存外汇，剩下的外汇全部给国家。

（二）第二阶段（1994—2005 年）：银行间金融市场初级阶段

1994 年，外汇治理体制发生了重大变革，我国取消了外汇留成制度，转而实行结售汇制度。官方汇率从原来的 5.80 人民币/美元，贬值到了 8.70 人民币/美元，并且开始实行单一的有管理浮动汇率制，利用金融市场机制调节汇率。之后我国关闭了外汇调剂中心，外商金融理财企业的外汇投资交易全部归属银行结售汇体系。

（三）第三阶段（2005—2015 年）：银行间金融市场发展阶段

2005 年 7 月，人民币汇率制度发生了重大变革，根据《关于完善人民币汇率形成机制变革的公告》，我国实行以金融市场供求为基础，按照"一篮子货币"进行调节、有管理的浮动汇率制度。对外汇金融企业来说，该制度进一步提升了其投资交易外汇的自由度，监管当局不断放宽条件，企业可以自主保留和运用外汇资金。

（四）第四阶段（2015 年至今）：人民币全球化背景下的发展新阶段

在人民币全球化的时代背景下，外汇金融市场进一步发展，人民币全球化的目的在于让人民币成为可以跨越国界，被全球普遍认可的计价、结算及储备的世界货币。完善和健全我国外汇金融市场，可以大大促进人民币全球化。

二、我国外汇市场的构成

传统的外汇市场分为批发市场和零售市场。在我国，机构和个人在零售市场上通过外汇指定银行买卖外汇，而银行、非银行金融机构及非金融企业经批准成为银行间外汇市场的会员，进入批发市场交易。中国外汇交易中心作为中介组织，依托电子交易系统、信息系统，为银行间外汇市场提供交易、信息、监管三大平台及相应的服务。

从结构上看，我国外汇市场可分为3个层次。

（一）零售市场

零售市场即客户与外汇指定银行之间的市场。1996年7月1日前，为了保持对外商投资企业政策的连续性，我国保留了过去的外汇调剂中心的做法，专门为外商投资企业提供外汇调剂服务。外商投资企业买卖外汇的价格按当日中国人民银行公布的外汇牌价（中间价），加收0.15%的手续费，不实行价差的办法。可以说，外汇调剂市场也是统一外汇市场的一个组成部分。1996年7月1日实行外商投资企业银行结售汇以后，外商投资企业结售汇既可到银行办理，也可到外汇调剂市场办理。到1998年12月1日，外汇调剂业务停办，外商投资企业结售汇均到外汇指定银行办理。

（二）批发市场

批发市场即银行间外汇市场。外汇指定银行在办理结售汇业务的过程中，会出现买超或卖超的现象，这时，外汇指定银行就可以通过银行间外汇市场进行外汇交易，平衡其外汇头寸。

（三）中央银行与外汇指定银行间的市场

主要是中央银行可以适时以普通会员的身份入市，进行市场干预，调节外汇供求，保持汇率相对稳定，这是中国人民银行对外汇市场进行调控和治理的有效途径。凡在中国境内营业的金融机构，其之间的外汇交易均应通过银行间外汇市场进行。

三、我国外汇市场的特点

1994年1月1日我国对外汇治理体制进行了改革，外汇交易市场无论从结构、组织形式、交易方式还是交易内容上都与国际规范化的外汇市场更加接近。我国外汇交易市场有以下几个特点。

（1）运用现代化的通信网络和电子计算机联网为各金融机构提供外汇交易与清算服务。在交易方式和内容上，实行联网交易。

（2）外汇市场的结构层次可归为两大类：一是客户与外汇指定银行之间的交易；

二是银行间的外汇交易，包括外汇指定银行之间的交易和外汇指定银行与中央银行之间的交易。

（3）决定市场汇率的基础是外汇市场的供求情况。中国人民银行每日公布基准汇率，各外汇指定银行在规定的浮动范围内自行决定挂牌汇率，汇率浮动范围在0.25%以内。

（4）中国人民银行对外汇市场进行宏观调控和治理。中央银行主要运用货币政策进行干预。

此外，我国外汇市场上存在两大板块，即人民币兑外币市场和外币兑外币市场。

人民币兑外币市场由于涉及人民币业务，对国内经济的冲击较大，因此存在许多交易限制。例如，目前只能从事人民币兑美元、港币、日元的即期交易。

外币兑外币市场的参与者不仅包含企业，还包含持有外汇的居民个人，市场发展得较为完善。随着开放型经济的发展，我国国内外汇市场融入国际外汇市场是必然的趋势，两大板块合二为一也是必然的趋势。

阅读拓展 2-1

外汇局公布2020年6月中国外汇市场交易概况数据

国家外汇管理局统计数据显示，2020年6月，中国外汇市场（不含外币对市场，下同）总计成交17.70万亿元人民币（等值2.50万亿美元）。其中，银行对客户市场成交2.38万亿元人民币（等值3 365亿美元），银行间市场成交15.32万亿元人民币（等值2.16万亿美元）；即期市场累计成交6.55万亿元人民币（等值9 247亿美元），衍生品市场累计成交11.15万亿元人民币（等值1.57万亿美元）。

2020年1—6月，中国外汇市场累计成交92.66万亿元人民币（等值13.17万亿美元）。

资料来源：外汇局网站，2020年07月25日。

四、中国外汇交易中心

1994年4月，全国统一的银行间外汇市场即中国外汇交易中心在上海成立并运营，主要职能是为各外汇指定银行提供结售汇头寸平补服务。目前，该中心已成为银行间人民币外汇市场的交易主平台和定价中心。其中，中国外汇交易中心的会员和做市商是银行间即期外汇市场的主要参与者。

近年来，伴随着人民币汇率形成机制的不断完善，外汇市场的发展开始提速并取得显著进展。交易量不断扩大，价格双向波动幅度逐渐增加，截至2021年1月28日，中国外汇交易中心人民币外汇即期会员718家，外币对即期会员226家，人民币外汇即期做市商30家；人民币外汇远期会员254家，外币对远期会员180家，外币对做市商26家，外币对掉期会员174家，外币对期权会员96家，人民币外汇掉期会员250家，人民币外汇期权会员156家，人民币外汇远掉做市商26家。

交易中心以电子交易和声讯经纪等多种方式，为银行间外汇市场、人民币拆借市场和债券市场，提供交易、清算、信息和监管等服务，在保证人民币汇率稳定、传导中央银行货币政策、服务金融机构和监管市场运行等方面发挥了重要的作用。

阅读拓展 2-2

中国外汇交易中心会员的基本条件和入市流程

我国外汇市场实行会员制，会员包含符合要求的银行、非银行金融机构和非金融企业等，入市的基本条件如表2-2所示。

表2-2 我国外汇市场入市基本条件

外汇市场			入市条件
人民币外汇市场	即期	银行	外汇业务经营权 结售汇业务经营许可证明
		非银行金融机构	外汇业务经营权 结售汇业务经营许可证明 注册资本金要求 从事外汇交易的专业人员（2名以上） 两年内没有重大违反外汇经营管理法规的行为
		非金融企业	上年度经常项目或货物贸易进出口额规模达到要求 从事外汇交易的专业人员（2名以上） 两年内没有重大违反外汇经营管理法规的行为
	远期		即期市场会员 金融衍生产品交易业务资格 非金融企业须经外汇局批准
	掉期		取得远期会员资格6个月后自动获得
外币对市场			经批准可以从事外汇买卖业务的金融机构

具备基本条件的机构可以向交易中心提出入市申请，流程如下。

（1）向交易中心提出申请，提交相关表格和材料。

（2）交易中心审批（或报外汇局备案）。

（3）经审核符合入市要求的机构，由交易中心批准其成为外汇市场会员，同时发布市场公告。

（4）签署相关协议。

（5）收到批准文件后，会员应指派交易员参加交易中心组织的培训。交易员参加培训时须提交登记表。培训合格的交易员，交易中心将颁发资格证书。

（6）申请与交易系统连接的专线，准备交易终端所需的软硬件。

（7）申领数字证书。

第三节 我国个人外汇买卖业务

一、我国个人外汇买卖业务简介

2000年以来，我国内地银行业务不断创新，可买卖币种增加，服务方式更加便捷和多元化，这使国内的个人外汇买卖业务日益火爆起来。据统计，目前我国个人外币持有量已达1 600余亿元。而过去大多数居民只是把外汇存到银行，即外汇储蓄存款，由于时间、经验、技术和手段等方面的原因，很少有人想到从事个人外汇买卖投资活动。传统的外汇储蓄业务是一种存取性业务，以赚取利息为目的；个人外汇买卖是一种主动性的买卖业务，以赚取汇率差额为主要目的，同时客户还可以通过该业务把自己持有的外币转为更有升值潜力或利息较高的外币，以赚取汇率波动的差价或更高的利息收入，使手中的外币增值。

我国银行的个人外汇买卖业务，是指银行接受境内个人客户的委托，参照国际金融市场现时汇率，把一种外币兑换成另一种外币业务。凡是具有完全民事行为能力，在外汇指定银行的个人外汇交易指定的营业网点开立个人外币存款账户，或者持有外币现钞的境内居民，均可以在银行办理个人外汇买卖业务。

个人外汇交易按照是否使用银行提供的资金，可以分为个人实盘外汇买卖和个人虚盘外汇买卖两种。个人实盘外汇买卖，是指个人客户通过柜台服务或其他金融电子服务方式进行的不可透支的可自由兑换外汇（外币）的交易，即客户在交易时必须持有足够金额的可卖出的外币，银行不垫付资金，买卖结束后必须进行实际交割。个人虚盘外汇买卖，也称按金交易、外汇保证金交易，是指个人在银行交纳一定的保证金后进行的交易额可以放大若干倍的外汇（外币）交易，在此种交易中银行要垫付资金。

我国个人外汇买卖始于1994年年初，交通银行首先在上海推出了一种名叫"外汇宝"的业务，也就是个人实盘外汇买卖业务。目前中国银行、中国工商银行、中国建设银行、中国交通银行、中国农业银行、中国招商银行、中国光大银行、上海浦东发展银行等纷纷推出了自己的个人外汇买卖业务。持有效身份证件，拥有完全民事行为能力的境内居民，以及具有一定金额外汇或外币的个人，均可进行个人外汇买卖业务。

随着我国居民个人外汇存款的大幅增长，以及新交易方式的引进和投资环境的变化，个人外汇买卖业务迅速发展，目前已经成为除股票以外最大的投资市场。

从事个人外汇买卖，就是根据交易者对外汇市场行情的判断，买入一种将升值的货币，或者卖出将贬值的货币，在货币的升值、贬值真正发生以后，再买回原货币，或者也可以接着购买交易者认为将升值的货币，通过赚取货币升贬值的价差，获取可观的利润，实现保值、套汇和套利的目的。

各个银行根据自己业务的特点,向客户提供的可交易的货币种类有多有少,即便同一个银行系统,其各个分行提供的交易货币种类也略有不同,但基本上都包括美元、欧元、日元、英镑、港元、新加坡元、加拿大元。客户如果需要对个人外汇买卖交易货币之外的货币进行兑换,个人外汇买卖柜台是不受理的。客户可以到银行兑换柜台,通过外币与人民币汇率进行套算。

如果客户手中只有人民币,没有外币,就不可以进行个人实盘外汇买卖,因为我国个人实盘外汇买卖就是外币与外币之间的买卖,而人民币不是完全可自由兑换的货币,因此,人民币不可以进行个人实盘外汇交易。

二、我国个人外汇买卖业务操作过程

(一)个人外汇买卖的目的及操作方法

个人实盘外汇买卖是目前为止国内最有效的个人外汇资产保值、增值的金融工具之一,是继股票、债券后又一金融投资热点,许多大中城市投资者参与"炒汇"已经相当普遍。个人外汇买卖的目的及操作方法如下。

1. 保值

投资者可以通过不同的外币组合,规避汇率风险,达到保值的目的,卖出看跌的货币,买入看涨的货币,即投资于将升值的货币。例如,某客户手中持有的货币是美元,他担心未来美元币值会下跌,于是他就卖出一部分美元,买入日元、欧元、瑞士法郎、英镑等其他外币,以规避外汇风险,等美元币值稳定以后再换回美元。

2. 套汇

套汇的基本原则是买低卖高。投资者利用国际金融市场上外汇汇率的频繁波动,买低卖高,赚取汇差收益。以"9·11"事件为例,2001年1月,1美元兑104日元;"9·11"事件前,1美元兑120日元;"9·11"事件后,1美元兑116日元,当年12月底,1美元兑134日元,即同一年的1~12月,美元兑日元从104日元涨到134日元。假如某人手中持有104万日元,在当年1月买入1万美元,至同年12月再卖出1万美元,可以获取30万日元的汇差收益。

3. 套利

套利即投资者将存款利率较低的外币兑换成利率较高的外币,以获取更高的利息收益。例如,2020年年初,一年期日元存款利息率为0.012 5%,美元为5.437 5%,沿用刚才的例子,如果投资者把104万日元存在银行,一年后只能获得0.012 5%的利息收入,如果把日元兑换成美元存入银行1年,可多获利差收益5.425 0%(5.437 5%–0.012 5%),这是套利的典型做法。

第二章　外汇市场

4. 套利、套汇相结合

到底选择套汇还是套利，要进行比较之后做决定。

情况一：若投资的货币将升值，利率较高，其投资收益=汇差+利差，可以选择套汇套利。

情况二：若投资的货币将升值，但利率较低，在这种情况下，若利差的幅度小于升值的幅度，投资者可以选择套汇获利；而在汇率波动过小而利率差异又较大的情况下，套汇的收益相对较低或无收益。

情况三：若投资的货币升值，利差又大于升值的幅度，那么套汇无利可图，应该选择套利才有收益。

5. 外汇储蓄与外汇买卖相结合

通过分析研判，选择预期升值的货币或利率较高的外币，再进行储蓄存款。

（二）个人外汇买卖的交易方式

1. 柜台交易

柜台交易是客户在银行柜台办理外汇买卖业务的交易方式。其具体步骤如下。

（1）客户在银行营业网点柜台领取《个人外汇买卖业务申请表》，填写姓名、日期、有效身份证件号码、地址、户名、账号、存单号、买卖外币的币种、金额、认可的汇率等内容。填写完毕，连同本人身份证件、外币现金、存折或存单交柜台经办员审核清点。

（2）柜台经办员审核无误，据此填写《外汇买卖证实书》，并交给客户确认签字，成交汇率以该证实书上的汇率为准，客户签字后即视为成交，成交后该笔交易不得撤销。

（3）经复核员复核无误后，经办员将确认书、身份证件、客户的存折或剩余的现金交给客户。柜台交易时间仅限银行正常工作日的营业时间。

柜台交易流程如图2-3所示。

客户填写申请表，连同身份证件、外币现金等交与柜台审核	→	柜台审核无误，填写《外汇买卖证实书》	→	客户签字，视为外汇买卖交易成交	→	复核无误，经办员将确认书、身份证件、存折、剩余现金交与客户

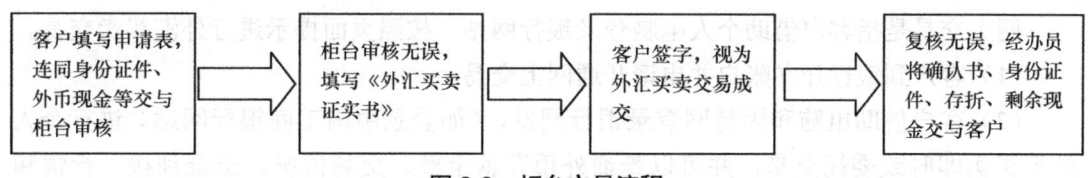

图2-3　柜台交易流程

2. 自助终端交易

自助终端交易是指客户通过银行提供的自助终端机进行个人外汇买卖交易的方式。

（1）客户持有效身份证件到银行网点提出申请，填好有关申请表并签署协议，开立账户并存入一定金额的外币，自行输入密码后，自助交易账户就开通了。

（2）客户借助银行网点的自助终端设备，输入正确的密码后，按照交易终端的提示，单击屏幕菜单或输入数字,可以实现查询汇率牌价和行情走势、完成即时交易、打印成交对账单、补登存折等业务。

自助终端交易流程如图 2-4 所示。

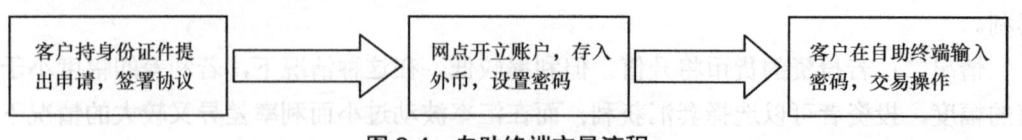

客户持身份证件提出申请,签署协议 → 网点开立账户,存入外币,设置密码 → 客户在自助终端输入密码,交易操作

图 2-4 自助终端交易流程

3. 电话交易

电话交易是指个人客户在银行规定的交易时间内,使用音频电话,按规定的操作方法自行按键操作,通过银行的个人外汇买卖电话交易系统,进行个人外汇买卖的交易方式。

(1)客户需先持有效身份证件到银行开立个人外汇买卖电话交易专用账户。仔细阅读电话委托交易规程和操作说明,将填写好的电话交易申请表或委托书、身份证件、开户外币资金、存折交柜台,并设定电话委托的专用密码。

(2)客户按照各个银行的交易规程和电话语音提示进行交易操作。

(3)电话交易完成后,客户可以通过电话或传真查询证实,成交后该笔交易不得撤销。

电话交易流程如图 2-5 所示。

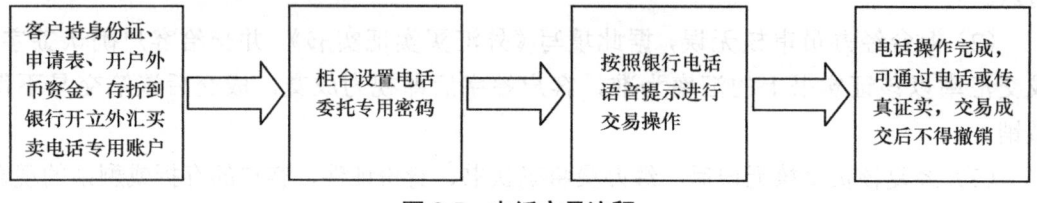

客户持身份证、申请表、开户外币资金、存折到银行开立外汇买卖电话专用账户 → 柜台设置电话委托专用密码 → 按照银行电话语音提示进行交易操作 → 电话操作完成,可通过电话或传真证实,交易成交后不得撤销

图 2-5 电话交易流程

4. 网上交易

网上交易是指客户借助个人电脑登录银行网站,按照页面提示进行外汇买卖交易。

(1)客户到银行开立账户并申请开通网上交易。

(2)客户借助电脑和因特网登录银行网站,(如登录中国工商银行网站)进行个人外汇买卖即时或委托交易,并可以查询外币存款余额、交易情况、资金划拨、行情和证实交易。

5. 手机交易

客户购买移动或联通公司的 STK 卡后,在银行完成签约手续,即可通过目前市场上常见型号的手机进行个人外汇买卖交易及查询(按短信息收费)。

个人外汇买卖交易方式流程总结如图 2-6 所示。

第二章 外汇市场

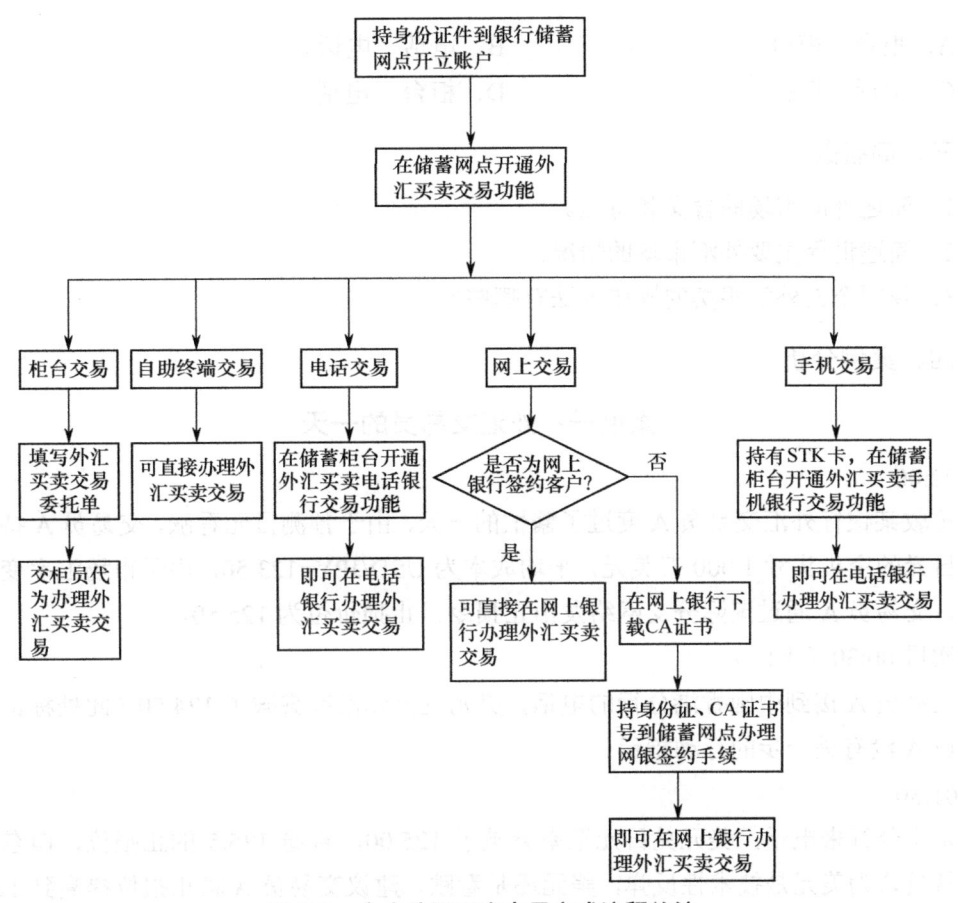

图 2-6 个人外汇买卖交易方式流程总结

本章思考题

一、填空题

1. 外汇市场是指从事_____的交易场所，或者说是各种不同货币相互之间进行交换的场所。

2. 外汇市场操作可以进行_____，交易者可以先买后卖进行多头交易，也可以先卖后买进行空头交易。

二、选择题

1. 我国个人外汇买卖方式可以通过（　　）方式进行。
   A．柜台交易　　　　　　　　B．电话交易
   C．自助终端交易　　　　　　D．网上交易

2. 电话交易需要在（　　）开立交易账户，并通过（　　）进行交易操作。

A. 柜台　柜台　　　　　　　　B. 电话　电话
C. 电话　柜台　　　　　　　　D. 柜台　电话

三、简答题

1. 简述外汇市场的含义和特点。
2. 简述世界主要外汇市场的情况。
3. 我国个人外汇买卖的操作方法有哪些？

四、案例分析

案例一：外汇交易员的一天

22:00

伦敦某银行外汇交易员 A 度过了繁忙的一天，由于预测日元看涨，交易员 A 持有美元对日元的空头头寸 1 000 万美元，平均成本为 USD/JPY=123.50。由于市场汇率变化波幅大，交易员 A 通过国际分支网络发出止损令，止损价位为 125.50。

次日 00:30（下同）

交易员 A 接到中国香港分行的电话，美元兑日元汇率突破了 124.50（此处标记①），交易员 A 没有进一步的行动指示。

01:30

东京分行来电话，美元兑日元汇率突破了 125.00，直逼 125.5 的止损位，但东京外汇交易员认为美元是技术性反弹，美元还是看跌，建议交易员 A 将止损位提高到 126.00（此处标记②）。之后警报解除，一夜无事。

06:30

交易员 A 的便携式路透机显示最新消息，美元利率下调，传闻得到证实，美元对日元汇率急剧下跌到 122.00。于是交易员 A 决定将止损位调低到 122.50，以便保全利润，并发出在 121.50 获取利润的指令（此处标记③）。

07:30

美元对日元已跌破 121.50，东京分行已执行了交易员 A 的获利指令。交易员 A 以一个良好的盈利为开端开始了新一天的工作。

08:00

欧洲开市，美元跌到 120.45/65，交易员 A 认为美元将反弹，遂打算建仓，以 50/70 价格报出，结果以 50 点价格买进了 1 000 万美元。

08:30

欧洲市场抛盘汹涌，美元跌到 120.00，交易员 A 为降低成本，又在此价位买进了 1 000 万美元，此时平均价为 120.25。

11:00—11:30

美元一路下跌,已到119.25,交易员A的2 000万美元多头寸已被深度套牢,但交易员A认为美元在118.85上会有一个有力的支撑,遂在118.00的价位上又买进1 000万美元,此时,交易员A已持有3 000万美元,平均价格为119.50。

13:00

美元反弹到119.50,交易员A决定卖掉500万美元,使其头寸降到2 500万美元,平均价格为119.50。交易员A此时不赔不赚。

14:00—14:30

天大的好消息！日本银行宣布下调贴现率,美元加速反弹到120.00,交易员A又在此价位卖掉1 000万美元,平均价为119.17。今天以来,交易员A首次实现账面盈利1 245万日元。

15:00

传闻日本央行已决定对外汇市场进行干预,把美元推高,市场一片混乱。

15:45

美元兑日元汇率涨到121.35,交易员A卖出了最后1 500万美元,净赚了3 270万日元。加上昨天晚上的盈利,一整天的交易赚了5 270万日元,折合美元约43.43万美元。真是美妙的一天！

思考：

（1）请问在①标记处,A账面损失为多少？

（2）请问在②标记处,A账面损失为多少？如果汇率突破新的止损位,交易员A账面损失将达到多少？

（3）请问在③标记处,在新的止损位122.50止损,交易员A盈利多少？如果在121.5处执行获利指令,交易员A将盈利多少？

案例二：外汇交易必须了解的做市商制度

做市商的英文是Market Maker,与Make the Market有区别,前者从字面上解释即"在没有市场的地方,制造一个市场出来",这里所说的没有市场并非指市场真的不存在,严格意义上来说是指活跃度极低的市场。

可以用一个通俗易懂的例子来解释做市商的职责范畴。

假如卖家A今日需要卖出一支铅笔,假设该市场活跃度极高且存在大量有铅笔需求的买方B,那么A可随时进入该市场进行交易,他要做的只是找到一个合适的报价商,双方谈妥就可以成交了,这时候不需要做市商。但事实上要想达成此类交易,需要满足以下几个条件：①刚好有卖方A；②刚好有买方B；③双方在同一时间、同一地点对同一物品有强烈的买卖需求。实际情况是,在不活跃的市场内,这样的概率太低。

还是上面这个例子,换一种情景来看,假设市场内只有一个卖家A和一个买家B,

且 A 只有上午有时间进入市场，B 只有下午有时间进入市场，那么他们永远都无法交易，这时候如果有一个捕捉到信息的 C 出现，他作为中间商，不仅能顺利地使该交易完成，并且能从中获取一定的差价利润。这就是所谓的做市商。

通过上述案例分析以下问题：

（1）中国外汇市场何时引进了做市商制度？原因是什么？

（2）做市商处于外汇市场交易的哪一层次？其作用是什么？

（3）通过中国外汇交易中心官网查询目前我国外汇市场的做市商现状。

第二篇

传统外汇交易业务

- 第三章　即期外汇交易
- 第四章　远期外汇交易

第三章
即期外汇交易

学习目标

知识目标
- 了解银行间及银行与客户间即期外汇买卖的程序;
- 懂得个人实盘外汇买卖的交易步骤和交易方式;
- 掌握利用即期外汇买卖进行外汇保值和投机的操作。

技能目标
- 能够运用柜台、电话和网络等交易形式进行即期外汇交易;
- 能够进行即期汇率的计算。

学习导航

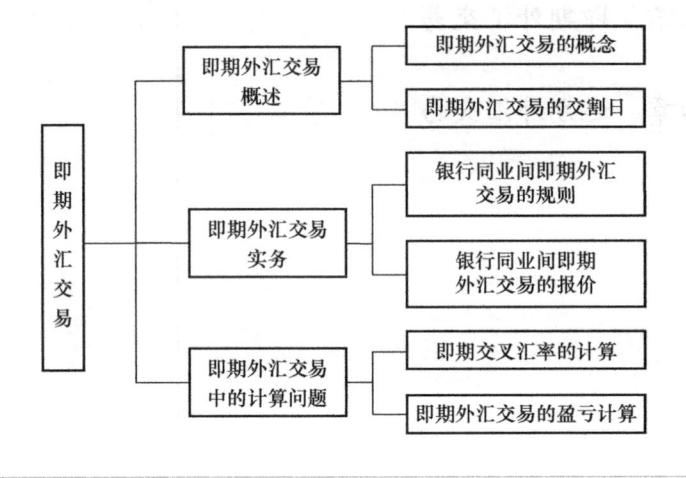

```
                          ┌── 即期外汇交易的概念
            即期外汇交易概述 ──┤
                          └── 即期外汇交易的交割日

                          ┌── 银行同业间即期外汇交易的规则
即期外汇交易 ── 即期外汇交易实务 ──┤
                          └── 银行同业间即期外汇交易的报价

                             ┌── 即期交叉汇率的计算
            即期外汇交易中的计算问题 ──┤
                             └── 即期外汇交易的盈亏计算
```

课前导读

小张是一家大型跨国贸易公司的财务部经理,每天为公司业务忙得焦头烂额。一天下午,小张正在看上月的会计报表,突然桌上的电话铃响了,原来是上海分公司财务经办小李打来的。"张经理,从欧洲进口的那批设备下个月到港,后天就要给外商支付首付款 560 万欧元,但现在咱们账户上只有 120 万欧元,倒是有 3 000 万美元的富余,怎么办？"小张不假思索地说："这好办啊，找中国银行做即期外汇交易不就得了？"

按照小张的指点，小李找到中国银行上海分行资金业务经理小王，以当日市场价格欧元/美元=1.322 2买到了需要的欧元，顺利完成了对外支付。

即期外汇交易是外汇市场上最常见、最普遍的交易形式，因此学习外汇交易业务，应从即期外汇交易入手。

第一节 即期外汇交易概述

一、即期外汇交易的概念

（一）什么是即期外汇交易

即期外汇交易（Spot Transaction），又称现汇交易，是指买卖双方按照外汇市场上的即时价格成交后，在两个营业日内办理交割的外汇交易。即期外汇买卖的汇率称为即期汇率。

即期外汇交易可发生于银行之间，也可发生于银行与客户之间。它在外汇市场各类交易中居于首位，是外汇交易中最基本的交易。

例如，某公司需要在星期三归还贷款100万美元，而该公司持有日元。该公司可以在星期一按1美元=110.00日元的即期汇率从中国银行购入100万美元，同时出售日元。星期三，该公司通过转账将11 000万日元交付给中国银行，同时中国银行将100万美元交付给公司，该公司便可用美元归还贷款。

（二）即期外汇交易的种类

从交易主体来分，即期外汇交易可分为个人/企业的柜台业务和银行间的交易；从币种来分，即期外汇交易可分为本币与外币的交易、外币与外币的交易。下面从交易主体的角度进行简单介绍。

1. 柜台业务

柜台业务主要包括以下几项内容。

（1）货币兑换，即客户与银行间的货币兑换。

（2）汇出汇入汇款，指无外币委托汇款。

（3）出口收汇与进口付汇，这是汇款方式在国际贸易上的应用。

2. 银行间的交易

银行间的交易通过专门的交易机进行，一般是由银行内部的资金部门或外汇交易室通过路透社交易系统（路透社终端）或德励财经交易系统来完成。

以路透社交易系统为例，交易员首先通过交易机的键盘输入对方银行4个英文字母代号，呼叫该银行，待叫通后，荧屏上即开始显示双方对话内容。

【例3-1】

某日,中国银行广东省分行外汇资金部与中国银行香港外汇交易中心的一笔通过路透社终端进行的 USD/JPY 外汇交易的对话实例,反映了整个即期交易过程。

BCGD: GTCX SPJPY2 PLS

[解释: SPJPY 为即期日元; 2 为 2 手; PLS(please)为请。]

GTCX: 106.16/26

[解释: 买入价 JPY/USD 106.16; 卖出价 JPY/USD 1.704 0。]

BCGD: YOURS

[解释: 卖给你(表示卖出)。用美元换日元。]

GTCX: OK DONE CFM AT 1.703 5

[解释: CFM(confirm)表示确认; AT 为在 1.703 5 的价格。]

WE BUY USD 2MIO AG JPY

[解释: 我按此比价买 200 万美元; AG(against)为比价。]

VAL 25 JUNE, 2018

[解释: 起息日为 2018 年 6 月 25 日; VAL(value)为起息日。]

OUR USD PLS TO A BANK AC NO.XXX

[解释: 请将美元打到我们在 A 银行的账户,账号为 XXX; AC(Account)为账户。]

TKS FOR THE DEAL N BI

[解释: TKS 为谢谢; DEAL 为交易; N(and)为和、以及; BI 为拜拜。]

BCGD: AL AGREED MY JPY PLS TO B BANK AC NO.YYY

[解释: 都按你的意思,请将日元打到我在 B 银行的账户,账号为 YYY。AL 为 all。]

TKS N BIBI FRD

[解释: FED(friend)为朋友。]

在以上对话中,GTCX 为中国银行香港外汇交易中心在路透社交易系统的交易代码; BCGD 为中国银行广东分行在路透社交易系统的交易代码; MINE 表示买进; MIO 为 million。

其交易程序为: 询价—报价—成交—证实,其中,报价环节是最重要的(这些内容将在下一节介绍)。

(三)即期外汇交易的功能

即期外汇交易占外汇市场业务量的一半以上,特别是在浮动汇率情况下,进出口商为了防范汇率变动风险和加速资金的周转,外汇银行为了及时平衡外汇头寸,都大量进行即期外汇交易。概括起来,即期外汇交易的功能主要有以下几点。

1. 满足客户临时性的支付需要

通过即期外汇买卖业务，客户可将手上的一种外币即时兑换成另一种外币，用以应付进出口贸易、投资、海外工程承包等的外汇结算或归还外汇贷款。

2. 帮助客户调整手中外币的币种结构

例如，某公司遵循"不要把所有的鸡蛋放在同一个篮子里"的原则，通过即期外汇买卖，将其全部外汇的 15%由美元调整为欧元，10%调整为日元，通过此种组合可以分散外汇风险。

3. 是外汇投机的重要工具

这种投机行为既可能带来丰厚的利润，也可能造成巨额亏损。

二、即期外汇交易的交割日

交割（Delivery or Settlement）是指买卖双方履行合约、进行钱货两清的行为。进行交割的当天称为交割日，也称结算日、起息日（Value Date / Delivery Date）。

即期交易的交割日，因交易市场和交易币种的不同分为 3 种类型。

（1）T+0，即当日交割（Value Today），指在成交当日交割。

（2）T+1，即隔日交割（Value Tomorrow），指在成交后第一个营业日交割。

（3）T+2，即标准交割日（Value Spot），又称即期交割，指成交后第二个营业日交割。在国际外汇市场上，除特别声明外，一般采取 T+2 交割模式，这是惯例，主要是为了适应全球外汇市场的 24 小时运作与时差问题。

营业日是指在实际进行交割的双方国家内银行都营业的日子，如果遇到某一国的银行假日，则交割日要顺延，但对于美元对其他货币的交易，按照国际惯例，如遇到美国银行假日，则交割日不必顺延。

【例 3-2】

东京甲银行和伦敦乙银行在星期一达成一笔英镑对日元的即期交易，问交割日应该是哪一天？

东京	伦敦	
星期一　营业日	营业日	交易日
星期二　营业日	营业日	
星期三　营业日	营业日	交割日

? 想一想

在例 3-2 中，如果遇上节假日怎么办？

	东京	伦敦	
星期一	营业日	营业日	交易日
星期二	营业日	假日	
星期三	营业日	营业日	
星期四	营业日	营业日	交割日

【例 3-3】

东京甲银行和纽约乙银行在星期一达成一笔美元对日元的即期交易，若周二是美国银行假日，问交割日应该是哪一天？

	东京	伦敦	
星期一	营业日	营业日	交易日
星期二	营业日	假日	
星期三	营业日	营业日	交割日
星期四	营业日	营业日	

? 想一想

在例 3-3 中，若周三是日本银行假日，问交割日应该是哪一天？

	东京	纽约	
星期一	营业日	营业日	交易日
星期二	营业日	营业日	
星期三	假日	营业日	
星期四	营业日	营业日	交割日

第二节　即期外汇交易实务

一、银行同业间即期外汇交易的规则

（一）交易程序

一个完整的外汇交易，一般要经过以下几道程序。

（1）自报家门。询价方必须先说明自己的名称，以便让报价行知道交易对手是谁，并决定其交易对策。

（2）询价。询价一般包括了解交易货币的价格、金额、交割期限等。例如，询价方：What is your spot USD JPY, pls?

（3）报价。交易员在接到某种货币的询价后，立即报出该货币的买入价和卖出价，这是外汇买卖成交的基础。例如，报价方：20/30。

（4）成交。询价方在报价方报出汇价后，应立即做出反应，或者成交，或者放弃，而不应该与报价方讨价还价。一旦报价行交易员说："成交了"（OK, done.），合同即告成立，双方就要受合同的约束。

（5）证实。交易双方就交易内容（包括买卖方向、交易汇率、交易金额、交割日、收付账户等）进行重复确认，防止错漏和误解。

交易结束后，若发现原证实有错误或遗漏，交易员应尽快与交易对手重新证实，其内容必须得到交易双方的同意后方可生效。

（6）交割。双方按照对方的要求将卖出的货币及时准确地汇入对方指定银行的账户。这是买卖双方结算各自款项、了结债权债务关系的行为。

【例 3-4】

询价方：What's your spot USD JPY, pls?

报价方：104.20/30

（也可以写作 20/30 或 104.20/104.30。）

询价方：Yours USD 1（或 Sell USD 1）.[或者：Mine USD1（或 Buy USD1）.]

报价方：OK, done.

上述术语解释如下：

询价方：请问即期美元兑日元报什么价？

报价方：USD/JPY=104.20/30。

询价方：我卖给你 100 万美元。（或者我买进 100 万美元。）

报价方：好，成交。

（二）常用交易术语

BUY	买进
TAKE	买进
BID	买进
MINE	我方买进
CIVE	卖出
SELL	卖出
OFFER	卖出
YOURS	我方卖出
MARKET MEKER	报价行
I SELL YOU FIVE USD	我卖给你 500 万美元
VALUE	起息日

ODD DATE	不规则起息日
BROKEN DATE	不规则起息日
DEAlING PRICE	交易汇价
INDICATION RATE	参考汇价

（三）即期外汇交易实例

【例 3-5】

ABC: CHF5

XYZ: 1.532 0/30

ABC: 20 Done

My CHF to Zurich A/C

XYZ: OK Done

CHF at 1.5 320 We Buy USD5 Mio AG CHF Val May 10 USD to XYZ NY YKS for Calling N Deal BIBI

ABC: YKS for Price BIBI

上述术语解释如下：

ABC: 500 万美元对换瑞士法郎的价格是多少？

XYZ: USD/CHF = 1.532 0/30。

ABC: 以 1.532 0 的价格卖出 500 万美元，将瑞士法郎汇入我的苏黎世银行账户上。

XYZ: 同意成交，以 1.532 0 的价格买入 500 万美元，交割日为 5 月 10 日，并将美元汇入纽约 XYZ 银行，谢谢你的询价并交易。

ABC: 谢谢你的报价。

二、银行同业间即期外汇交易的报价

（一）报价惯例

当客户向银行询价时，银行应立即向其报出该外汇的即期汇率，作为成交的基础。为了保证外汇交易的正常运行，各地外汇市场逐渐形成了一些约定俗成的惯例。

1. 统一报价

除有特别说明外，外汇市场上交易的货币，均以美元为报价标准。例如，向银行询问日元和港元的价格时，银行报出的是美元兑日元和美元兑港元的价格。要想知道日元兑港元的价格，还要进行套算。

2. 报价简介

在实际操作中，为了节省时间，外汇交易员只报汇价的最后两位数。例如，客户询问英镑兑美元的汇率时，银行在即期汇率 1.971 9/1.972 9 的基础上，只报出 19/29。

3. 双向报价

银行同时报出买入价和卖出价，二者的差额称为差价，也叫"点差"。在直接标价法下，前面较小的数字是外币的买入价，后面较大的数字是外币的卖出价；在间接标价法下，前面较小的数字是外币的卖出价，后面较大的数字是外币的买入价。

4. 数额限制

交易额通常以 100 万美元为单位，即通常所说的一手为 100 万美元，交易额为 100 万美元的整数倍，如 Five Dollar 表示 500 万美元。

5. 交易术语规范化

不断变化的汇率，要求交易双方以最短的时间达成一项交易。因此，交易员为节省时间，通常采用简洁明了的规范化语言，即"行话"，做到省时省事。

【例 3-6】

ABC: HKD/JPY 3HKD

XYZ: 14.750/70

ABC: My Risk

ABC: NOW PLS

XYZ: 14.755 Choice

ABC: Sell HKD 3 PLS to ABC Tokyo A/C

XYZ: OK Done

JPY at 14.755 We Buy HKD 3 Mio AG JPY Val May 10 HKD to Hong Kong A/C, TKS for Deal

ABC: TKS for Price

上述术语解释如下。

ABC: 请问港元与日元的套算汇率是多少？金额为 300 万港元。

XYZ: HKD/JPY=14.750/70。

ABC: 我不满意（ABC 可能再次向 XYZ 询价）。

ABC: （再次询价）。

XYZ: 以 14.755 的价格任 ABC 选择买与卖（当报价行报出 Choice 时一定做交易，ABC 不好以此做借口而不做交易）。

ABC: 卖出 300 万港币，日元汇入我在东京银行的账户上。

XYZ: 成交，以 14.755 的价格买入 300 万港币，卖出日元，交割日为 5 月 10 日，港元汇入我在香港银行的账户上，谢谢交易。

ABC: 谢谢报价。

(二) 报价依据

在即期外汇市场上，任何一家外汇银行报出的买卖价格，都是客户可以自由买卖的价格，外汇银行要对其报出的价格承担责任。因此，外汇银行的交易员在接到客户询价后决定如何报价时，一般要考虑多方面的因素，作为报价依据。

1. 市场行情

市场行情是银行报价的决定因素，主要包括市场价格和市场情绪。前者指市场上一笔交易的成交价格，或者市场上核心成员的买价或卖价；后者指汇价的升跌趋势，这主要依赖于报价人的直觉判断，一般在行情趋升时，报价偏高，反之则偏低。

2. 报价行现时的外汇头寸

报价行在接到客户询价时，若持有所询货币多头且金额较大，则报价偏低；反之，则提高报价，以吸引询价者抛售。

3. 国际经济、政治及军事最新动态

报价行所在国家及西方主要国家（如美国、英国、德国、日本等）的繁荣与衰退、财政盈余与赤字、国际收支的顺差与逆差、政治军事的动荡与稳定等，均会引起外汇行市的动荡不安。报价行需要时刻注意并以此调节本行的报价。

4. 询价者的交易意图

外汇交易员凭经验对询价者的意图进行判断，借此调整报价。若判断对方意欲卖出某种货币，则会稍稍压低报价；反之则会抬高一点。但这种估计和判断不一定完全准确。

第三节 即期外汇交易中的计算问题

一、即期交叉汇率的计算

（1）在两组汇率中，若基准货币相同，报价货币不同，求报价货币的比价，则交叉相除。

【例 3-7】

已知：USD/CNY=8.276 0/80　　（1）

　　　USD/HKD=7.786 0/80　　（2）

求 HKD/CNY（或 CNY/HKD）。

解：根据计算法则"交叉相除"，即

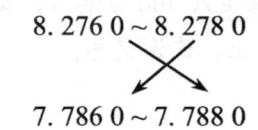

$$8.276\,0 \sim 8.278\,0$$
$$7.786\,0 \sim 7.788\,0$$

则 HKD/CNY =（1）/（2）
　　　　　=（8.276 0÷7.788 0）/（8.278 0÷7.786 0）
　　　　　= 1.062 7/1.063 2

分析：

第一步，求 HKD 对 CNY 的买入价。相当于银行卖出 USD，买入 HKD；同时买入等量 USD，卖出 CNY。

银行卖出 USD，买入 HKD 的价格为 USD1=HKD7.788 0；

银行买入等量 USD，卖出 CNY 的价格为 USD1=CNY8.276 0。

则 CNY8.276 0=HKD7.788 0。

即 HKD1=CNY1.062 7（1.062 7=8.276 0÷7.788 0）。

第二步，求 HKD 对 CNY 的卖出价。相当于银行买入 USD 卖出 HKD；同时卖出等量 USD，买入 CNY。

银行买入 USD，卖出 HKD 的价格为 USD1=HKD7.786 0；

银行卖出等量 USD，买入 CNY 的价格为 USD1=CNY8.278 0。

则 HKD7.786 0=CNY8.278 0。

即 HKD1=CNY1.063 2（1.063 1=8.278 0÷7.786 0）。

第三步，得出结果：HKD/CNY=1.062 7/1.063 2。

（2）在两组汇率中，若报价货币相同，基准货币不同，求基准货币的比价，则交叉相除。

【例 3-8】

已知：EUR/USD=1.102 0/40　　（1）
　　　AUD/USD=0.624 0/60　　（2）

求 EUR/AUD（或 AUD/EUR）。

解：由于分析原理同上，故分析过程略。

根据计算法则"交叉相除"，即

$$1.102\ 0 \sim 1.104\ 0$$
$$\searrow \swarrow$$
$$0.624\ 0 \sim 0.626\ 0$$

则 EUR/AUD =（1）/（2）
　　　　　 =（1.102 0÷0.626 0）/（1.104 0÷0.624 0）
　　　　　 = 1.760 4/1.769 2

（3）在两组汇率中，若某种货币分别为基准货币和标价货币，求另一基准货币和标价货币的比价，则同边相乘。

【例 3-9】

已知：EUR/USD=1.102 0/40　（1）

　　　USD/CNY=8.276 0/80　（2）

求 EUR/CNY（或 CNY/EUR）。

解：根据计算法则"同边相乘"，即

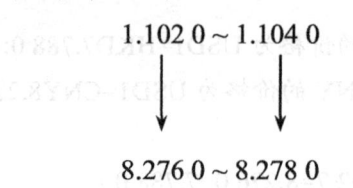

$$1.102\ 0 \sim 1.104\ 0$$
$$\downarrow \qquad \downarrow$$
$$8.276\ 0 \sim 8.278\ 0$$

则 EUR/CNY=（1）×（2）

　　　　　=（1.102 0 × 8.276 0）/（1.104 0 × 8.278 0）

　　　　　= 9.120 2 / 9.138 9

二、即期外汇交易的盈亏计算

（一）相关术语

当买入量大于卖出量时，称作超买，或者多头寸、多头。

当卖出量大于买入量时，称作超卖，或者缺头寸、空头。

（二）计算过程

下面举例说明即期外汇交易的盈亏计算过程。

【例 3-10】

假设某日某公司做了如下几笔美元对日元的交易。

买入 100 万美元，汇率为 100.00；

买入 200 万美元，汇率为 100.10；

卖出 200 万美元，汇率为 98.80；

卖出 100 万美元，汇率为 99.90；

买入 100 万美元，汇率为 99.60。

收盘汇率为 99.20/30。该公司在收盘时的头寸如表 3-1 所示。

表 3-1　收盘时的头寸情况

美　元		汇　率	日　元	
买入（万美元）	卖出（万美元）		买入（万日元）	卖出（万日元）
100	—	100.00	—	10 000
200	—	100.10	—	20 020

续表

美　　元		汇　率	日　　元	
买入（万美元）	卖出（万美元）		买入（万日元）	卖出（万日元）
100	—	100.00	—	10 000
200	—	100.10	—	20 020
—	200	98.80	19 760	—
—	100	99.90	9 990	—
100	—	99.60	—	9 960
当日累计 400	当日累计 300	收盘汇率 99.20/30	当日累计 29 750	当日累计 39 980
多头寸 100			缺头寸 10 230	

分析：从表 3-1 可以看出，当日该公司的头寸状况为多头寸 100 万美元，缺头寸 10 230 万日元。

（1）若把超买的 100 万美元换成日元，则为 100 × 99.20 = 9 920（万日元），以日元计算，则亏损 310（10 230 − 9 920）万日元。

（2）若把超卖日元补进，则需要 10 230 ÷ 99.20 = 103.12（万美元），以美元计算，则亏损 3.12（100−103.12）万美元。

阅读拓展 3-1

外汇头寸

外汇头寸是指外汇银行买卖外汇所持有的各种外币账户的余额状况。一般来讲，外汇头寸的状况是保持不变的。但银行在经营过程中不可避免地会出现买卖不平衡的状况。如果银行买入某种外币的数额超过卖出的数额，则称为该种货币的"多头"或超买；如果某种外币卖出超过买进，则称为该种货币的"空头"或超卖。买卖持平而不增不减则为"轧平"。若把各种外币各种期限的头寸汇总计算净余额，则称为"总头寸"。银行为外汇"多头"或"空头"都要承担汇率变动的风险，为了稳妥经营，银行一般遵循买卖平衡原则。若出现"多头"，就需要将多余的部分卖出；若出现"空头"，就需要买进短缺部分，以"轧平"头寸。这种掩护性的外汇买卖称为抛补。若对"多头"和"空头"不加以掩护，任其承受汇率风险，则称为敞口头寸或"风险头寸"。

阅读拓展 3-2

国内银行的即期外汇交易

这里以中国银行为例，介绍国内银行的即期外汇交易情况。

1．程序

要求有进出口贸易合同，在中国银行开证并在中国银行开立相应的外币账户，账户中有足够支付的金额。携带以银行为收款人的转账支票，直接将卖出货币转入银行。

外汇买卖金额不得低于 5 万美元。低于 5 万美元的交易则按当日中国银行外汇牌价进行买卖。

按要求填写《保值外汇买卖申请书》，由企业法人代表或有权签字人签字并加盖企业公章，向银行咨询交易。

2．注意事项

外汇买卖价格由银行参照国际市场价格确定，客户一旦接受银行报价，交易便成立，客户不得要求更改或取消该交易，否则由此产生的损失及费用由客户承担。

客户在填制《保值外汇买卖申请书》时，须向银行预留买入货币的交割账号，交易达成后，银行在交割日把客户买入的货币划入上述指定的账户。

客户可通过电话或预留交易指令的方式在银行办理即期外汇买卖。客户申请通过电话交易，须向银行提交由企业法人代表签字并加盖公章的《委托交易授权书》，指定被授权人可通过电话方式与银行做即期外汇买卖交易，同时，被授权人必须在银行预留电话交易密码。通过电话交易后第二个工作日，客户还须向银行补交成交确认书，若对已达成的交易有争议，以银行的交易电话录音为准。

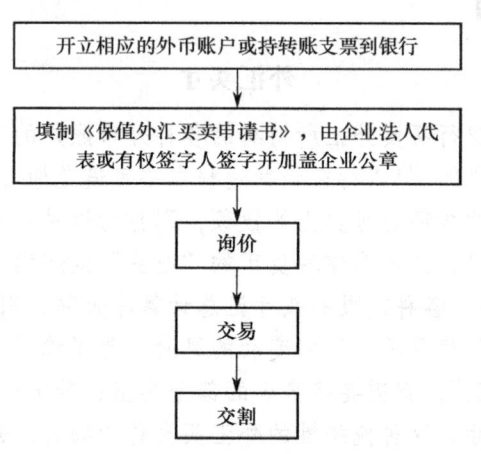

3．即期外汇买卖业务流程

即期外汇买卖业务流程如图 3-1 所示。

```
┌─────────────────────────────┐
│  开立相应的外币账户或持转账支票到银行  │
└─────────────────────────────┘
              │
              ▼
┌─────────────────────────────┐
│  填制《保值外汇买卖申请书》，由企业法人代  │
│  表或有权签字人签字并加盖企业公章       │
└─────────────────────────────┘
              │
              ▼
         ┌────────┐
         │   询价  │
         └────────┘
              │
              ▼
         ┌────────┐
         │   交易  │
         └────────┘
              │
              ▼
         ┌────────┐
         │   交割  │
         └────────┘
```

图 3-1　即期外汇买卖业务流程

本章思考题

一、填空题

1．即期外汇交易又称_____，是指外汇买卖双方成交后在_____内进行交割的外汇交易方式。

2．市场上 GBP/USD 为 1.943 0/40，游客 A 买入美元的价格是_____，卖出美元的价格是_____。

二、选择题

1．以下哪些属于即期外汇交易的交割日？（　　　）
   A．成交的当日　　　B．成交后的第一天　　C．成交后的第二天
   D．成交后的第一个营业日　　　　　E．成交后的第二个营业日

2．若今天是 6 月 23 日星期四，那么 T+2 即期交易日期是（　　　）。
   A．6 月 23 日　　B．6 月 24 日　　C．6 月 25 日　　D．6 月 27 日

3．报价行对询价行 USD/JPY 的即期报价是 129.90/00，询价行说："I take 5"，意思是（　　　）。
   A．询价行以 129.90 的汇率买入 500 万美元
   B．询价行以 129.90 的汇率买入 500 万日元
   C．询价行以 130.00 的汇率买入 500 万美元
   D．询价行以 130.00 的汇率买入 500 万日元

4．如果你分别以 1.451 2、1.453 0、1.452 2 的汇率卖出 200 万美元、800 万美元和 300 万美元。你的头寸的平均汇率是（　　　）。
   A．1.453 0　　　　B．1.452 1　　　　C．1.500 8　　　　D．1.452 5

三、分析题

1．现在市场相对平静，某报价行目前拥有汇率为 127.00 的 1 000 万美元的空头头寸，从纽约获得以下消息："美联储将对美元进行干预，使之更加坚挺。买入美元的数额估计会很大。"市场上其他交易商的 USD/JPY 报价如下：①127.91/01；②127.92/02；③127.03/08；④129.89/99。若此时该报价行接到一个询价，请问该报价行将参考上述哪组报价回复询价，并做具体分析。

2．市场消息显示：英国上月贸易赤字为 23 亿英镑，而不是市场预测的 5 亿英镑。某报价行现在的头寸是多空持平，同时接到一个即期 GBP/USD 询价，若市场上其他交易商的报价是：①1.950 5/15；②1.950 7/17；③1.950 0/10；④1.950 2/12；⑤1.950 3/13；⑥1.950 6/16。请问该报价行将参考上述哪组报价回复询价，并做具体分析。

四、实训题

1．计算交叉汇率

（1）已知 USD/HKD=7.794 5/80；USD/JPY=141.75/80，求 HKD/JPY。

（2）已知 AUD/USD=0.731 7/25；USD/HKD=7.807 5/80，求 AUD/HKD。

（3）已知 GBP/USD=1.947 2/79；EUR/USD=1.215 3/60，求 GBP/EUR。

2. 即期外汇交易的盈亏计算

假设某日某企业做了如下几笔英镑对美元的交易：

买入 500 万英镑，汇率为 1.971 9；

买入 200 万英镑，汇率为 1.972 5；

卖出 600 万英镑，汇率为 1.973 0；

卖出 300 万英镑，汇率为 1.971 5；

买入 400 万英镑，汇率为 1.972 8。

若收盘汇率为 GBP/USD=1.973 0/35，试计算：

（1）该企业当日账户上的头寸数额。

（2）分别以美元和英镑计算该企业当日亏损情况。

第四章

远期外汇交易

学习目标

知识目标
- 了解我国远期外汇交易的状况；
- 懂得远期外汇交易的含义；
- 掌握远期外汇交易的运用方法。

技能目标
- 能够计算远期汇率及远期交叉汇率；
- 能够进行远期外汇交易保值的操作。

学习导航

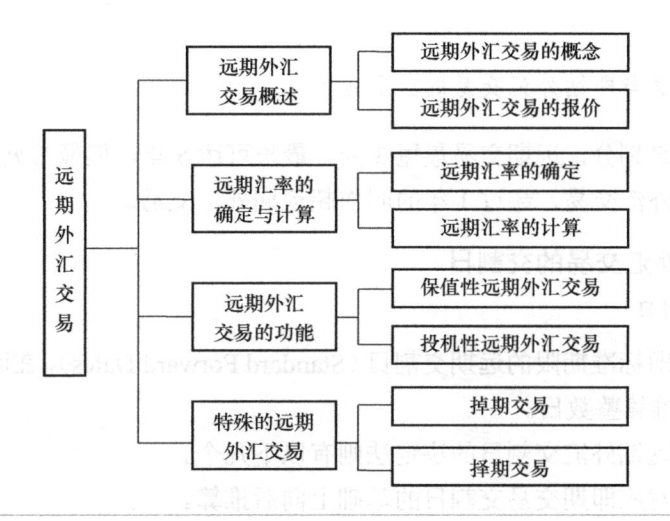

```
                    ┌─ 远期外汇交易概述 ─┬─ 远期外汇交易的概念
                    │                   └─ 远期外汇交易的报价
                    │
远期              ├─ 远期汇率的确定与计算 ─┬─ 远期汇率的确定
外汇   ──────────┤                       └─ 远期汇率的计算
交易              │
                    ├─ 远期外汇交易的功能 ─┬─ 保值性远期外汇交易
                    │                   └─ 投机性远期外汇交易
                    │
                    └─ 特殊的远期外汇交易 ─┬─ 掉期交易
                                        └─ 择期交易
```

课前导读

某日本进口商从美国进口一批商品，按合同规定日，进口商 3 个月后需向美国出口商支付 100 万美元货款。签约时，美元兑日元的即期汇率为 118.20/50，付款日的市场即期汇率为 120.10/30。假定日本进口商在签约时未采取任何保值措施，而是等到付款日在即期市场上买入美元支付货款，那么这会给日本进口商带来多少损失？为什么？

分析：若日本进口商在签约时未采取任何保值措施，而是等到付款日在即期市场买入美元支付货款，则要付出 120.30×100=12 030 万日元，这要比 3 个月前购买 100 万美元（118.50×100=11 850 万日元）多付出 180（12 030-11 850）万日元。原因是计价货币美元升值，日本进口商需付出更多的日元才能买到 100 万美元，用以支付进口货款，由此增加了进口成本，遭受了汇率变动的风险。

那么外汇市场上有没有什么交易手段可使日本进口商能够预先锁定进口成本，避免因汇率变动而遭受损失？本节将介绍的远期外汇交易就是日本进口商可以采取的一种保值手段。

第一节　远期外汇交易概述

一、远期外汇交易的概念

（一）什么是远期外汇交易

远期外汇交易（Forward Exchange Transaction），又称期汇交易，指买卖双方先行签订合同，规定买卖外汇的币种、数额、汇率和将来交割的时间，到规定的交割日，按合同规定，卖方交汇、买方收汇的外汇交易。

? 想一想

远期外汇交易与即期外汇交易的区别是什么？

从期限范围来划分，远期交易最短 3 天，最长可达 5 年，但最常见的是 1、2、3、6 等整数月的远期外汇交易，超过 1 年的叫作超远期外汇交易。

（二）远期外汇交易的交割日

1. 固定交割日

固定交割日即标准期限的远期交割日（Standard Forward Dates），在即期交割日（Spot Date）的基础上推算整数日。

标准期限的远期外汇交割日的决定法则有以下几个。

法则一：在对应即期交易交割日的基础上向后推算。

法则二：假日顺延。

法则三：如即期交割日是月份的最后营业日，则远期交割日是到期月的最后一日，非营业日则向前推算。

【例 4-1】

3 月 15 日　　买入 1 个月期的远期外汇

第四章 远期外汇交易

3月16日
3月17日　　　即期交易的交割日　　　远期交易的交割日为　　4月17日

？想一想

如果4月17日是相关国家的假日,则远期交割日应是哪一天?

【例4-2】

外汇买入日	对应的即期外汇交割日	对应的1月期远期外汇交割日
5月29日	5月29日	6月29日
5月30日	6月30日	
5月31日		

？想一想

如果6月30日是假日,则1月期远期外汇的交割日为哪一天?

注意:月底往前推,不能跨月。

2. 非固定交割日

非固定交割日即在约定的期限内任意选择一个营业日作为交割日,即择期外汇交易。择期外汇交易可分为两种。

(1)部分择期,指确定交割月份但未确定交割日。例如,一笔3个月远期交易,可以约定从成交后第2个月开始到第3个月的时间内选择交割日。

(2)完全择期,即客户可以选择双方成交日的第三天起到合约到期之前的任何一天为交割日。

【例4-3】

5月20日,A公司与B银行达成一笔3个月的择期外汇交易,约定8月进行交割,思考:以下两种情况分别属于哪种择期交易?

① A公司可以在8月1日—8月22日的任一个营业日内向B银行提出交割。

② A公司可以选择从5月23日—8月22日这一段时间内的任一个营业日向B银行提出交割。

分析:根据定义可以判断出①为部分择期,②为完全择期。

二、远期外汇交易的报价

在实际外汇交易中,银行对远期汇率也采取双向报价法,根据国际惯例,通常有两种远期汇率的报价方法:完整汇率报价方法和远期差价报价方法。

（一）完整汇率报价方法

完整汇率（Outright Rate）报价方法是指银行直接将各种不同期限的外汇汇率的买入价和卖出价完整地表示出来，又称全额报价。例如，日本银行报出某日 USD 与 JPY 的 3 个月远期汇率为：USD/JPY =120.40/121.10；瑞士银行报出某日 USD 与 CHF 的 3 个月远期汇率为：USD/CHF=1.535 0/1.538 0。以上报价均为完整汇率报价。

表 4-1 是 2020 年 9 月 7 日中国银行远期结售汇牌价，其报价方法即为完整汇率报价方法。

表 4-1 中国银行远期结售汇牌价

日期：2020 年 9 月 7 日   星期一　　　　　　　　　单位：人民币/100 外币

货币名称	货币代码	交易期限	买入价	卖出价	中间价	汇率日期
英镑	GBP	一周	899.586 427	910.741 527	905.163 977	2020-09-07
英镑	GBP	一个月	901.264 526	912.778 126	907.021 326	2020-09-07
英镑	GBP	两个月	903.066 186	914.580 386	908.823 286	2020-09-07
英镑	GBP	三个月	904.723 51	916.312 01	910.517 76	2020-09-07
英镑	GBP	四个月	907.196 085	918.790 185	912.993 135	2020-09-07
英镑	GBP	五个月	908.582 995	920.178 095	914.380 545	2020-09-07
英镑	GBP	六个月	910.051 097	921.791 297	915.921 197	2020-09-07
英镑	GBP	七个月	911.684 348	923.654 448	917.669 398	2020-09-07
英镑	GBP	八个月	913.136 871	925.126 871	919.131 871	2020-09-07
英镑	GBP	九个月	914.525 345	926.501 045	920.513 195	2020-09-07
英镑	GBP	十个月	915.757 341	927.890 641	921.823 991	2020-09-07
英镑	GBP	十一个月	917.305 743	929.413 243	923.359 493	2020-09-07
英镑	GBP	一年	918.717 062	930.888 062	924.802 562	2020-09-07

资料来源：中国银行网站。

完整汇率报价方法通常用于银行对客户的报价中，在银行同业间往往采用另一种方法，即远期差价报价方法。

（二）远期差价报价方法

远期差价报价方法，又称掉期率（Swap Rate）或点数汇率（Points Rate）报价方法，是指不直接公布远期汇率，而只报出远期汇率与即期汇率的差价，然后根据差价来计算远期汇率。

某一时点上远期汇率与即期汇率的差价称为掉期率或远期差价，通常表现为升水、贴水和平价，且升贴水的幅度一般用点数来表示。

（1）升水（at Premium）：远期汇率 > 即期汇率。

（2）贴水（at Discount）：远期汇率 < 即期汇率。

（3）平价（at Par）：远期汇率 = 即期汇率。

? 想一想

在纽约外汇市场上，欧元兑美元的即期汇率为 EUR1=USD1.052 0/25，一个月远期汇率为 EUR1=USD1.053 0/40，问：哪种货币贴水？哪种货币升水？

【例 4-4】

假设 USD/JPY 的 3 个月远期汇率报价为 20/30；USD/CHF 的 3 个月远期汇率报价为 25/15。

分析：该报价为差价报价，其中 20/30 代表远期汇率与即期汇率的买入价相差 20 个点，卖出价相差 30 个点；25/15 代表远期汇率与即期汇率的买入价与卖出价分别相差 25 个点和 15 个点。

第二节 远期汇率的确定与计算

一、远期汇率的确定

下面举例说明远期汇率的确定方法。

【例 4-5】

假设美元和日元三个月期的存款利率分别为 15%和 10%，即期汇率为 USD1= JPY110.20。若美国一客户向银行用美元购买三个月远期日元，思考：远期汇率是多少？

1. 分析

银行按即期汇率用美元买入日元，将日元存放于银行以备三个月后交割。

想一想：这对于银行是损失还是收益？为什么？如何处理？

银行持有日元 3 个月，意味着银行要放弃美元的高利息而收取日元的低利息。银行绝不会自己承担这部分损失，它会把这个因素打入远期日元的汇价，从而将损失转嫁到客户头上。因此远期日元要比即期日元贵，即远期日元升水。

2. 总结

两种货币的利差是决定其远期汇率的基础。即

（1）利率低的货币，远期汇率升水；

（2）利率高的货币，远期汇率贴水；

（3）若利差为零，则为平价。

3. 计算公式

远期差价=即期汇率×利差×月数/12

4. 解题

第一步，求远期差价。

110.20×（15%−10%）×3/12=1.38（日元）

第二步，判断升、贴水。

日元利率低，则远期升水；

美元利率高，则远期贴水。

第三步，求远期汇率。

USD1=JPY（110.20−1.38）=JPY108.82

二、远期汇率的计算

（一）计算完整的远期汇率

在远期差价报价方法下，已知即期汇率和远期差价，如何计算完整的远期汇率？为了计算简便，不管直接标价法还是间接标价法，均可使用"前小后大相加，前大后小相减"的法则进行计算。

所谓"前小后大相加"指当点数由小到大（如 20/30）时，远期汇率等于即期汇率加上点数；"前大后小相减"指当点数由大到小（如 40/30）时，远期汇率等于即期汇率减去点数。

【例 4-6】

已知即期汇率 USD/HKD=7.744 0/50，一个月远期报价为 20/30。

求 USD/HKD 完整的远期汇率。

分析：

因为 20<30，根据"前小后大相加"法则，应该用加法，所以：

USD/HKD（远期）=（7.744 0+0.002 0）/（7.745 0+0.003 0）

=7.746 0/7.748 0

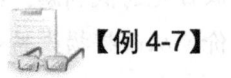

【例 4-7】

已知即期汇率 GBP1=USD1.656 0/80，三个月远期报价为 40/30。

求 GBP/USD 完整的远期汇率。

分析：

因为 40>30，根据"前大后小相减"法则，应该用减法，所以：

GBP/USD（远期）=（1.656 0−0.004 0）/（1.658 0−0.003 0）

= 1.652 0/1.655 0

（二）远期交叉汇率的计算

远期交叉汇率的计算与即期交叉汇率的计算方法相似，可分两步做：第一步，根据即期汇率和远期差价求完整的远期汇率；第二步，仿照即期交叉汇率的计算方法求远期交叉汇率。

【例 4-8】

某外汇市场报价如下：USD/CHF 的即期汇率为 1.575 0/60，3 个月远期差价为 152/155；USD/JPY 的即期汇率为 127.20/30，3 个月远期差价为 15/17，求 CHF/JPY 的 3 个月远期汇率。

分析：

第一步，分别计算 USD/CHF 和 USD/JPY 的 3 个月远期汇率。

USD/JPY 的 3 个月远期汇率：（127.20+0.15）/（127.30+0.17）=127.35/127.47

USD/CHF 的 3 个月远期汇率：（1.575 0+0.015 2）/（1.576 0+0.015 5）=1.590 2/1.591 5

第二步，计算 CHF/JPY 的三个月远期交叉汇率。

根据"若基准货币相同，报价货币不同，求报价货币的比价，则交叉相除"的法则，

3 个月 USD/ JPY = 127.35 ~ 127.47

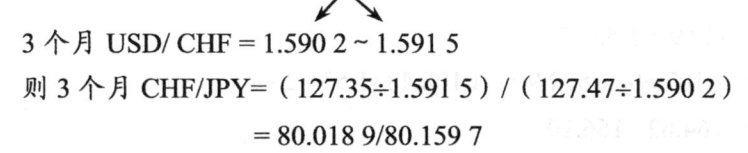

3 个月 USD/ CHF = 1.590 2 ~ 1.591 5

则 3 个月 CHF/JPY=（127.35÷1.591 5）/（127.47÷1.590 2）

= 80.018 9/80.159 7

【例 4-9】

某外汇市场报价如下：GBP/USD 的即期汇率为 1.563 0/40，6 个月远期差价为 318/315；AUD/USD 的即期汇率为 0.687 0/80，6 个月远期差价为 157/154，求 GBP/AUD 的 6 个月远期汇率。

分析：

第一步，分别计算 GBP/USD 和 AUD/USD 的 6 个月远期汇率。

GBP/USD 的 6 个月远期汇率：（1.563 0−0.031 8）/（1.564 0−0.031 5）=1.531 2/1.532 5

AUD/USD 的 6 个月远期汇率：（0.687 0−0.015 7）/（0.688 0−0.015 4）=0.671 3/0.672 6

第二步，计算 GBP/AUD 的 6 个月远期交叉汇率。

根据"若报价货币相同，基准货币不同，求报价货币的比价，则交叉相除"的法则，

6 个月 GBP/USD = 1.531 2 ~ 1.532 5

6 个月 USD/JPY = 0.671 3 ~ 0.672 6

则 6 个月 GBP/AUD =（1.531 2÷0.672 6）/（1.532 5÷0.671 3）

= 2.276 5/2.282 9

【例 4-10】

某外汇市场报价如下：USD/JPY 的即期汇率为 107.50/60，3 个月远期差价为 10/88；GBP/USD 的即期汇率为 1.546 0/70，3 个月远期差价为 161/158，求 GBP/JPY 的 3 个月远期汇率。

分析：

第一步，分别计算 USD/JPY 和 GBP/USD 的 3 个月远期汇率。

USD/JPY 的 3 个月远期汇率：（107.50+0.10）/（107.60+0.88）=107.60/108.48

GBP/USD 的 3 个月远期汇率：（1.546 0–0.016 1）/（1.547 0–0.015 8）=1.529 9/1.531 2

第二步，计算 GBP/JPY 的 3 个月远期交叉汇率。

根据"某种货币分别为基准货币和标价货币，求另一基准货币和标价货币的比价，则同边相乘"的法则，

3 个月 USD/JPY= 107.60 ~ 108.48
　　　　　　　　　　↓　　　　↓
3 个月 GBP/USD =1.529 9 ~ 1.531 2

则 3 个月 GBP/JPY=（107.60×1.529 9）/（108.48×1.531 2）

　　　　　　　　= 164.62 / 166.10

第三节　远期外汇交易的功能

一、保值性远期外汇交易

远期外汇买卖是国际上发展最早、应用最规范的外汇保值方式。

保值性远期交易，又称远期套期保值（Forward Hedge），是指卖出（或买进）所持有（或所承担）的一笔外币资产（或负债）的远期外汇，交割日期与持有外币资产变现（或负债偿付）的日期相匹配，使这笔资产或负债免受汇率变动的影响，从而达到保值的目的。客户在对外贸易结算、到国外投资、外汇借贷或还贷过程中都会遇到外汇汇率变动的风险，这就要求对外汇进行保值。通过远期外汇业务买卖，客户可事先将某一项目的外汇成本固定，或者锁定远期外汇收付的换汇成本，避免汇率波动可能带来的损失。

例如，某进出口贸易公司主要出口对象在日本和拉美，收到的货币以日元和巴西雷亚尔为主。2020 年 10 月，以上货币的价格波动剧烈，给公司造成很大风险。根据公司实际情况，中国银行建议企业通过远期外汇交易进行保值，锁定风险。具体操作是将预计三个月后收到的一笔 14.5 亿日元按照当前远期市场行情 76.50 卖出，买得约 1 895.42 万美元，从此公司不再为市场汇率波动担心。

根据交易主体不同，保值性远期交易可以分为以下两种。

（一）进出口商和国际投资者的套期保值

在国际贸易和国际投资等活动中，从合同签订到实际结算总有一段时差，这段时间内汇率可能朝着不利于企业的方向变化，为了避免这种风险，进出口商在签订合同时，就向银行买入或卖出远期外汇，当合同到期时，按已经商定的远期汇率买卖所需外汇。

【例4-11】

美国某公司向墨西哥出口价值10万美元的货物，双方达成协议，成交后30天付款，以美元结算。当时外汇市场上的即期汇率为26.80，按此汇率，出口商品的价值为2 680 000比索。若30天后比索贬值，新汇率为45.20，那么出口商品的价值将为4 520 000比索，墨西哥进口商将损失840 000比索。如果墨西哥进口商在签订外贸合同的同时，与银行签订了一份30天的远期和约，以28.21的远期汇率购入10万美元，那么到期时，只需支付2 821 000比索，虽然比即期多付141 000比索，但比不做套期保值的损失（1 840 000比索）要小得多。

【例4-12】

澳大利亚某进口商从日本进口一批商品，日本厂商要求澳方在3个月内支付10亿日元的货款。当时外汇市场的行情是：即期汇率1澳元=100.00～100.12日元，3月期远期汇率为1澳元=98.00～98.22日元。如果该澳大利亚进口商在签订进口合同时预测3个月后日元对澳元的即期汇率将升值到1澳元=80.00～80.10日元，那么：

（1）若澳大利亚进口商不采取避免汇率风险的保值措施，现在就支付10亿日元，则需要多少澳元？

（2）若澳大利亚进口商现在不采取保值措施，而是延迟到3个月后支付10亿日元，则到时需要支付多少澳元？

（3）若澳大利亚进口商现在采取套期保值措施，应该如何进行？3个月后实际支付多少澳元？

分析：

（1）该澳大利亚进口商签订进口合同时就支付10亿日元，需要以1澳元=100.00日元的即期汇率向银行支付10÷100.00=0.1（亿澳元），即10 000 000澳元。

（2）该澳大利亚进口商等到3个月后支付10亿日元，按当时即期汇率1澳元=80.00日元计算，须向银行支付10÷80=0.125（亿澳元），即12 500 000澳元。这比签订进口合同时支付的货款多出0.025亿澳元，即多支付250万澳元，这是不采取保值措施付出的代价。

（3）该澳大利亚进口商若采取套期保值措施，即向银行购买3月期远期日元10亿日元，适用汇率是1澳元=98.00日元。3个月后交割时只需向银行支付10÷98=0.102 040 816 32

（亿澳元），即 10 204 081.63 澳元，就可获得 10 亿日元支付给日本出口商。这比签订进口合同时支付的货款多出 204 081.63 澳元（大约 20.41 万澳元）。这是进口商采取套期保值措施付出的代价。这一代价相对于不采取保值措施，而等到 3 个月后再即期购买日元支付货款所付出的 250 万澳元来说，是微不足道的。

（二）外汇银行为了轧平外汇头寸而进行套期保值（外汇头寸调整交易）

客户与银行的远期外汇交易，事实上是把相应的汇率变动风险转嫁给了银行。银行在所做的同种货币的同种期限的所有远期外汇交易不能买卖相抵时，就产生了外汇净头寸，面临风险损失。为了避免这种风险损失，银行需要将多头抛出，空头补进，轧平各种币种各种期限的头寸。

例如，一家美国银行在 1 个月的远期交易中，共买入了 9 万英镑，卖出了 7 万英镑。这家银行持有 2 万英镑的多头，为了避免英镑跌价而造成的损失，这家银行会向其他银行卖出 2 万英镑的 1 个月期汇。

二、投机性远期外汇交易

外汇投机（Foreign Exchange Speculation），是指投机者根据对有关货币汇率变动的预测，通过买卖现汇或期汇，有意保持某种外汇的多头或空头，以期在汇率实际发生变动之后获取风险利润的一种外汇交易。

外汇市场上的投机可分为即期外汇投机和远期外汇投机。典型的外汇投机是远期外汇投机，其特点是不涉及货币的立即交割，成交时无须付现，只需支付少量保证金，一般都是到期轧抵，支付差额，因此远期外汇投机不需要持有足够的现金或外汇即可进行规模交易。

? 想一想

即期外汇投机（Spot Speculation）与远期外汇投机（Forward Speculation）哪种投机性更强？

【例 4-13】

当市场即期汇率为 USD1=CHF1.653 0 时，某投机者预测美元将升值。

（1）他应该买入还是卖出美元？

（2）如果交易额为 100 万美元，一段时间以后，市场汇率变为 USD1=CHF1.658 0，问其获利情况如何？

（3）如果市场汇率变为 USD 1=CHF1.642 0，情况又如何？

分析：

（1）该投机者预测美元将升值，他应该买入美元。

(2）当市场汇率变为 USD1=CHF1.658 0 时，其获利情况为：

1 000 000×（1.658 0－1.653 0）=5 000（美元）

(3）如果市场汇率变为 USD 1=CHF1.642 0，该投机者将蒙受损失，损失金额为：1 000 000×（1.642 0－1.653 0）=11 000（美元）

通过例 4-13 可以看出，投机的正确方法为：

当预测货币将升值时，就预先买入该种货币；

当预测货币将贬值时，就预先卖出该种货币。

远期外汇投机的两种基本形式如下。

（一）买空交易

买空（Buy Long）交易，又称"做多头"（Bull），即投机者预测某种外汇汇率将上升，则先买（远期）后卖（即期/远期），即先低进，后高出，从中获利。

【例 4-14】

在法兰克福外汇市场，德国某外汇投机商预测英镑对美元的汇率将大幅上升，他就可以做买空交易，先以当时的 1 英镑=1.555 0 美元的 3 月期远期汇率买进 3 个月远期 100 万英镑。3 个月后，当英镑对美元的即期汇率涨到 1 英镑=1.755 0 美元时，他就在即期市场上卖出 100 万英镑。轧差后他就会获得 100×（1.755 0－1.555 0）=20（万美元）的投机利润。

（二）卖空交易

卖空（Sell Short）交易又称"做空头"（Bear），即投机者预测某种外汇汇率将下跌，则先卖（远期）后买（即期/远期），即先高出，再低进，从中获利。

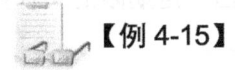

【例 4-15】

东京外汇市场，某年 3 月 1 日，日本某投机者判断美元在 1 个月后将贬值，于是他立即在远期外汇市场上以 1 美元=110.03 日元的价格抛售 1 月期 1 000 万美元，交割日是 4 月 1 日。到 4 月 1 日时，即期美元的汇率不跌反升，为 1 美元=115.03 日元。该日本投机者在即期外汇市场购买 1 000 万美元现汇实现远期和约交割，为此蒙受 1 000×（115.03－110.03）=5 000（万日元）的损失。

可见，投机行为是否获利或获利大小取决于投机者预测汇率走势的准确程度，如果投机者预测失误，则会蒙受损失。

小贴士

外汇套期保值与外汇投机的区别

（1）套期保值者是为了避免汇率风险而轧平外汇头寸，而投机者则是有意识地制造外汇头寸。

（2）套期保值都有实际的商业或金融业务与之相对应，外汇买卖时，有真实数额的资金，而外汇投机则没有。

（3）套期保值的成本固定，以避免更大损失，而投机具有不确定性。

阅读拓展 4-1

海普瑞拟开展不超过 2.5 亿美元远期外汇交易业务

智通财经 App 讯，海普瑞（002399.SZ）发布公告，公司拟于今日起 12 个月内，以合格的境内外商业银行作为交易对手方，进行不超过 2.5 亿美元或等值外币的远期外汇交易业务。

公司将在上述交易期间的总额度内开展远期外汇交易业务，除根据银行的规定交纳一定比例的保证金外，不需要投入其他资金。保证金将使用公司的自有资金，不涉及募集资金。交纳的保证金比例根据与银行签订的具体协议确定。

资料来源：通智财经，2020 年 12 月 4 日。

第四节　特殊的远期外汇交易

一、掉期交易

（一）什么是掉期交易

掉期交易（Swap Transaction），是指外汇交易者在买进或卖出一定期限的某种货币的同时，卖出或买进期限不同、金额基本相同的同种货币的交易。

据统计，世界主要外汇市场上，大多数远期交易都是掉期交易的一部分，只有 5% 左右属于单纯的远期外汇交易。

【例 4-16】

一家美国投资公司需要 100 万英镑现汇进行投资，预期 3 个月后可以收回投资。为了防止 3 个月后英镑汇率下跌，该公司利用掉期业务，即期买进 100 万英镑的同时，卖出 3 个月远期 100 万英镑期汇，从而转移此期间因英镑汇率下跌而承担的风险。

【例 4-17】

某企业从日本借入一笔一年期 1 亿日元的贷款，由于该企业需从美国进口原材料加工生产，产成品销往美国，该公司进口付汇和出口收汇都使用美元计价，因此该企业到中国银行申请即期卖出日元买入美元的同时，为保证一年后有足够的日元还贷款和控制汇率风险，再叙做了一笔远期买入日元卖出美元的业务，从而达到固定成本、防范汇率风险的目的。

（二）掉期交易的特点

在掉期交易中，买卖的数额始终不变，即掉期交易改变的不是交易者手中持有的外汇数额，而是交易者所持货币的期限。掉期交易的具体特点如下。

(1) 买与卖是同时进行的。
(2) 买与卖的货币种类相同，金额相等。
(3) 买与卖的交割期限不相同。
(4) 掉期交易主要在银行同业间进行，一些大公司也利用其进行套利活动。

? 想一想

掉期交易中两种货币的交易有哪些相同点和不同点？

（三）掉期交易的类型

按交割日的不同，掉期交易可分为 3 种。

1. 即期对远期的掉期交易

即期对远期的掉期（Spot-Forward Swaps）交易是最典型、最普遍的掉期交易，相当于在买进（卖出）某种货币的同时，反方向卖出（买进）远期该种货币的交易。即买进即期，卖出远期（见例 4-16），或者卖出即期，买进远期（见例 4-17）。该种交易主要用于避免外汇头寸风险和外汇资产或负债因汇率变动而遭受的风险。

2. 远期对远期的掉期交易

远期对远期的掉期（Forward-Forward Swaps）交易是在远期外汇市场上同时买进并卖出不同期限的同种远期货币的交易形式，如买进 3 个月远期的同时卖出 6 个月的远期。这种交易方式既可用于避险，也可用于某一段时期内的外汇投机。

3. 即期对即期的掉期交易

即期对即期的掉期（Spot-Spot Swaps）交易又称"一日掉期"，即同时买进和卖出交割日不同的即期外汇。例如，掉期中一笔交易在成交后第一个营业日交割，另一笔则在成交后第二个营业日交割。这种交易主要用于银行间的资金拆借。

（四）掉期交易的应用

1. 利用掉期交易防范汇率风险

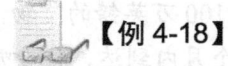

【例 4-18】

一家美国公司准备在英国市场进行投资，投资金额为 100 万英镑，期限为 6 个月。

思考：该公司如何防范汇率风险？

分析：该公司可进行一笔即期对远期的掉期交易，即买进 100 万即期英镑的同时，卖出 6 个月远期 100 万英镑，由此防范汇率风险。

【例 4-19】

一家日本贸易公司向美国出口产品，收到货款 500 万美元。该公司需将货款兑换为日元用于国内支出，同时公司需从美国进口原材料，并将于 3 个月后支付 500 万美元的货款。思考：公司采取何种措施来规避风险？

分析：该公司可做一笔 3 个月美元兑日元掉期外汇买卖：即期卖出 500 万美元（买入相应的日元）的同时，买入 3 个月远期 500 万美元（卖出相应的日元），由此防范汇率风险。

2. 利用掉期交易解决外汇合约的延期问题

【例 4-20】

通达进出口公司与非洲某公司签订了一份出口合同，价值 10 万美元，6 个月后结算。为防范汇率风险，通达公司与银行进行了远期外汇交易，卖出 6 个月远期外汇美元。6 个月后，进口商不能按期付款，通知通达公司须延期 2 个月付款。这就造成了通达公司与银行签订的远期合同无法履行的问题。思考：通达公司应如何解决出现的问题呢？

分析：6 个月后，该公司进行一笔掉期业务，即买入即期 10 万美元的同时卖出 2 个月远期 10 万美元，既防范了汇率风险，又解决了合同延期的问题。

二、择期交易

上述远期外汇交易的交割日是固定的，而在国际交易中，有时不能提前确切知道付款或收款的日期，在此情况下，交易中不需要固定交割日期，但需要固定汇率，这样便产生了远期择期交易。

（一）什么是远期择期交易

远期择期（Forward Option）交易，是指交易一方在合同的有效期内任何一个营业日，要求交易的另一方按照双方约定的远期汇率进行交割的远期外汇交易。根据交割日的期限范围，远期择期交易可分为完全择期交易和部分择期交易。

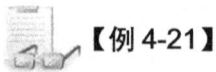

【例 4-21】

5 月 10 日美国进口商同英国客户签订合同，从英国进口价值 100 万英镑的货物，合同要求货到后 1 个月付款。按照规定，货物必须在签订合同后 1 个月内到达，但在哪天到达无法事前确知。5 月 10 日的汇率行情为：

即期汇率	1个月远期	2个月远期
GBP/USD=2.523 0/40	10/20	30/50

思考：进口商如何防范汇率风险？

分析：因为无法确定哪天付款，进口商只能签订2个月远期择期交易合同，即从签订进出口合同之日起，2个月之内的任何一天均可交割。

在择期交易中，事先确定交易货币的种类、数量、汇率和期限，而外汇的具体交割日在合约规定的期限内由客户选择决定。因此，远期择期交易使客户在时间上有主动权，银行是被动的，因而银行应该在汇率上得到补偿，即选择对自己最有利的汇率。

（二）如何确定择期汇率

方法一：当银行卖出择期外汇时，若远期外汇升水，则银行要求汇率接近择期期限结束时的汇率B，如图4-1（a）所示；若远期外汇贴水，则银行要求汇率接近择期期限开始时的汇率C，如图4-1（b）所示。

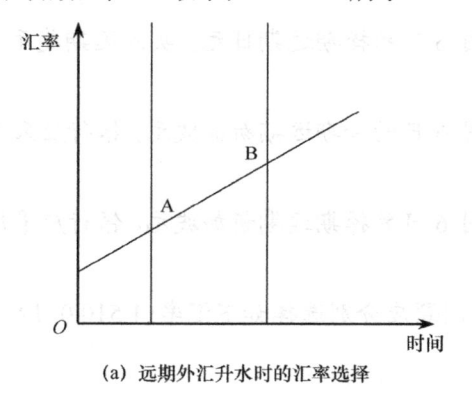

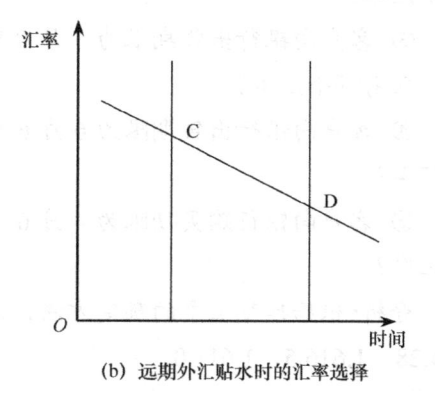

图4-1 卖出择期外汇时的汇率选择

方法二：当银行买入择期外汇时，若远期外汇升水，则银行要求汇率接近择期期限开始时的汇率A，如图4-2（a）所示；若远期外汇贴水，则银行要求汇率接近择期期限结束时的汇率D，如图4-2（b）所示。

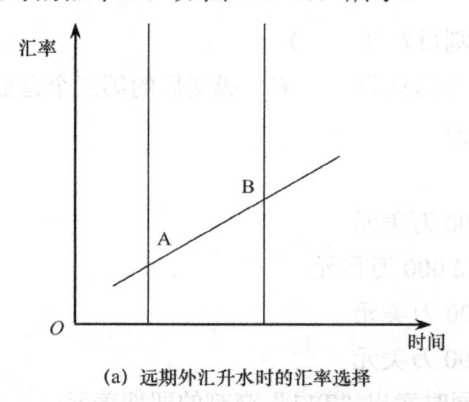

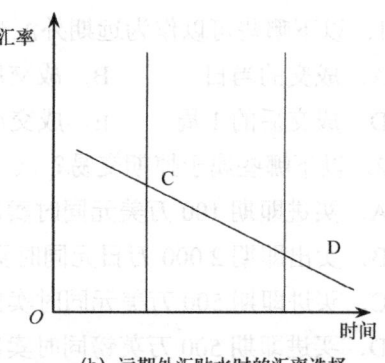

图4-2 买入择期外汇时的汇率选择

【例 4-22】

假如某年 4 月 6 日的汇率如表 4-2 所示，根据表中汇率回答下列问题。

表 4-2　某年 4 月 6 日的汇率

	GBP/USD	USD/JPY	USD/SGD	起算日
即期汇率	1.581 0/90	124.75/85	1.611 0/1.612 0	4 月 6 日
1 个月汇率	1.514 1/54	124.15/28	1.612 5/1.613 5	5 月 6 日
2 个月汇率	1.510 0/13	123.60/75	1.614 0/1.615 0	6 月 6 日
3 个月汇率	1.505 5/71	123.10/24	1.615 5/1.616 5	7 月 6 日

① 客户用英镑向银行购买期限为 5 月 6 日—6 月 6 日的择期远期美元，银行应采用哪个汇率？

② 客户用美元向银行购买期限为 5 月 6 日—7 月 6 日的择期远期日元，银行应采用哪个汇率？

③ 客户向银行出售期限为 5 月 6 日—7 月 6 日的择期远期日元，买入远期美元，银行应采用哪个汇率？

④ 客户向银行出售期限为 6 月 6 日—7 月 6 日的择期远期新加坡元，银行应采用哪个汇率？

⑤ 客户向银行购买期限为 4 月 6 日—7 月 6 日的择期远期新加坡元，银行应采用哪个汇率？

分析：根据择期汇率的确定方法，上述 5 个问题应分别选择如下汇率：1.510 0、123.10、124.28、1.616 5、1.611 0。

本章思考题

一、选择题

1．以下哪些可以作为远期外汇交易的交割日？（　　）

A．成交的当日　　B．成交后的第二个营业日　　C．成交后的第三个营业日

D．成交后的 1 周　　E．成交后的 1 个月

2．以下哪些属于掉期交易？（　　）

A．买进即期 100 万美元同时卖出远期 100 万美元

B．卖出即期 2 000 万日元同时买进远期 2 000 万日元

C．买进即期 500 万美元同时卖出远期 600 万美元

D．买进即期 500 万英镑同时卖出即期 500 万美元

E．买进"T+0"交割的即期 500 万美元同时卖出"T+1"交割的即期美元

3．市场上 3 位做市商的 USD/JPY 报价如下：

	A 银行	B 银行	C 银行
即期	152.00/50	152.00/25	151.90/15
3 月期	36/33	37/34	38/36

请问客户应从（　　）银行买入远期日元，远期汇率为（　　）。

4．市场上做市商的 GBP/USD 报价如下：

	A 银行	B 银行	C 银行
即期	1.633 0/40	1.633 1/39	1.633 2/42
1 个月	39/36	42/38	39/36

请问客户应从（　　）银行买入远期英镑，远期汇率为（　　）。

二、计算题

1．中国香港某外汇银行报出的美元兑英镑、日元价格为：

即期汇率	1 个月远期	2 个月远期
GBP1=USD1.322 0/50	20/10	35/20
GBP1=JPY140.30/60	15/25	20/40

请写出完整远期汇率。

2．假设目前市场上美元兑港元的汇率为 USD1= HKD7.750 0，美国利率为 10%，中国香港利率为 7%，则 3 个月远期美元兑港元汇率应是多少？

三、实训题

1．瑞士某出口商向美国出口一批电脑，价值 100 万美元，2 个月后收汇。假定外汇市场行情如下：即期汇率为 USD1=CHF0.912 0/30；2 个月远期差价为 20/10。

分析：

（1）如果该出口商不进行套期保值，将损失多少本币？（假设 2 个月后市场上的即期汇率为 USD1=CHF0.894 0/70）

（2）该出口商如何利用远期业务进行套期保值？

2．美国某进口商从英国进口一批货物，价值 100 万英镑，3 个月后付款。假设外汇市场行情如下：即期汇率为 GBP1=USD1.332 0/30；3 个月远期差价为 10/20。

分析：

（1）如果该进口商不进行套期保值，将来的损益情况如何？（假如 3 个月后英镑升值，市场上的即期汇率变为 GBP1=USD1.344 0/70）

（2）该进口商如何利用远期业务进行套期保值？

3．中国香港某投资者购买 100 万美元，投资 3 个月，年利率为 5%。当时外汇市场行情如下：即期汇率为 USD1=HKD7.752 0/25；3 个月的远期差价为 20/10。

分析：该投资商如何利用远期外汇交易进行套期保值？

4．一家中国香港公司以5%的年利率借到了100万英镑，期限6个月。然后，该公司将英镑兑换成港元使用。有关的外汇市场行情如下：即期汇率为GBP1=HKD10.562 0/30；6个月远期差价为100/150。

分析：该公司如何利用远期外汇交易进行套期保值？

5．在纽约外汇市场上，英镑兑美元的1月期远期汇率为GBP1=USD1.372 0，美国某外汇投机商预期1个月后英镑的即期汇率将上升，且大于目前1个月远期英镑的汇率，则投机者如何利用远期交易进行投机？

假设交易金额为100万英镑。1个月后，如果市场如投机者所预测，英镑即期汇率上涨，假设上涨到GBP1=USD1.378 0，问投机者的投机利润是多少？如果1个月后的即期汇率为GBP1=USD1.366 0，则该投资者的获利情况又如何？

第三篇

衍生外汇交易业务

- 第五章 外汇期货交易
- 第六章 外汇期权交易

第五章
外汇期货交易

学习目标

知识目标
- 正确理解外汇期货交易的含义及特点；
- 了解外汇市场的构成；
- 熟悉外汇期货交易与远期外汇交易的异同；
- 掌握外汇期货交易的规则。

技能目标
- 能够熟练应用不同交易方式下的外汇期货交易流程；
- 能够熟练使用外汇期货交易的操作技巧。

学习导航

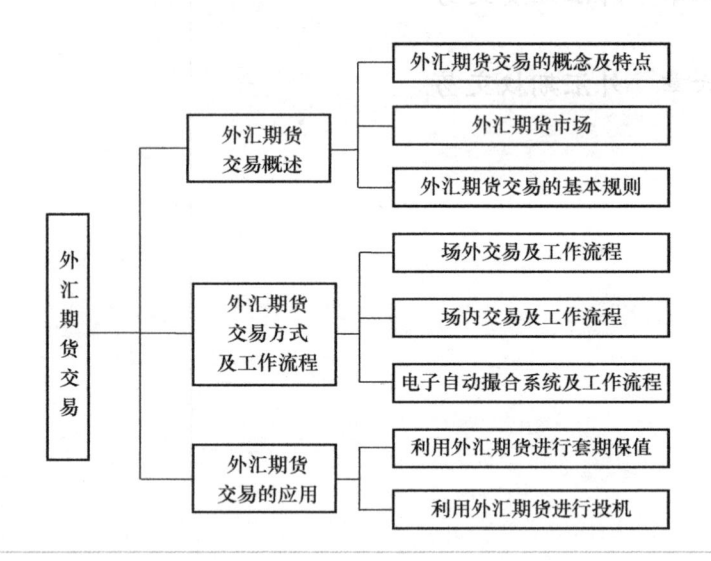

```
                        ┌── 外汇期货交易的概念及特点
              外汇期货   │
              交易概述 ──┼── 外汇期货市场
                        │
                        └── 外汇期货交易的基本规则

外汇                    ┌── 场外交易及工作流程
期货          外汇期货   │
交易          交易方式 ──┼── 场内交易及工作流程
              及工作流程 │
                        └── 电子自动撮合系统及工作流程

              外汇期货   ┌── 利用外汇期货进行套期保值
              交易的应用─┤
                        └── 利用外汇期货进行投机
```

课前导读

利用外汇期货防范汇率风险

某日本出口商 5 月预计在 8 月有 1 亿美元流入，但不知道 8 月的汇率水平为多少，如果美元汇率下跌，该出口商将蒙受损失，因此该出口商希望将汇率波动的风险转移出去。于是，该出口商到期货市场上与他人签订了一个标准化合约，合约规定该出口商有权在 8 月按特定的价格出售一定数量的美元给对方，从而换取日元。这个合约就是外汇期货合约，其作用是将汇率风险转移出去，以达到保值避险的目的。

通过该案例，你对期货有什么样的认识？它与远期交易有哪些共同点？又有哪些区别？本章将从外汇期货交易的概念和特点出发，对外汇期货市场的构成、外汇期货交易的规则及不同交易方式下的外汇期货交易流程和外汇期货交易的操作技巧进行阐述。

第一节　外汇期货交易概述

外汇期货属于金融期货，起源于商品期货交易。自 20 世纪 70 年代开始，国际汇率制度逐渐由固定汇率制转向浮动汇率制，从而使汇率风险剧增。为了有效防范风险，在传统的远期外汇交易方式上产生了外汇期货交易。

一、外汇期货交易的概念及特点

（一）什么是外汇期货交易

外汇期货（Currency Exchange Futures），又称货币期货，是金融期货的一种。

外汇期货交易是指外汇期货交易双方在外汇期货交易所买卖未来某一特定日期的标准化外汇期货合约的交易。1972 年，美国芝加哥商品交易所（Chicago Mercantile Exchange，CME）新设了一个分部——"国际货币市场"（International Monetary Market，IMM），这是世界上最早的货币期货交易所。

外汇期货交易的主要目的是对汇率的变动提供套期保值。其原理是，由于期货的价格以现货价格为基础，因此，它与现货价格呈同方向变动，这样为使未来的外汇头寸的汇率风险得以消除，可以在期货市场上做反方向交易，以期货市场上得到的利润来抵补现汇市场上的损失。

例如，某英国公司 3 个月后需支付一笔货款为 100 万瑞士法郎，该公司担心未来瑞士法郎升值使自己支付更多的英镑，于是该公司可以在期货市场上买入 8 月瑞士法郎期货合约（每份合约相当于 12.5 万瑞士法郎）。一旦未来瑞士法郎即期汇率真的上升，瑞士法郎期货的价格也会上升，该公司就可以在期货市场以更高的价格卖出瑞士法郎，抵偿自己由于即期汇率波动而受到的损失。

（二）外汇期货交易的特点

1. 标准化合约

外汇期货合约是标准化合约，即交易的货币种类和交易数量的标准化。外汇期货交易的主要品种有美元、欧元、英镑、日元、瑞士法郎、加拿大元、澳大利亚元（简称澳元）等。但不同货币的合约规模（交易单位）是不同的，如表 5-1 所示，IMM 英镑期货合约的交易单位是 62 500 英镑，瑞士法郎期货合约的交易单位是 125 000 瑞士法郎。

表 5-1　IMM 外汇期货合约概况

合约种类	交易单位	基本点数	最小价格变动（USD）	一张合约最小价格变动（USD）	合约时间（月）
欧元（EUR）	12 500	0.000 1	0.000 1	12.5	3、6、9、12
英镑（GBP）	62 500	0.000 2	0.000 2	12.5	3、6、9、12
瑞士法郎（CHF）	125 000	0.000 1	0.000 1	12.5	3、6、9、12
加拿大元（CAD）	100 000	0.000 1	0.000 1	10	3、6、9、12
澳元（AUD）	100 000	0.000 1	0.000 1	10	3、6、9、12
日元（JPY）	12 500 000	0.000 001	0.000 001	12.5	3、6、9、12

2. 交割月份、交割日和最后交易日的规定

交割月份是外汇期货合约规定的期货合约交割的月份，一般为每年的 3 月、6 月、9 月和 12 月。由于绝大部分合约在到期前已经对冲，故到期实际交割的合约只占很少一部分。

交割日是合同上规定的交割日期，即交割月份中的某一日。每种货币期货都有固定的交割日，不同的交易所有不同的规定，如 IMM 的交割日为到期月份的第三个星期三。如果交割日恰逢休市日不营业，则向后顺延。

最后交易日是指期货可以进行交易的最后一天。各交易所对此也有具体规定，如 IMM 的最后交易日为到期月份第三个星期三之前的两个营业日。

3. 统一的价格表示方法

期货价格是指期货合约中规定的期货交易的价格，即未来结算所使用的价格，也称履约价格（Exercise Price，Strike Price）。IMM 所有的货币价格均以美元表示，外汇期货的价格总是处在不断变化之中，如图 5-1 所示。

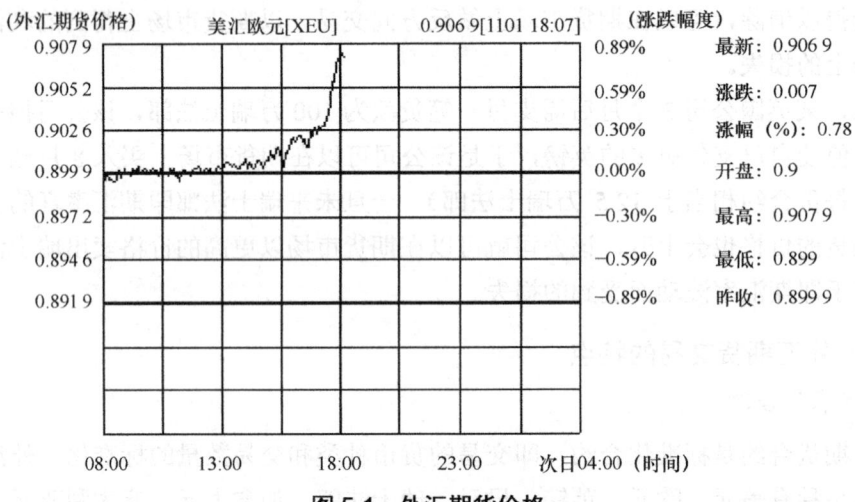

图 5-1　外汇期货价格

4. 期货合约是在期货交易所组织下成交的，具有法律效力，价格是在交易所的交易厅通过公开竞价方式产生的

5. 外汇期货合约规定最小波幅

价格最小波幅是外汇期货在合约的买卖时，由于供需关系使合约价格产生变化的最低限度。例如，英镑期货合约的价格最小波幅为每1英镑的美元汇价的2个基点，每份合约的美元价值为12.5美元；加拿大元期货合约的价格最小波幅为每1加拿大元的美元汇价的1个基点，每份合约的美元价值为10美元，等等。

6. 外汇期货合约规定涨跌限制

涨跌限制是指每日价格最大波动限制（Daily Limit Moves）。一旦价格波动超过该幅度，交易自动停止，这样交易不致因价格的暴涨暴跌而使交易双方蒙受巨大损失。各种外汇期货合约每日变化的最大幅度也各不相同，如 IMM 规定开市时，日元期货的每日价格最大波动为200点，每点的价位是12.5美元，所以日元期货每份合约的每日价格最大波动为2 500美元。

7. 通用代号

在具体操作中，交易所和期货佣金商及期货行情表都是用代号来表示外汇期货的，如英镑为BP、加拿大元为CD，日元为JY，瑞士法郎为SF，墨西哥比索为MP等。

（三）外汇期货与远期外汇的比较

1. 相同点

（1）都是通过合同形式，把买入或卖出外汇的汇率固定下来。

（2）都是在一定时期以后交割，而不是即时交割。

（3）买入与卖出都是为了保值或投机。

2. 不同点（见表5-2）

表5-2 外汇期货与远期外汇的不同点

比较项目	外汇期货	远期外汇
交易场所	有形的期货交易所	无形市场
交易货币的种类、期限	少数几种，标准化的交割期限，如到期月份的第三个星期三	无固定的标准
合约的价值	合约的价值是标准化的	没有严格的规定
标价方式、报价方式	外汇期货价格的表示方法是标准化的，如IMM 以美元以外的其他货币作为单位货币，任一时刻的成交价是唯一的	多数使用美元标价法，同时给出买入价和卖出价，它们都可以是成交价
交易时间	交易所营业的时间	24小时都可以
交易者的资格	交易所的会员，非会员须通过会员经纪人交易	虽无资格限制，但受交易额限制

续表

比较项目	外汇期货	远期外汇
合约风险	一般不存在信用风险	可能产生信用风险
保证金	保证金是交易的基础	一般不收取保证金，为远期合同金额的5%~10%
现金流动的时间	每日都有	交割时才会有现金流动
合约的流动性	强，实际交割的不到2%，绝大多数提前对冲	差，90%以上到期交割

二、外汇期货市场

（一）外汇期货市场的构成

外汇期货市场（Forward Exchange Market）是指按一定的规章制度买卖期货合同的有组织的市场，一般由外汇期货交易所、清算机构、会员、经纪商和一般客户等构成，如图5-2所示。

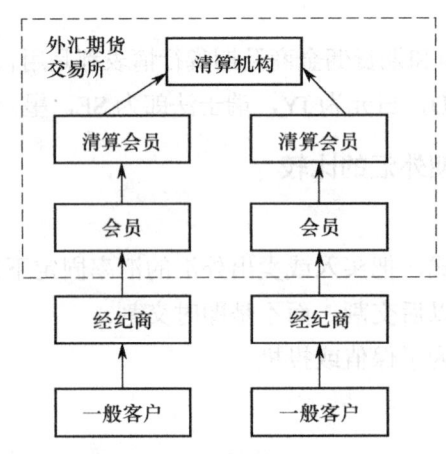

图5-2 外汇期货市场的构成

1. 外汇期货交易所

外汇期货交易所（Futures Exchange）是具体买卖期货合同的场所。外汇期货交易所（以下简称交易所）是自发的、非营利性的会员组织，由交易所会员共同出资建立。交易所是非营利性机构，本身不参加交易，不拥有任何商品，只提供交易的场地、设备，并制定相应的规章制度。只有取得交易所会员资格的人才能进入交易所场地内进行期货交易，而非会员只能通过会员代理进行期货交易。

目前，全球较大的外汇期货交易所主要有芝加哥商品交易所的国际货币市场、伦敦国际金融期货交易所、费城期货交易所、中美洲商品交易所、东京期货交易所、新加坡期货交易所和悉尼期货交易所等，每个交易所基本都有本国货币与其他主要货币交易的期货合约。

2. 清算机构

清算机构（Clearing Traders）又称清算公司、结算所，是交易所下属的具有独立法人资格的营利性机构。清算机构负责对期货交易所内的期货合约进行登记、交易和清算，它是期货市场运行机制的核心。

清算机构同时是期货合约买卖双方的最后结算者。对买方来说，清算机构是卖方；对卖方来说，清算机构是买方。交易所会员在买进或卖出期货合约时，先不做现金结算，而是由清算机构统一办理。

3. 会员

交易所会员就是在期货交易所中拥有会员资格的自然人或法人，即通常所说的在交易所拥有"席位"的自然人或法人。交易所席位本身是一个具有价值的商品，可以在市场上进行转让和买卖。例如，现在芝加哥商品交易所一个席位的价格大约是 765 000 美元，而在 1997 年 12 月的价格为 465 000 美元。

会员交纳会费，以保证交易所的正常运作；当交易所经营出现亏损时，会员必须承担增交会费的义务，而当交易所出现盈余时，会员没有得到回报的权利。交易所会员有权在交易所内从事交易活动，对交易所的运作经营具有发言权。交易所会员通常分为两类：一般会员和全权会员。

（1）一般会员是指在期货交易所内从事与自己生产和经营业务有关的期货合约买卖的会员。一般会员不能接受其他非会员的委托，代理其他非会员的交易。

（2）全权会员是指那些不仅可以自己进行交易，还可以接受非会员的委托，代理其他非会员在交易所进行交易的会员。

成为交易所会员，需要经过严格的审查，交易所设有专门的会员资格审查委员会，对申请成为会员的交易商从经营、信用、财政及社会地位等方面进行严格审查。一般来说，交易所会员的数量是有限制的，如芝加哥期货交易所会员人数总计 3 490 人，其中，正式会员 1 402 人；芝加哥商品交易所会员人数 2 724 人，其中，芝加哥商品交易所会员席位 625 人，国际货币市场部分席位 812 人，指数及期权市场部分席位 1 287 人。

4. 经纪商

经纪商（Futures Commissions Company）是为买卖双方代为达成外汇期货合约的公司。经纪商必须是经注册的交易所的会员，按其职能不同，可分为场内经纪商（Floor Brokers）和场内交易商（Floor Traders）。

（1）场内经纪商是广大非会员参加期货交易的中介，其主要职能是：向客户提供完成交易指令的服务；记录客户盈亏，并代理期货合同的实际交割；处理客户的保证金；向客户提供决策信息及咨询业务等，同时收取佣金。

（2）场内交易商一般只为自己的利益进行外汇期货交易，以赚取买卖差价为主。

> **? 想一想**
>
> 以上两种经纪商承担风险的情况如何?

5. 一般客户

一般客户(General Trader)也称公众交易者或非商业交易者,是指非交易所会员的客户。这些交易者从事交易的主要目的是防范风险或投机。非会员交易者只有通过经纪商才能参与期货的买卖。

(二)外汇期货市场的功能

1. 价格发现

价格发现即外汇期货市场形成货币价格。这些货币价格反映了大量买方和卖方对目前供求形势和价格的综合看法。

2. 风险转移

套期保值通过对外汇期货合约的买卖,将面临的汇率风险转移出去,以达到避险的目的。

3. 投机

投机是指在目前或未来并无现货头寸的情况下进行外汇交易,而从期货的价格变动中获得利润的行为。由于对期货市场保证金要求不高,因此投机者可以用少量资金进行大规模的投机活动。

三、外汇期货交易的基本规则

外汇期货交易的基本规则是指由交易所制定的、旨在保证交易顺利进行的规章制度中最为重要的交易规则,主要包括公开叫价制度、保证金制度、每日清算制度、结算及交割等。下面重点介绍保证金制度和每日清算制度。

(一)保证金制度

保证金是用来确保期货买卖双方履约并承担价格变动风险的一种财力担保金。在外汇期货交易中设立保证金是为了防止投资者因为外汇期货市场汇率变动而违约,从而给结算公司带来损失。

参加外汇期货交易的各方必须交纳保证金。会员必须向交易所的清算机构交纳保证金,非会员必须向经纪公司(会员)交纳保证金。期货交易的保证金除了起到防止各方违约的作用,还是结算制度的基础。

保证金按交纳的时间和金额比例不同,分为以下几种。

1. 初始保证金

初始保证金（Initial Margin）也称原始保证金（Original Margin），是交易中新开仓时必须依照各类合约的有关规定向清算所交纳的资金，通常为交易总额的一定比例。例如，IMM 规定英镑期货合约的初始保证金为每张 2 800 美元，任何人只要在外汇期货市场上开户并交足初始保证金，就可以进行外汇期货交易。

2. 维持保证金

经过每日清算后，交易者每日的浮动盈亏将增减保证金账户余额，超过原始保证金部分的金额可以被交易者提取。同时保证金账户也规定了一个交易者必须维持的最低余额，称为维持保证金（Maintenance Margin）。例如，IMM 规定英镑期货合约的维持保证金为 2 100 美元，即当交易中当日亏损，保证金账户余额低于 2 100 美元时，交易者必须在规定的时间内将保证金补充至初始余额 2 800 美元，否则在下一交易日，交易所有权强行平仓。

3. 变动保证金

变动保证金（Variation Margin）也称追加保证金，即初始保证金与维持保证金之间的差额。

IMM 外汇期货合约中对不同货币的保证金要求如表 5-3 所示。

表 5-3　IMM 外汇期货合约中对不同货币的保证金要求　　　　　　　　单位：美元

期货合约货币种类	初始保证金	维持保证金	变动保证金
英镑	2 800	2 100	700
日元	2 700	2 000	700
瑞士法郎	2 700	2 000	700
加拿大元	1 000	800	200
澳元	2 000	1 500	500

? 想一想

每种期货合约的变动保证金是多少？

保证金制度是期货交易的灵魂，其顺利实施又有赖于每日清算制度。

（二）每日清算制度

每日清算制度（Mark to Market Daily）是指交易所的清算机构在每日闭市后对会员的保证金账户进行结算、检查，通过适时发出保证金追加单（Margin Call），使保证金余额维持在一定水平，即在维持保证金的基础上，防止负债发生的一种制度，其目的是控制期货市场风险。

每日清算制度的实施过程如下。

（1）每一交易日结束后，清算机构根据当日成交情况结算出当日结算价格。

（2）根据结算价格计算每位会员持仓的浮动盈亏，调整其保证金账户余额。

（3）若调整后的保证金账户余额小于维持保证金，交易所便发出通知，要求在下一交易日开始之前追加保证金，否则将强行平仓。

由于每日清算制度的存在，会员账户上每日都有现金流的发生（见表5-4）。

表5-4 现金流与保证金情况变化　　　　　　　　　　　　　单位：美元

日　期	结算价	变动	客户A（买入）		客户B（卖出）	
			现金流	余额	现金流	余额
7月5日	0.6132			初始2 000		初始2 000
	0.6140	+0.0008	+100.0	2 100.0	−100.0	1 900.0
7月6日	0.6152	+0.0012	+150.0	2 250.0	−150.0	1 750.0
7月7日	0.6078	−0.0074	−925.0	1 325.0	+925.0	2 675.0
7月8日	0.6099	+0.0021	+262.5	1 587.5	−262.5	2 412.5
7月9日	0.6075	−0.0024	−300.0	1 287.5	+300.0	2 712.5
合　　计		−0.0057	−712.5	−712.5	+712.5	+712.5

（注：其中0.6132为开立价，0.6075为终结价。）

第二节　外汇期货交易方式及工作流程

外汇期货交易主要可通过下列3种方式进行：场外交易、场内交易（以公开叫价的形式在交易大厅内进行）和电子自动撮合系统。目前衍生品交易正在向全电子化方向发展。下面分别对3种交易方式进行简要介绍。

一、场外交易及工作流程

场外交易是指没有会员资格的客户，通过委托经纪公司进行期货交易的行为，其交易流程如下。

（1）选择期货经纪公司。经纪公司是普通客户和交易所之间的纽带，因此选择一个运作规范、服务优良、综合实力较强的经纪公司是期货交易的首要环节。

（2）开户与入金。客户应与所选择的期货经纪公司签订开户合同书及其他必要的相关文件，如电话委托协议、网上委托协议，并开立期货交易账户，根据自身交易要求，投入一定的保证金。

（3）下达指令。客户（期货买方或卖方）根据对期货行情的分析判断，选择通过书面委托、电话委托、网上委托等方式买入或卖出、开仓或平仓某种数量的某种期货合约。

（4）指令进场交易。经纪公司将客户指令直接下达至期货交易所场内主机，按时间优先、价格优先的原则进行撮合交易。

（5）成交回报。经纪公司将成交情况按事先约定的方式回报给客户。

（6）结算。经纪公司根据交易所每日收盘后公布的统一结算价对客户当日交易及持仓情况进行盈亏、手续费、保证金等的清算，并向客户提供相关的结算单据。客户也可自行拨打电话或上网查询。

（7）交割。外汇期货合同具有双向性，因此外汇期货交易极少在到期日交割，一般随时做一笔相反方向的交易进行平仓。

二、场内交易及工作流程

场内交易是传统的期货交易方式。交易所交易大厅根据交易品种的不同，分割成不同的交易区域——交易池。交易池是交易所指定的可以进行期货交易的场所，是整个交易所交易体系的中心，每种期货合约的竞价都在这里进行。

交易所的交易池一般呈八角形或圆形，交易池处于中间最低的位置，四周的台阶依次上升，交易者站在台阶上，每个人都比前面的人站得高一点。交易池分成多个交易区域，近期交易合约处于一个特定的位置，而远期月份的合约则分布在近期合约的周围。

下面以芝加哥商品交易所期货委托单在系统内流转的传统步骤为例，介绍场内交易的工作流程（见图5-3）。

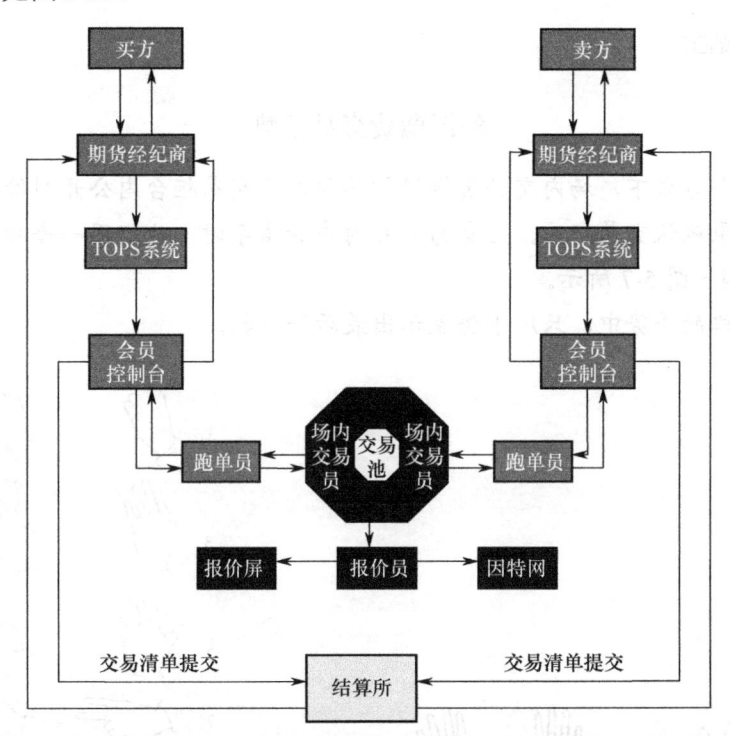

图5-3 芝加哥商品交易所期货委托单在系统内流转的传统步骤

（1）客户决定买进或卖出某期货合约。通过期货经纪商的下单软件将订单的详细信息（交易手数、买或卖、交易品种、交割月份、希望成交价格等）直接传至指定交易所的 TOPS 系统。TOPS 系统会根据交易订单的信息，首先确认账户的合法性，通过确认的订单将自动传送到指定交易池的经纪商的会员控制台，或者通过电话将订单信息传至期货经纪商，再由期货经纪商直接传至其指定交易池的控制台。

（2）会员控制台收到客户指令后，马上通知跑单员，跑单员尽快通知场内交易员。对于会员控制台到场内交易员的连接，目前很多公司已经使用掌上电脑进行，会员控制台收到客户订单信息的同时，场内交易员已经得到相应的信息。场内交易员可以马上撮合交易，这缩短了成交的时间，提高了工作效率。

（3）场内交易员通过公开喊价撮合成交客户的订单，一旦完成撮合过程，场内交易员马上将成交信息记录到记录卡上，将记录卡交给跑单员，由跑单员将交易信息（记录卡）传给会员控制台。

（4）会员控制台工作人员将交易信息输入计算机，传送回公司和客户；同时将交易记录传至结算所，等待最后确认。

（5）收到结算所通知后，期货经纪商编制交易确认报告并寄给客户，完成整个交易。

由此可见，在场内交易的整个过程中有多人参与，各司其职。尽管有多个步骤，但整个过程非常高效，期货委托单可以在一至两分钟内执行完毕。

小贴士

外汇期货交易手势

在场内交易方式下，场内交易员根据订单要求在交易柜台内公开叫价，与交易对方定价成交并记录确认交易行为。当交易大厅内声音嘈杂时，他们用一套标准手势来进行交易，如图 5-4～图 5-7 所示。

在成交价格的手势中，只用手势表示出最后一位数。

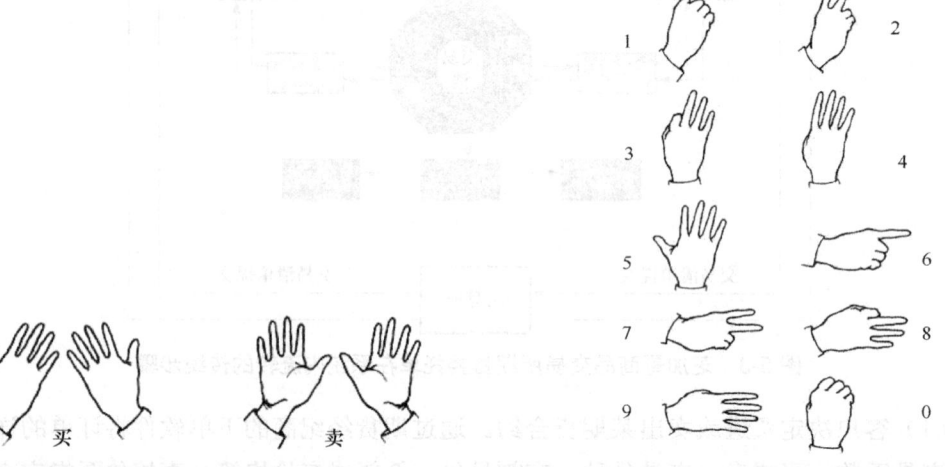

图 5-4 外汇期货买卖的手势

图 5-5 外汇期货成交价格的手势

在交易手数的手势中,代表数字的手势指向面部。

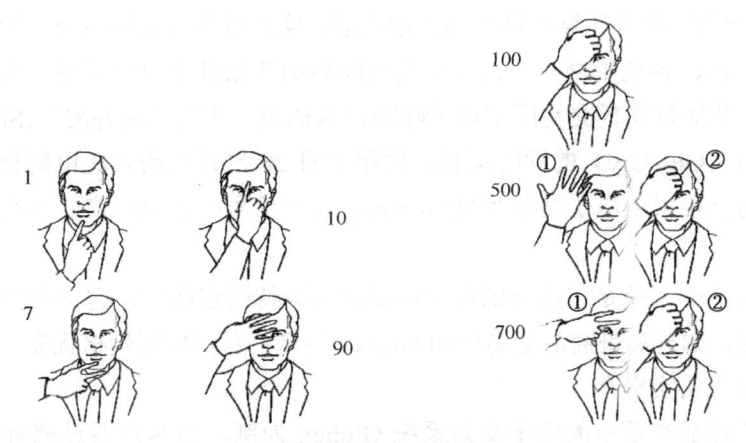

图 5-6　外汇期货交易手数的手势

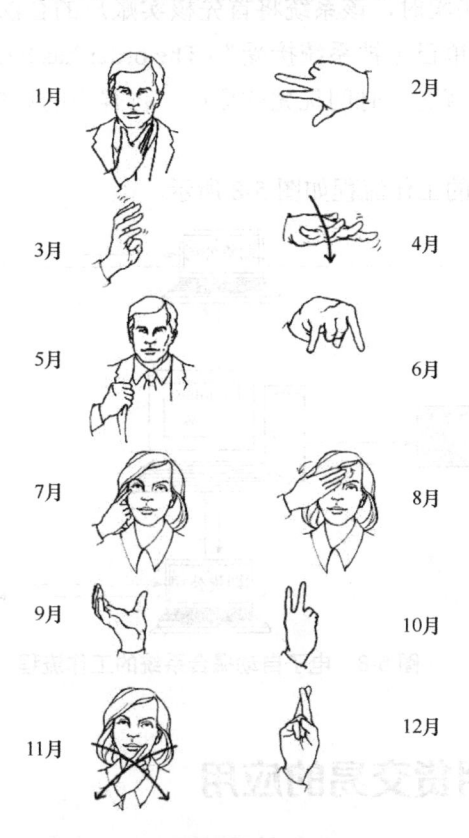

图 5-7　外汇期货交割月份的手势

随着计算机技术的飞速发展,现在越来越多的品种采用了计算机自动交易系统,在不久的将来,也许大家再也看不到这种壮观、声势浩大的池内手势交易了。

三、电子自动撮合系统及工作流程

进入 21 世纪，随着计算机技术的快速发展，越来越多的交易品种开始使用电子自动撮合系统。目前，各期货交易所都在抓紧时间启动各品种的电子交易系统。例如，2006 年 8 月 1 日，芝加哥期货交易所实现了呼唤已久的电子平台"肩并肩"（Side by Side）与场内公开喊价（Out Cry）的同时运行，同年 8 月 28 日开始的人民币期货交易，不采用场内交易，而直接采用电子交易系统 Globex。这些信号暗示电子交易有在未来取代场内交易的趋势。

电子自动撮合系统是将所有的电子终端通过因特网连接后，再连接到一个电子自动撮合系统终端，如芝加哥商品交易所的 Globex 终端，它将按照价格优先、时间优先的交易规则自动完成买卖撮合。

以芝加哥商品交易所的电子交易系统 Globex 为例，当客户通过期货公司的终端进入 Globex 执行合约的买卖时，该系统将首先核实账户的合法性和资金，在几秒内，客户将收到一条信息"订单已经被系统接受"（The order has been received by the system），之后计算机将根据价格优先、时间优先的原则，将客户的订单放到队列中对应的位置，等待系统自动撮合。

电子自动撮合系统的工作流程如图 5-8 所示。

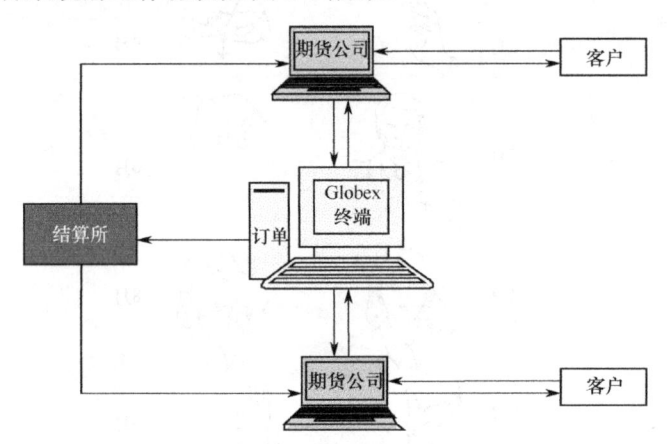

图 5-8　电子自动撮合系统的工作流程

第三节　外汇期货交易的应用

一、利用外汇期货进行套期保值

由于汇率的大幅度波动，外汇持有者、贸易厂商、银行、企业等均需采用套期保值措施，将风险降至最低水平。

套期保值，又称对冲交易，是指利用外汇现货市场价格与期货市场价格同方向、同幅度变动的特点，在外汇现货市场与期货市场做方向相反、金额相等的两笔交易，以便对持有的外币债权或债务进行保值。

因为外汇期货价格与即期外汇价格变动有一致性，所以外汇期货交易可以用来防范汇率风险。

目前，我国还没有推出货币期货，外汇的套期保值可在海外完成。据了解，国内企业在做贸易计划时，都会附带一个套期保值计划，用来保证自己的利润空间。

套期保值分为买入套期保值和卖出套期保值。

（一）买入套期保值

买入套期保值（Long Hedge）又称多头套期保值，是指在期货市场上先买进某种货币期货，然后卖出该种货币期货，以抵销现汇汇率上升而给负有的外汇债务带来的风险。这一操作适用于进口商、短期外汇负债者。

【例 5-1】

3 月末，美国某公司急需一笔资金，而其瑞士分公司在 9 月前恰巧有 35 万瑞士法郎暂时不用，于是总公司将瑞士分公司的 35 万瑞士法郎调回美国使用，为防范 3 个月后瑞士法郎的汇率风险，美国某公司决定做多头套期保值，如表 5-5 所示。

表 5-5　多头套期保值损益分析 1

现汇市场上的损益	期货市场上的损益
4 月 1 日卖出 35 万瑞士法郎 汇率：USD1=CHF1.540 4 收入：350 000÷1.540 4=227 213.71（美元）	4 月 1 日买进 3 份 8 月的瑞士法郎期货 期货价格为：每份 0.645 8 USD 支付：125 000×3×0.645 8=242 175（美元）
7 月 1 日买进 35 万瑞士法郎 汇率：USD1=CHF1.539 6 支付：350 000÷1.539 6=227 331.77（美元）	7 月 1 日卖出 3 份 8 月的瑞士法郎合约 期货价格为：每份 0.649 4 USD 收入：125 000×3×0.649 4=243 525（美元）
亏损：227 213.71-227 331.77=-118.06（美元）	盈利：243 525-242 175=1 350（美元）

分析：从表 5-5 中可以看出，瑞士法郎汇率的上升，使 3 个月前在现汇市场上买进 35 万瑞士法郎多支付 118.06 美元，但期货市场盈利 1 350 美元，大大抵销了这一损失。同理，如果 3 个月后瑞士法郎下跌，公司期汇损失可通过现汇市场得以补偿。

【例 5-2】

美国某进口商在 6 月 8 日从瑞士进口价值 240 000 瑞士法郎的商品，3 个月后，即 9 月 8 日，需向瑞士出口商支付 240 000 瑞士法郎的货款。假设 6 月 8 日的市场行情为即期汇率 USD1=CHF1.651 1，9 月瑞士法郎期货价格为每份 0.605 7 USD，9 月 8 日的市场行情为即期汇率 USD1=CHF1.647 1，期货的价格为每份 0.607 1USD。

思考：该美国进口商如何利用期货交易防范汇率风险？

分析（见表5-6）：

表5-6　多头套期保值损益分析2

即期市场上的损益	期货市场上的损益
6月8日　240 000÷1.651 1=145 357.64（美元）	买进2份瑞士法郎期货，价值为： 2×125 000×0.605 7=151 425（美元）
9月8日　240 000÷1.647 1=145 710.64（美元）	卖出2份瑞士法郎期货，价值为： 2×125 000×0.607 1=151 775（美元）
在即期市场上，如果在9月8日买入瑞士法郎，与在6月8日买入相比，需多付： 145 710.64-145 357.64=353（美元）	在期货市场上可多得： 151 775-151 425=350（美元）

表5-6说明，该美国进口商可以通过期货市场上的收益来弥补即期市场上的损失。

（二）卖出套期保值

卖出套期保值（Short Hedge）又称空头套期保值，是指在期货市场上先卖出某种货币期货，然后买进该种货币期货，以抵销现汇汇率下跌给持有的外汇债权带来的风险。这一操作适用于出口商、应收款的外汇债权者。

【例5-3】

美国某跨国公司设在英国的分支机构急需625万英镑现汇支付当期的费用，此时这家跨国公司在美国总部正好有一部分闲置资金，于是3月12日向分支机构汇去了625万英镑（按当日的现汇汇率GBP1＝USD1.579 0/1.580 6进行折算）。为了避免将来收回款项时（假设3个月后偿还）因汇率波动（英镑汇率下跌）带来的风险，这家跨国公司便在外汇期货市场上做英镑空头套期保值业务（见表5-7）。

表5-7　空头套期保值损益分析1

现汇市场	期货市场
3月12日，按当日汇率GBP1＝USD1.580 6买进625万英镑，价值987.875万美元	3月12日，卖出100份于6月到期的英镑期货合约，每份62 500英镑，价格为1.580 0美元，获得987.5万美元
6月12日，按当日汇率GBP1＝USD1.574 6卖出625万英镑，价值984.125万美元	6月12日，买进100份6月到期的英镑期货合约，价格为1.573 3美元，支付983.312 5万美元
盈亏计算： 984.125－987.875=-3.75（万美元）	盈亏计算： 987.5－983.312 5=4.187 5（万美元）
净盈亏：4.187 5－3.75=0.437 5（万美元）	

分析：从表5-7可以看出，由于英镑兑美元贬值，美国公司在现汇市场上的交易亏损3.75万美元，在外汇期货市场上的交易盈利4.187 5万美元，套期保值最终盈利为4 375美元。如果该公司没有进行套期保值，在3月12日的现汇市场买入625万英镑，6月12

日收回英镑时在现汇市场卖出，会因英镑贬值而净损失 3.75 万美元。当然，如果英镑升值，该损失不会发生。但是，在 3 月 12 日买入现汇时，并不知道 3 个月后英镑到底升值还是贬值，升值固然有利，万一贬值该公司必然蒙受损失。一旦采取了套期保值，英镑在现汇市场上贬值，在期货市场上也会贬值，由于期货与现汇是反方向的操作，因此该公司在外汇期货交易中获利，以此抵销现汇交易中的损失。

【例 5-4】

3 月 6 日，美国某出口商向加拿大出口一批货物，价值 500 000 加拿大元，以加拿大元结算，3 个月后收回货款，美国出口商用外汇期货交易来防范汇率风险。3 月 6 日的市场行情为即期汇率 USD1=CAD1.177 9，6 月的加拿大元期货价格为每份 0.849 0 美元；6 月 6 日的市场行情为即期汇率 USD1=CAD1.182 0，6 月的加拿大元期货价格为每份 0.846 0 美元。

思考：美国出口商如何利用期货交易防范汇率风险？

分析（见表 5-8）：

表 5-8　空头套期保值损益分析 2

	即期市场上的损益	期货市场上的损益
3 月 6 日	500 000 加拿大元价值相当于： 500 000÷1.177 9=424 484.25（美元）	卖出 5 份 6 月期的期货，价值为： 5×100 000×0.849 0=424 500（美元）
6 月 6 日	500 000 加拿大元价值相当于： 500 000÷1.182 0=423 011.84（美元）	买入 5 份 6 月期的期货对冲原有期货，价值为： 5×100 000×0.846 0=423 000（美元）
	6 月 6 日卖出加拿大元与 3 月 6 日卖出加拿大元相比，损失为： 423 011.84－424 484.25=－1 472.41（美元）	在期货市场上加拿大元的对冲交易，收益为： 424 500－423 000=1 500（美元）

二、利用外汇期货进行投机

外汇期货投机，是指外汇期货投机者并未实际持有外币债权或债务，而是通过自己对外汇期货行情的预测，通过在期货市场上的贱买贵卖来赚取差价利润。

与套期保值者不同的是，外汇期货投机并不是因债权与债务结算而进入外汇市场，这完全是投资者根据自己对期货行情的预测及判断，进行对冲赚取差价的行为。若投机者预测汇率上涨，则买入外汇期货契约，即做多头；若预测汇率下跌，则卖出期货契约，即做空头。

（一）多头投机

多头投机又称买空交易，是指投机者预测将来某种外汇期货合约的价格将上涨，便先购买该合约，即做多头，待价格上涨至预期目标时，再将其卖出以获得低价买、高价卖的好处。

【例 5-5】

某外汇投机商 3 月 1 日预测日元对美元汇率上升，于当日在 IMM 买进 12 月交割的日元期货合约 10 份，并按要求交纳了保证金。6 月 1 日日元果然升值，该投机商抛出 10 份日元期货合约，获利情况如下：

3 月 1 日买进 10 份日元期货合约（12 月交割），成交价为 100 日元=0.781 3 美元；

6 月 1 日卖出 10 份日元期货合约（12 月交割），成交价为 100 日元=0.819 7 美元。

盈利：1 250 万×10×（0.819 7−0.781 3）÷100=4.8 万（美元）。

（二）空头投机

空头投机又称卖空交易，是指投机者预测将来某种外汇期货合约的价格将下跌，便事先出售该合约，即做空头，待价格下跌至预期目标时，再买进该合约以获得高价卖、低价买的好处。空头投机的原理和多头投机一样，只是反向运作。

多头和空头投机成功的关键是投机者正确地预测未来汇率的变化方向。如果预测准确的话，投机者会因期货交易的杠杆效应而收获巨大的收益；但如果期货行情与所预测方向相反，则会给投机者带来难以估计的损失，这正是外汇期货投机的巨大风险所在。

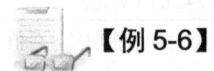

【例 5-6】

7 月 5 日，甲、乙两位投机者对期货价格走势进行了预测，甲认为瑞士法郎期货价格将升高，乙认为瑞士法郎期货价格将走低，二人分别根据自己的预测情况进行了 10 份瑞士法郎期货投机。假设 7 月 5 日他们买卖 9 月期瑞士法郎期货的成交价都是每份 0.611 6 美元，到 8 月 9 日，9 月期货价格的结算价为每份 0.600 8 美元（一份瑞士法郎期货合约的价值为 125 000 瑞士法郎）。

问题 1：甲、乙二人分别进行了何种交易？

问题 2：到 8 月 9 日收盘后，二人账面损益分别为多少？为什么？

分析：

（1）甲进行多头投机（预测行情上涨，先买后卖）；

乙进行空头投机（预测行情下跌，先卖后买）。

（2）二人账面损益的计算：

（0.611 6 − 0.600 8）×125 000×10=13 500（美元）

由于 8 月 9 日期货价格正如乙所判断的下跌行情，因此乙的收益为 13 500 美元，甲的损失为 13 500 美元。原因是甲判断失误，乙判断正确。

阅读拓展 5-1

发展成熟的期货市场陆续引入境外交易者，人民币计价货币功能将有更多发展

我国中央银行 2020 年 8 月 14 日发布的《2020 年人民币国际化报告》显示，2019 年，人民币跨境使用逆势快速增长，全年银行代客人民币跨境收付金额合计 19.67 万亿元，同比增长 24.1%，在 2018 年高速增长的基础上继续保持快速增长，收付金额创历史新高。人民币跨境收支总体平衡，净流入 3 606 亿元。

从具体交易数据来看，2019 年，新加坡交易所美元兑人民币期货成交 906.9 万张合约（日均 36 710 张），同比增长超过 70%。年末未平仓合约量达 53 288 张合约，同比增长 76%，占全球所有交易所类似产品未平仓仓位的近 68%。我国香港交易所人民币兑美元期货成交 193.9 万张合约（日均 7 882 张），同比增长 10%；人民币兑美元期权日均成交 63 张合约，同比下降 48%。年末人民币货币期货未平仓合约 24 636 张，人民币货币期权未平仓合约 1 643 张。我国台湾期货交易所美元兑人民币期货成交 7.5 万张合约（日均 311 张），同比上涨 13%；小型美元兑人民币期货成交 28.9 万张合约（日均 1 196 张），同比上涨 2%。美元兑人民币期权成交 1.3 万张合约（日均 55 张），同比下降 17%；小型美元兑人民币期权成交 10.9 万张合约（日均 449 张），同比下降 9%。

业内人士表示，对比国外，我国外汇期货仍为空白领域。随着我国外汇市场的进一步开放，外汇期货的重要性不断凸显。当前，我国推出外汇期货的条件已经逐步具备，尽快推出外汇期货有利于深化人民币汇率体制改革，也有利于为人民币国际化保驾护航。

资料来源：《期货日报》，2020 年 8 月 15 日。

阅读拓展 5-2

加快制定期货法 尽早推出外汇期货

2020 年 5 月 20 日，全国"两会时间"开启。2020 年全国两会上，期货法制定仍然是代表、委员关注的焦点。全国人大代表、辽宁证监局局长柳磊提出了 3 个与资本市场改革发展相关的建议，包括加快制定期货法、推出外汇期货、建立证券期货行业专业仲裁机构。

近年来，我国稳步推进人民币汇率市场化改革，外汇市场得到长足发展，外汇远期、掉期、期权等场外衍生品日益丰富，但外汇期货仍为空白领域。为降低中小企业的外汇避险成本，满足资本市场境外投资者对场内汇率风险对冲工具的需求，柳磊建议尽早推出外汇期货，这有助于夯实汇率市场化改革的微观基础，促进我国资本市场高水平对外开放。

有分析认为，当前国际形势复杂多变，随着金融业不断放开对外限制，防范化解系统性金融风险、维护金融安全的重要性更加突出，不断完善金融市场风险管理工具是当务之急。近年来，人民币国际化和市场化步伐进一步加快，及时推出外汇期货有利于实体企业和金融机构管理外汇风险。

资料来源：《期货日报网》，2020年05月21日。

本章思考题

一、填空题

1. 外汇期货交易是通过买卖_____的外汇期货合约来进行的外汇交易。
2. 外汇期货市场一般由_____、_____、_____、_____、_____构成。
3. _____交易适用于进口商、短期外汇负债者，而_____交易适用于出口商、应收款的外汇债权者。

二、选择题

1. 公认的世界上最早进行外汇期货交易的外汇期货交易所是（　　）。
   A．芝加哥商品交易所　　B．伦敦国际金融期货交易所
   C．新西兰期货交易所　　D．新加坡国际外汇交易所
2. （　　）通常使用标准化的合约。
   A．远期外汇交易　　B．即期外汇交易
   C．外汇期货交易　　D．外汇期权交易
3. （　　）也称追加保证金，是初始保证金与维持保证金之间的差额。
   A．初始保证金　　B．原始保证金　　C．维持保证金　　D．变动保证金
4. （　　）是指在期货市场上先卖出某种货币期货，然后买进该种货币期货，以抵销现汇汇率下跌而给持有的外汇债权带来的风险。
   A．买入套期保值　　B．卖出套期保值
   C．多头投机　　D．空头投机

三、案例分析

1. 某年3月6日，美国某出口商向加拿大出口一批货物，价值500 000加拿大元，以加拿大元结算，3个月后收回货款，若3个月后加拿大元贬值，试分析以下问题。
   （1）如果不采取任何保值措施，该美国出口商将面临损失还是收益？
   （2）该损失是否可以弥补？方法是什么？
   （3）该美国出口商如何利用外汇期货交易来防范汇率风险？
2. 某年2月15日，甲、乙两位投机者对期货价格走势进行了预测，甲认为加拿大元期货价格将升高，乙认为加拿大元期货价格将走低，二人分别根据自己的预测进行了一份加拿大元期货投机。假设2月15日他们买卖3月期加拿大元期货的成交价都是每份

0.845 0 美元，到 3 月 9 日期货价格的结算价为每份 0.850 0 美元，试分析以下问题。

（1）甲、乙二人分别进行了何种交易？

（2）到 3 月 9 日收盘后，二人账面损益分别为多少？为什么？

四、实训题

1. 美国某公司在 3 月买进英国分公司设备 100 万英镑，双方商定 3 个月后付款。美国某公司担心 3 个月内英镑升值，公司会支付更多的美元货款。为此，美方决定通过期货市场防范风险。若 3 月即期汇率为 1 英镑=1.800 0 美元，此时期货价格（6 月到期）为 1 英镑=1.950 0 美元，如果不考虑佣金、保证金及利息，计算该进口商的盈亏。（假设 6 月即期汇率为 1 英镑=1.980 0 美元，此时 6 月到期的期货价格为 1 英镑=2.150 0 美元。）

2. 假定美国某公司 1 个月后有一笔外汇收入 500 000 英镑，即期汇率为 1 英镑=1.325 0 美元，为避免 1 个月后英镑贬值的风险，该公司决定卖出 8 份 1 个月后到期的英镑期货合同，成交价为每份 1.322 0 美元。1 个月后英镑果然贬值，即期汇率为 1 英镑=1.280 0 美元，相应地，英镑期货合约的价格下降到每份 1.282 0 美元。如果不考虑佣金、保证金及利息，计算该公司的盈亏。

3. 某年 3 月 6 日，美国某出口商向加拿大出口一批货物，价值 500 000 加拿大元，以加拿大元结算，3 个月后收回货款，美国某出口商用外汇期货交易来防范汇率风险（一份加拿大元期货合约的标准价值为 100 000 加拿大元），3 月 6 日有关的价格为：即期汇率为 1 美元=1.177 9 加拿大元，6 月加拿大元期货价格为每份 0.849 0 美元。如果不考虑佣金、保证金及利息，计算该出口商的盈亏。（假设 6 月 6 日的即期汇率为 1 美元=1.175 5/65 加拿大元，6 月期货价格为每份 0.849 8 美元。）

4. 美国某公司预计一个月后将有一笔外汇收款 250 000 欧元，当时现汇市场上欧元汇率为 1 欧元=1.182 0 美元，该公司为了避免 1 个月后欧元贬值所带来的损失，决定在外汇期货市场卖出 20 份 1 个月后到期的欧元期货合同，价值 250 000 欧元（12 500 欧元×20），成交价为 1 欧元=1.180 0 美元。1 个月后，英镑果然贬值，即期汇率为 1 欧元=1.164 0 美元，相应地，期货市场上汇率下降为 1 欧元=1.162 5 美元。不考虑交易佣金及保证金等因素，计算该公司卖出对冲的盈亏额。

第六章

外汇期权交易

学习目标

知识目标
- 了解外汇期权交易的概念；
- 了解外汇期权费的影响因素；
- 掌握外汇期权交易的应用。

技能目标
- 能够进行外汇期权套期保值操作；
- 能够进行外汇期权投机套利操作。

学习导航

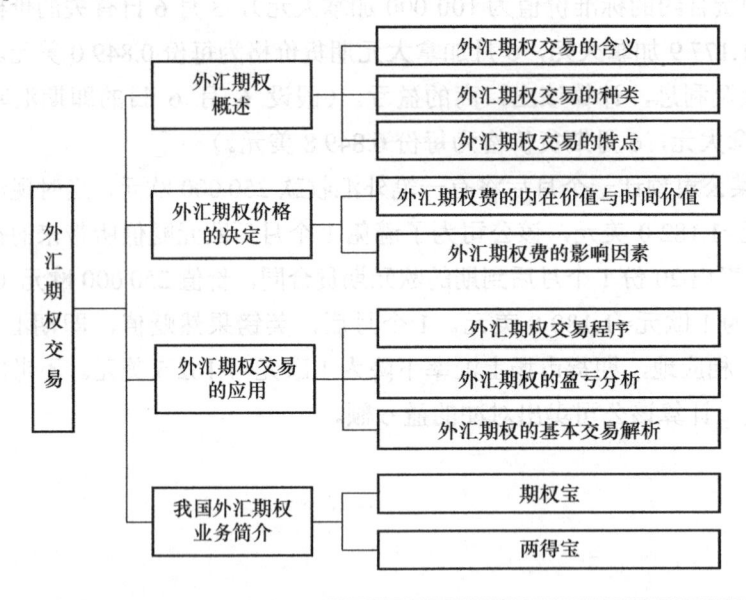

外汇期权交易
- 外汇期权概述
  - 外汇期权交易的含义
  - 外汇期权交易的种类
  - 外汇期权交易的特点
- 外汇期权价格的决定
  - 外汇期权费的内在价值与时间价值
  - 外汇期权费的影响因素
- 外汇期权交易的应用
  - 外汇期权交易程序
  - 外汇期权的盈亏分析
  - 外汇期权的基本交易解析
- 我国外汇期权业务简介
  - 期权宝
  - 两得宝

课前导读

就在各家银行为自己的外汇理财产品摇旗呐喊的同时，外汇专家指出，其实除了购

第六章 外汇期权交易

买现成外汇理财产品和炒汇,有实力的市民还可以关注一下外汇期权业务。期权业务分为买入期权和卖出期权两种,客户卖出期权的期限固定为1周、2周、1个月和3个月;客户买入期权的最长期限为2周,最短为1天,期限较短,特别适合短线操作。一般而言,某一货币利率上升的前期都会带来该货币汇率的上升,投资者只要把握好时机,基于自己对外汇汇率走势的判断,选择看涨或看跌货币,一定会得到丰厚的回报。

通过上述内容可以看出,外汇期权业务已经离我们的生活越来越近。那么什么是期权业务?如何进行操作以达到保值增值的目的?本章从外汇期权的基础知识出发,详细阐述影响外汇期权价格的主要因素,以及外汇期权交易的具体应用。

第一节 外汇期权概述

一、外汇期权交易的含义

外汇期权(Option),是一种选择权合约,它授予期权买方在合约期内,按照协定汇率买入或卖出一定数额的某种外汇资产的权利,卖方收取期权费,并有义务应买方要求卖出或买入该币外汇。期权买方获得的是一种权利而不是义务,如果市场行情对买方不利,他可以不行使权力,使其到期作废,损失的只是预付的期权费。

1982年12月,外汇期权交易在美国费城股票交易所首先进行,其后,芝加哥商品交易所、阿姆斯特丹欧洲期权交易所和蒙特利尔交易所、伦敦国际金融期货交易所等都先后开办了外汇期权交易。目前,美国费城股票交易所和芝加哥期权交易所是世界上具有代表性的外汇期权市场,其经营的外汇期权种类包括英镑、瑞士法郎、加拿大元等。

外汇期权交易是客户对未来外汇资金进行保值的有效手段。在到期日或之前,期权的买方有权决定是否按照合同约定价格买入或卖出一定数量的外汇。为了获得这一权利,期权的买方需要在交易之初付出一笔费用,如果合同期满,期权的买方不行使权利,则权利失效,费用并不退还。外汇期权交易与远期外汇买卖的不同在于:远期外汇买卖将未来的换汇成本锁定,完全规避风险,不论未来出现的是有利的机遇还是不利的风险;而外汇期权交易则是管理风险,即以一定的费用规避不利的风险,同时保留有利的机遇以从中获利。

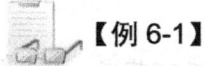

【例6-1】

张某以1 000美元的权利金买入了一张价值100 000美元的欧元/美元的欧式看涨合约,合约规定期限为3个月,执行价格为1.150 0。3个月后的合约到期日,欧元/美元汇率为1.180 0,则张某可以要求合约卖方以1.150 0卖给自己价值100 000美元的欧元,然后他可以再到外汇市场上以1.180 0的汇率抛出,卖出所得减去最初支付的1 000美元即其最终的盈利。如果买入期权合约3个月后，欧元/美元汇率为1.120 0，此时执行合约还不如直接在外汇市场上买合算，张某便可以放弃执行合约的权利，损失最多1 000美元。

二、外汇期权交易的种类

（一）按照期权所赋予的权利，可分为买入期权和卖出期权

1. 买入期权

买入期权（Call Option）也称看涨期权，是指期权买方有权在合约有效期内按照协定价格买入某一特定数量的外汇资产的权利，但不同时负有必须买进的义务。为了取得这些权利，期权购买者在购买期权时付给卖者一定数量的期权费。当预测某种外汇资产价格要上涨时，人们就会买入这种看涨期权，如果市场汇率涨到协定汇率之上，则期权买方可要求履约；反之可以不履行合约。

2. 卖出期权

卖出期权（Put Option）也称看跌期权，是指期权买方有权在合约有效期内按照协定价格卖出某一特定数量的外汇资产的权利，但不同时负有必须卖出的义务。为了取得这些权利，期权购买者在购买期权时付给卖者一定数量的期权费。当预测某种外汇资产价格要下跌时，人们就会买入这种看跌期权，如果市场汇率下跌到协定汇率之下，则期权买方可要求履约；反之可以不履行合约。

【例6-2】

美国某进口商从英国进口一批货物，3个月后将支付16万英镑。假定签订进口合同时的即期汇率为1英镑=1.6美元（协定汇率1英镑=1.6美元），该进口商为避免3个月后英镑升值造成损失，以1 600美元的期权费买入欧式期权保值。3个月后可能会出现3种情况：英镑升值、英镑贬值、英镑汇价不变。

问：该进口商应如何操作？其损益情况如何？

分析：

（1）若英镑升值，则该进口商履行期权。

若3个月后的即期汇率为1英镑=1.65美元，该进口商履行期权后可节省6 400美元，即（160 000×1.65）–（160 000×1.6）–1 600=6 400（美元）。

（2）若英镑贬值，则该进口商放弃期权。

若3个月后的即期汇率为1英镑=1.55美元，该进口商放弃期权后可节省6 400美元，即（160 000×1.6）–（160 000×1.55）–1 600=6 400（美元）。

（3）若英镑汇价不变，仍是1英镑=1.6美元，则该进口商既可以履行期权，也可以放弃期权，其损失仅仅是1 600美元的期权费。

【例 6-3】

瑞士某出口商向美国出口一批机器设备，3 个月后收货款 180 万美元。假如签订出口合同时的即期汇率为 1 美元=1.35 瑞士法郎（协定汇价为 1 美元=1.35 瑞士法郎），该出口商为避免 3 个月后美元贬值造成损失，以 3 600 瑞士法郎的期权费买入欧式期权保值。3 个月后可能会出现 3 种情况：美元升值、美元贬值、美元汇率不变。

问：该出口商应如何操作？其损益情况如何？

分析：

（1）若美元升值，则该出口商放弃期权。

若 3 个月后的即期汇率为 1 美元=1.40 瑞士法郎，该出口商可获得 86 400 瑞士法郎，即（1 800 000×1.40）–（1 800 000×1.35）–3 600= 86 400（瑞士法郎）。

（2）若美元贬值，则该出口商履行期权。

若 3 个月后的即期汇率为 1 美元=1.30 瑞士法郎，该出口商可获得 86 400 瑞士法郎，即（1 800 000×1.35）–（1 800 000×1.30）–3 600=86 400（瑞士法郎）。

（3）若美元汇价不变，仍是 1 美元=1.35 瑞士法郎，则该出口商既可以履行期权，也可以放弃期权，仅损失 3 600 瑞士法郎的期权费。

（二）按照期权执行的时间，可分为美式期权和欧式期权

1. 美式期权

美式期权是指期权买方在支付一定期权费给卖方后，合约赋予他充分的权利，使他可以在定约日至合约到期日（含到期日）之间任何时间执行期权，即买方在此期间内可随时要求卖方卖出或买入某种外汇资产。

2. 欧式期权

欧式期权是指期权买方在支付一定期权费给卖方后，只能在规定的到期日才能要求卖方履约，执行其权利。

相对而言，美式期权为买方提供了更多的选择机会，相应地，卖方承担的风险也大一些，因此，买方需要支付更多的期权费。而欧式期权较为刻板，但期权卖方的风险要小些，因而其期权费较为便宜。

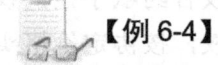

【例 6-4】

一家公司于 3 月 1 日购买了一份 6 月 1 日到期的欧式期权，该公司将在什么时间行使其权利？若其购买的是美式期权，该公司又将在什么时间行使其权利？

分析：如果公司购买的是欧式期权，则该公司只能在合约到期日即 6 月 1 日要求卖方履约。如果公司购买的是美式期权，则该公司可以在 3 月 1 日—6 月 1 日任何时间要求卖方执行期权。

(三）按约定价格与市场条件关系，可分为溢价期权、平价期权和折价期权

1. 溢价期权

溢价期权是指买权的执行价格低于市场价格，卖权的执行价格高于市场价格，即协定价格好于市场价格。

2. 平价期权

平价期权是指执行价格与市场价格相等。

3. 折价期权

折价期权是指买权的执行价格高于市场价格，卖权的执行价格低于市场价格，即市场价格好于协定价格。

当期权合约进入溢价时，买方可行使期权以高价卖出获利；当期权进入折价时，买方因为无利可图而放弃行使期权。

（四）按照交易地点，可分为场内期权和场外期权

1. 场内期权

场内期权也称交易所期权，是指在外汇交易中心与期货交易所进行交易的期权。

2. 场外期权

场外期权也称柜台式期权、店头期权，是指在外汇交易中心与期货交易所之外进行交易的期权。

三、外汇期权交易的特点

（一）期权双方权利与义务不对等

对期权的买者而言，其享受的权利是，在合约的有效期内，有权选择是否按协定价格买进或卖出一定数量的商品或金融产品。若市场价格变化对其有利，他可以选择执行期权（买进或卖出）；若市场价格变化对其不利，他可以选择放弃期权（不买或不卖）。买方所尽的义务是支付一定的期权费给卖方，这部分期权费也称期权价格。

对期权卖者而言，其权利和义务正好与期权买者相反。期权合约赋予他的权利是收入一定的期权费。卖方承担的义务是，当期权买者执行期权，按协定价格买进或卖出某种商品或金融资产时，他必须无条件按协定价格卖出或买进该种商品或金融资产。

（二）期权双方收益与风险的非对称性

当利用外汇期权进行保值时，外汇亏损的任何可能性都不复存在，唯一相关的现金流出便是期权费的支付。如果基础资产的市场价格变动有利于期权买方的利益，则潜在

的盈利能力就会增加；如果基础资产的市场价格变动不利于期权买方的利益，买方便会放弃期权，其损失最多为期权费。

而期权卖方的风险和收益正好与期权买方相反，其收益有限，而风险无限。如果市场价格朝着有利于自己的方向变动，即卖出买权后市场价格下跌，卖出卖权后市场价格上升，盈利最多也不超过期权费。而其损失的可能性是无限的，一旦市场价格朝着不利于自己的方向变化，卖方将亏损，并且市场价格变动幅度越大，其亏损越大。

（三）期权是进行汇率风险防范和保值最为灵活的手段之一

期权买方对期权合约可执行或不执行；可买进，也可卖出，还可转让。对于在不确定外汇流量或无法确定是否会发生外汇流量，或者无法确定发生外汇流量的具体时间的情况下，利用外汇期权进行保值更为适用。同时，可以根据交易者的需求进行期权的个性化设计。

第二节 外汇期权价格的决定

外汇期权价格是指在期权交易中，买方支付给卖方的期权费，也就是卖方出售一份期权而收入的货币数量。期权费是期权卖方的最大收益和期权买方的最大亏损，它反映了期权买方保值获利的成本和期权卖方承担风险的补偿。因此，期权费在期权买卖过程中是十分重要的。期权投资的一个重要策略就是投资于价格被低估的期权，因此投资者必须先计算出这种期权的价值，然后同期权的市价进行比较，买入价格被低估的期权或卖出价格被高估的期权。

一、外汇期权费的内在价值与时间价值

对任何一种期权来说，期权费都由两部分构成：内在价值和时间价值。

（一）内在价值

内在价值是指立即履行期权合约时可获取的利润，它反映了协定价格与市场价格之间的关系，更确切地说，是指外汇期权的协定汇率与市场汇率之间的差额。

【例 6-5】

假设英镑与美元的市场汇率为 1 英镑=1.867 5 美元，而某投资者持有协定汇率为 1 英镑=1.817 5 美元的英镑看涨期权，则该投资者只要执行该期权，每英镑就可得到 0.05 美元的收益。这时英镑看涨期权每英镑的内在价值为 0.05 美元。如果假设英镑的市场汇率只有 1.807 5 美元，比协定汇率低 0.01 美元，则该看涨期权的内在价值为 0，即没有内在价值。

外汇看涨期权的内在价值是市场汇率高于协定汇率的差额；而看跌期权的内在价值是市场汇率低于协定汇率的差额。一份具有内在价值的期权，通常称为溢价期权，也称为实值期权；相反，不具备内在价值的期权，即协定汇率高于市场汇率的看涨期权和协定汇率低于市场汇率的看跌期权，被称为折价期权或虚值期权；如果协定汇率等于市场汇率，则称为平价期权。

（二）时间价值

时间价值是指期权买方希望时间的延长、市场汇率的变动可能使期权增值时愿意支付的期权费。一般来说，期权合约剩余有效日越长，其合约时间价值越大。因为对期权买方来说，期权有效日越长，其获利的可能性就越大。对卖方而言，期权有效日越长，其风险越大，因而要求的风险补偿即期权费也就越高。

期权在到期时，是绝对超不出其内在价值的，只有离到期日还有一段时间时，才具有除内在价值以外的价值。这种额外的期权费水平的高低，完全依赖于期权到期时价值上涨的机会。如果买权的买方发现期权到期时，市场汇率具有向协定汇率以上变动的机会，那他所支付的期权费就会超过其期权的内在价值。同时作为卖方来说，他会要求收取高于内在价值的期权费，以抵消自身在期权到期时，市场汇率高于协定汇率的风险。

在期权合约有效期内，期权的时间价值总是正数。因为在有效期内，市场汇率的变动使期权存在获利的机会。随着期权到期日的临近，期权获利的机会减少。在其他条件不变的情况下，随着期权有效期的缩短，其时间价值下降，并且越临近到期日，期权时间价值的递减速度越快。在期权到期日，期权的时间价值为0。

综上所述，在期权合约有效期内，溢价期权的期权费是由内在价值和时间价值构成的，而折价期权和平价期权的期权费没有内在价值，仅由时间价值构成。

二、外汇期权费的影响因素

期权费是由内在价值和时间价值决定的，影响内在价值和时间价值的因素是不同的。

（一）期权合约的协定汇率

协定汇率与市场汇率之差决定了期权的内在价值。对看涨期权而言，协定汇率越高，期权价格越低，因为协定汇率越高，买方要求卖方履约的可能性便越低，而卖方承担的相应风险也就越低，所以双方愿意接受的期权价格也就越低。对看跌期权来说，情况正好相反。

（二）期权合约的期限长短

期权合约的期限长短这个因素通过对时间价值产生影响，从而影响期权费。对期权买方来讲，合约有效期越长，其履约的可能性就越大，其获利的可能性也越大，而卖方的亏损风险就越大，因而期权费就更高。

（三）利率差异

利率差异主要是对时间价值产生影响，但表现不明显。对看涨期权而言，本国货币利率越高、外国货币利率越低，即两国货币利率差越大，则期权费越高；对看跌期权而言，情况正好相反。

（四）外汇汇率的波动性

一般来说，汇率较为稳定的货币收取的期权费比汇率波动大的货币低。这是因为市场汇率的波动性越大，买方越有可能要求履行合约来获利或达到避险的效果。

（五）外汇期权市场的供求关系

如果某个时期期权交易的购买人数大大超过出售人数，则出售者的风险可能增加。因为期权交易市场的限制，购买人数的增加使出售期权的人通过购买期权来降低风险的机会减小，结果促使期权出售者把风险转嫁到期权费上，抬高期权费。

第三节 外汇期权交易的应用

外汇期权交易者进行期权交易的目的有两个：一是保值，二是投资（投机）盈利。因此，外汇期权交易的操作技巧也可以分为套期保值和投资（投机）两个方面。

但是，由于保值与投资（投机）在一个期权合约中是相互渗透的，因此并没有严格的界限。对进出口商和公司来讲，进行外汇期权交易主要是为了规避外汇风险，实现保值的目的；对投资（投机）者而言，则是为了进行单独的期权投资，进行套利。

外汇期权交易业务有一定的处理程序，下面我们先来介绍一下外汇期权交易程序。

一、外汇期权交易程序

外汇期权交易业务在我国的办理程序如下。

（1）持转账支票到银行询价交易，填写《外汇期权交易申请书》，与银行签订《保值外汇买卖总协议》。

（2）在期权金交收日到银行交纳期权费。

（3）在期权到期日 10:00 前将行使或放弃期权通知书并送达银行。

（4）客户行使期权后，于期权交割日到银行办理期权交割手续。

外汇期权买卖业务流程如图 6-1 所示。

```
持转账支票到银行询价交易,填写《外汇期权交易申请书》,
    与银行签订《保值外汇买卖总协议》
                    ↓
        在期权金收日到银行交纳期权费
                    ↓
        在期权到期日10:00前将行使或
        放弃期权通知书并送达银行
           ↓              ↓
        行使期权         放弃期权
           ↓
        在期权交割日到
        银行办理期权交
        割手续
```

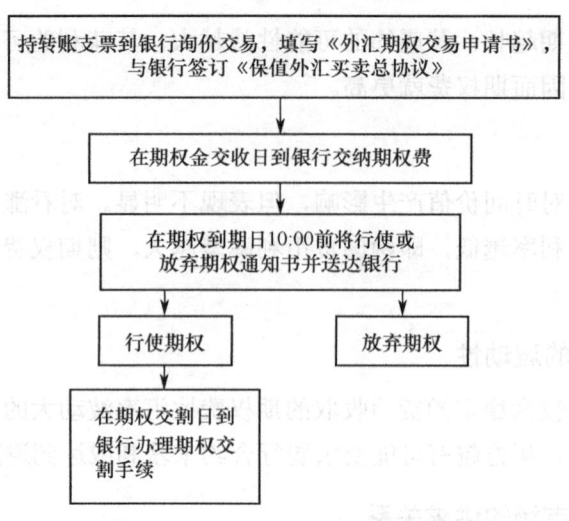

图 6-1 外汇期权买卖业务流程

二、外汇期权的盈亏分析

期权交易不论采用哪种具体方式,都存在买方和卖方。对期权的买方而言,其特点是收益不确定,损失确定,即期权的购买者最大的损失不超过期权费。对期权的卖方而言,收益确定,损失不确定,其最大收益为期权费。那么什么时候买方应该选择执行期权合约,什么时候不执行呢?我们先来看外汇期权的盈亏分析。

(一)看涨期权的盈亏分析

【例 6-6】

A 国某公司从 B 国进口一批货物,两个月后将支付一笔 B 元。如果该公司预计 B 元将有较大幅度升值,便进入期权市场,买入 B 元看涨期权,执行价格为 1B 元=0.63 A 元,期权费为 0.02 A 元/B 元。至到期日,A 国公司将视即期汇率和期权执行价格之间的关系,决定实施期权与否。不论是否实施该期权,该公司都将损失期权费。对这笔看涨期权的卖方来说,损益情况刚好相反。详细情况如表 6-1 所示。

表 6-1 看涨期权的损益情况

B 元即期汇率	期权实施情况	单位损失与收益	
		买 方	卖 方
0.61	不实施	−0.02	0.02
0.62	不实施	−0.02	0.02
0.63	不实施	−0.02	0.02
0.64	实施	−0.01	0.01
0.65	实施	0.00	0.00
0.66	实施	0.01	−0.01
…	实施	…	…

从图 6-2 中对看涨期权的收益与损失的分析可得出，买入看涨期权获得收益的条件如下所示。

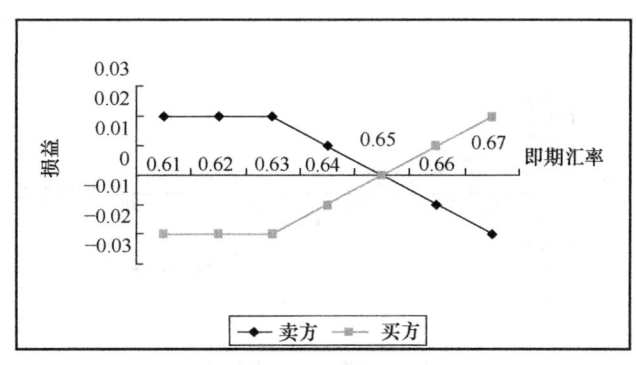

图 6-2 看涨期权的收益与损失

（1）市场价格的上涨超过执行价格和期权费之和。
（2）盈亏平衡点=执行价格 + 期权费。
（3）看涨期权的最大损失为期权费，最大盈利可无限增加。
（4）当市场汇率小于或等于执行价格时，买方将放弃期权，损失期权费。
（5）当市场汇率大于执行价格但小于盈亏平衡点时，买方执行期权，损失小于期权费；当市场汇率正处于盈亏平衡点时，买方执行期权，不盈不亏；当市场汇率高于盈亏平衡点时，买方执行期权可获利。

（二）看跌期权的盈亏分析

【例 6-7】

美国某出口商 3 个月后将收到一笔英镑货款，如果预计英镑将贬值，其将购买英镑看跌期权，执行价格为 1 英镑=1.37 美元，期权费为 0.03 美元/英镑。至到期日，该出口商将视即期汇率和期权执行价格之间的关系，决定实施期权与否。详细情况如表 6-2 所示。

表 6-2 看跌期权的损益情况

英镑即期汇率	期权实施情况	单位损失与收益 买方	单位损失与收益 卖方
1.33	实施	0.01	−0.01
1.34	实施	0.00	0.00
1.35	实施	−0.01	0.01
1.36	实施	−0.02	0.02
1.37	不实施	−0.03	0.03
1.38	不实施	−0.03	0.03
...	不实施	...	...

从图 6-3 中对看跌期权的收益与损失的分析可以得出，买入看跌期权获得收益的条件如下所示。

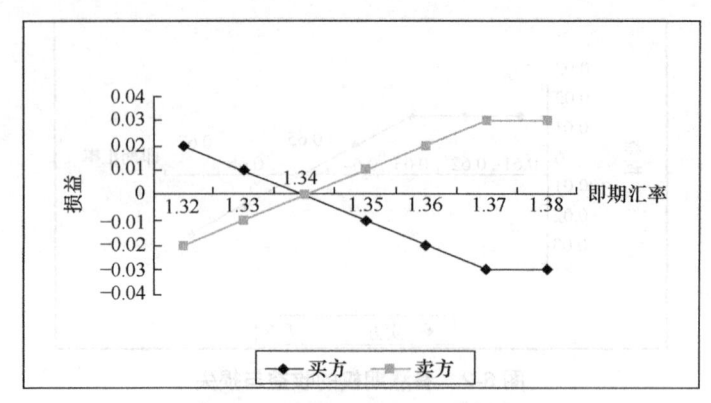

图 6-3　看跌期权的收益与损失

（1）即期汇率跌到执行价格减期权费之下。
（2）盈亏平衡点=执行价格－期权费。
（3）当市场汇率大于盈亏平衡点但小于执行价格时，买方执行期权，损失小于期权费；当市场汇率正处于盈亏平衡点时，买方执行期权，不盈不亏；当市场汇率低于盈亏平衡点时，买方执行期权可获利。

三、外汇期权的基本交易解析

外汇期权交易有 4 种基本交易类型：买入看涨期权、买入看跌期权、卖出看涨期权和卖出看跌期权。下面分别举例说明。

（一）买入看涨期权

买入看涨期权又称多头买权。当预期市场汇率上涨时，可买入看涨期权，若有空头的现货或期货头寸，可以达到避险保值的目的；若没有，可以达到投资谋利的目的。当市场汇率上涨时，买方盈利无限；当市场汇率不变或下跌时，买方的最大损失为已支付的期权费。

【例 6-8】

美国某进口商从英国某出口商进口一批商品，约定 90 天后向英国出口商支付 100 万英镑的货款，假设市场上的即期汇率 1 英镑=1.520 0 美元。为了避免汇率上涨的风险，该进口商可以利用远期或期货进行保值，但如果英镑贬值，该进口商无法从中得利。于是该进口商买入 100 万英镑的看涨期权，期限 3 个月，协定汇率 1 英镑=1.520 0 美元，该进口商支付期权费 2 万美元。3 个月后，市场汇率可能出现以下 3 种情况：①英镑升值；②英镑贬值；③英镑汇率不变。

思考：在不同情况下，该美国进口商应如何操作？其损益情况如何？

分析：

（1）对于第一种情况，若市场汇率大于1.520 0美元，假设1英镑=1.620 0美元，那么该进口商执行买权，因为购入1英镑只需要1.520 0美元，该笔货款所支付的成本锁定在152万美元，减去2万美元的期权费，还可以节约成本8万美元。若不执行期权，按照市场汇率该进口商必须支付162万美元，多支付10万美元。若是单独投资期权，以1.520 0美元执行期权，又以1.620 0美元的市价卖出100万英镑，可以获利10万美元。

（2）对于第二种情况，若1英镑=1.420 0美元，期权的买方可以放弃英镑买权，直接去银行以较低的市价购买英镑，只需要付142万美元，加上2万美元期权费，节省成本8万美元。

（3）对于第三种情况，汇率不变，该进口商可以执行其权合约，也可以放弃，仅损失2万美元的期权费。

（二）买入看跌期权

买入看跌期权又称多头卖权。当预期市场汇率下跌时，可买入看跌期权，如有对等现货或期货多头头寸，可以达到避险保值的目的，若没有，可以单独投资期权而谋利。当市场汇率下跌时，买方盈利无限；当市场汇率不变或上涨时，买方的最大损失为已支付的期权费。

【例6-9】

美国某出口商向英国某进口商出口货物，半年后将有一笔100万英镑的外汇收入，假设市场上的即期汇率是1英镑=1.530 0美元，该出口商担心半年后收到英镑时，英镑汇率下跌，于是买入一个英镑看跌期权。协定汇率1英镑=1.530 0美元，期权费为3万美元。半年后可能出现以下3种情况：①英镑贬值；②英镑升值；③英镑汇率不变。

思考：在不同情况下，该美国出口商应如何操作？其损益情况如何？

分析：

（1）对于第一种情况，当英镑市场汇率小于1.530 0美元，跌至1.500 0美元以下时，假设1英镑=1.430 0美元，该进口商执行期权，100万英镑可以换得153万美元，减去期权费3万美元，得到150万美元外汇收入，避免因为汇率下跌而蒙受的外汇收入损失。若不做期权，按照市价出售英镑，只能得到143万美元的外汇实际收入。若单独投资看跌期权，在现货市场上以1.430 0美元买入英镑，并以1.530 0美元执行卖出期权，可以得到10万美元的利润，减去期权费3万美元，净利7万美元。

（2）对于第二种情况，英镑汇率大于1.530 0美元，假设市场汇率1英镑=1.630 0美元，则该出口商放弃执行看跌期权，100万英镑的货款在现货市场上出售可得到更高的收益，即得到163万美元，扣除3万美元的期权费，还多增加7万美元的外汇收益。

109

（3）对于第三种情况，汇率不变，协定汇率等于市场汇率。买方可以执行也可以不执行期权合约，出口商损失最多为 3 万美元期权费。

（三）卖出看涨期权

卖出看涨期权又称空头买权。交易者预期汇率平稳或下跌时，投资者可以卖出买权（买方不会执行期权），卖方可以赚取期权费。在汇率不变或下跌时，卖方的利润以收取的期权费为限，汇率上涨时，卖方损失无限。

【例 6-10】

沿用例 6-8，思考以下 3 种情况下期权卖方的损益。

分析：

（1）第一种情况，如果到期日市场汇率小于 1.520 0 美元，期权的买方会放弃执行期权合约，而以较低的市场价购买英镑。卖方可得到当初收取的期权费，即 2 万美元，这是卖方的最大收益。

（2）第二种情况，如果到期日市场汇率大于 1.520 0 美元，但小于 1.540 0 美元，期权买方执行期权，卖方将发生损失，须把期权费考虑进去，以确保全部收益。如果到期日市场价格为 1.530 0 美元，则期权卖方将以 1.530 0 美元的价格用 153 万美元从现货市场买入 100 万英镑，这样会有 1 万（153 万–152 万）美元的损失，但当初已收取期权费 2 万美元，扣除损失 1 万美元，仍可得到 1 万美元的收益。

（3）第三种情况，英镑的市场汇率大于 1.540 0 美元，期权买方要求执行期权合约时，卖方将遭受巨大损失，英镑市场汇率上涨越多，卖方的损失越大。卖方只能应买方的选择，以 1.520 0 美元的低价出售英镑，而且很可能要按高价的市场汇率购买英镑来卖给期权的买方，其损失是无限的。

（四）卖出看跌期权

卖出看跌期权又称空头卖权。预期市场汇率平稳或上涨时，投资者可卖出卖权，同时买方在此情况下不会执行期权合约，卖方就可以赚取期权费。

【例 6-11】

沿用例 6-9，思考以下 3 种情况下期权卖方的损益。

分析：

（1）第一种情况，如果英镑的市场汇率大于 1.530 0 美元，期权买方不执行期权合约，那么卖方就可以得到 3 万美元的期权费收益，这是卖方的最大收益。

（2）第二种情况，如果英镑的市场汇率大于 1.500 0 美元，但小于 1.530 0 美元，期权买方执行期权，卖方加计期权费，则整体上能确保收益。例如，当市场汇率 GBP1=USD1.520 0 时，期权卖方按照协定价格 GBP1=USD1.530 0 卖出 100 万英镑，卖方虽然有 1 万美元的损失，但其收取的期权费为 3 万美元，仍有 2 万美元的收益。如果市场汇率为 GBP1=USD1.510 0，卖方仍有 1 万美元的收益。

（3）第三种情况，如果英镑外汇市场汇率低于 1.500 0 美元，期权买方会执行期权，卖方将遭受损失。英镑汇率下跌幅度越大，卖方的亏损越大，其亏损风险是无限的，而盈利则以其所收取的期权费为限。

第四节　我国外汇期权业务简介

随着我国经济的不断发展，我国银行的外汇交易品种越来越丰富。下面以中国银行为例，对我国国内外汇期权业务进行简单介绍。

中国银行借鉴国际金融市场外汇期权产品的模式，结合国内市场个人实盘外汇业务发展的特点，推出了"期权宝"和"两得宝"这两种技术含量高、同国际金融市场接轨的、全新的私人理财业务品种。

一、期权宝

期权宝产品是指客户按照自己账户中的存款金额，根据自己对外汇汇率未来变动方向的判断，向银行支付一定金额的期权费后，买入相应面值、相应期限和规定执行价格的期权（买权或卖权）。期权到期时如果汇率变动对客户有利，则客户通过执行期权可获得较高的投资收益；如果汇率变动对客户不利，则客户可选择不执行期权。

期权宝的优点如下。

（1）为炒汇客户增加了双方向交易的可能，即汇率无论上升还是下降，都有盈利机会。

（2）投资收益率可以成倍扩大。

（3）买入一个期权（无论看涨还是看跌）的好处是，成本固定而潜在收益（理论上）有可能是无限的。

（4）风险有限。如果客户对未来汇率的变动方向判断错误，则仅损失期权费。

【例 6-12】

假定当前美元兑日元汇率为 1∶86.00，客户预期美元兑日元 2 周后大幅升值的可能性很高，于是买入看涨美元看跌日元的期权。

客户选择以 5 万美元作为期权面值进行期权宝交易，客户同银行签订《中国银行股份有限公司个人外汇期权交易章程》《中国银行个人外汇"期权宝"业务协议书》，确定期权的协定汇率为 1∶86.00，期限为 2 周。

根据期权费率即时报价（如 1%）交纳期权费为 500（50 000×1%）美元，客户买入此期权的含义是：期权到期日不论汇率如何变化，客户都有权按 1∶86.00 的协定汇率买入 5 万美元,即客户拥有一个看涨美元看跌日元的期权。

盈亏情况分析:

(1)情况一:客户选择到期前平仓,即卖出所购买的期权。

如果期权到期日之前该期权报价变为 1.5%,则客户可选择卖出手中的这个看涨美元看跌日元期权,收取期权费 750(50 000×1.5%)美元,总盈利为 250(750-500)美元,投资回报率为 50%(250/500×100%)。

(2)情况二:客户选择持有该期权到期。

期权到期时,如果即时汇率变为 1:91.00,即美元兑日元升值,则客户执行该期权,每 1 美元可获利 5(91.00-86.00)日元,5 万美元面值共可获利 25 万日元,在客户选择轧差交割的情况下,则银行将 25 万日元按照到期日即时汇率 91.00 折成 2 747.25(250 000/91)美元划入客户指定账户,投资回报率为 449%[(2 747.25-500)/500×100%]。客户如选择实物交割,则客户可以按 1:86 的汇率卖出 5 750 000 日元,获得 50 000 美元。

(3)情况三:期权到期时,如果即时汇率低于或等于 86.00,则客户手中的期权没有收益,客户可放弃执行该笔期权。

二、两得宝

两得宝产品是指客户存入一笔定期存款的同时,根据自己的判断向银行卖出一份期权,客户除收益定期存款利息(扣除利息税)外还可得到一笔期权费。期权到期时,如果汇率变动对银行不利,则银行不行使期权,客户可获得高于定期存款利息的收益;如果汇率变动对银行有利,则银行行使期权,将客户的定期存款按协定汇率折成相对应的挂钩货币。

该产品的优点为:在外汇定期存款利率非常低的情况下可以增加投资收益;在外汇市场汇率出现横盘整理的行情时也可以获得收益。

该产品的风险为:如果客户对未来汇率的变动方向判断错误,则手中的存款将被兑换成另一种挂钩货币存款。

【例 6-13】

假定当前美元兑日元汇率为 1:86.00,客户存款货币是 10 万美元,客户判断美元兑日元未来 1 个月将横盘整理或小幅下跌,遂选择"两得宝"投资,向银行卖出一份期权,期限是 1 个月,存款货币是美元,指定挂钩货币是日元。

签约日美元兑日元汇率是 1:86.00,客户以此为协定汇价同银行签订《中国银行个人外汇期权交易章程》《中国银行个人外汇"期权宝"业务协议书》,指明挂钩货币是日元。此期权的含义是:银行在到期日有权按 1:86.00 的汇率将客户的美元存款折成日元。

客户向银行卖出此笔期权,除可以得到 1 个月美元定期存款利息外,还可获得一笔额外的期权费收入。例如，交易日银行的两得宝期权费率报价为 1.5%，则客户可得到期权费 1 500（100 000×1.5%）美元。期权费由银行在交易日后的第二个工作日划入客户指定账户。

期权到期日若汇率变为 1∶80.00，则银行不执行期权，客户的定期存款账户中仍为 10 万美元。

如果到期日汇率高于或等于 1∶86.00，则银行将行使期权，按协定汇率 1∶86.00 将客户的 10 万美元定期存款折成 8 600 000（100 000×86）日元。

本章思考题

一、填空题

1. 外汇期权，是一种_____合约，它授予期权买方在合约期内，按照协定汇率买入或出售一定数额的某种外汇资产的权利，卖方收取_____，并有义务应买方要求卖出或买入该币外汇。

2. 按照期权所赋予的权利，可将外汇期权交易分为_____、_____。

3. 按照期权执行的时间，可将外汇期权交易分为_____和_____。

4. 外汇期权交易有 4 种基本交易类型：_____、_____、_____和_____。

二、选择题

1. 在期权交易中，需要支付保证金的是期权的（　　）。
   A．买方　　　　B．卖方　　　　C．买卖双方　　　D．第三方

2. 合同买入者获得了在到期以前按协定价格出售合同规定的某种金融工具的权利，这种行为称为（　　）。
   A．买入看涨期权　　　　　　B．卖出看涨期权
   C．买入看跌期权　　　　　　D．卖出看跌期权

3. 买方可以不履行外汇买卖合约的是（　　）。
   A．远期外汇业务　　　　　　B．择期业务
   C．外币期权业务　　　　　　D．掉期业务

三、案例分析

1. 若投资者预期欧元在 3 个月内将贬值，同时按照协定汇率 EUR/USD=1.150 0 买入 3 个月期 100 万欧元的欧式期权，期权费为每欧元 0.02 美元。

   问题：投资者该如何操作？

2. 假设某投资者以协定汇率为 GBP/USD=1.550 0 买入英镑看涨期权，同时以协定汇率为 GBP/USD=1.520 0 买入一个英镑看跌期权，其中，看涨期权的期权费为每英镑 0.03

美元，看跌期权的期权费为每英镑 0.02 美元，金额都为 100 万英镑，到期日相同。

问题：分别对以下 3 种情况分析投资者的损益情况。

（1）到期日英镑汇率上涨（GBP/USD=1.570 0）。

（2）到期日英镑汇率下跌（GBP/USD=1.500 0）。

（3）到期日英镑汇率不变（GBP/USD=1.550 0 或 GBP/USD=1.520 0）。

四、实训题

1．实训目的：能够熟练运用外汇期权理财产品进行投资理财。

2．实训方式：网上搜索、实际调查。

3．实训内容：调查中国各家银行的外汇期权理财产品，能够掌握各个理财产品的特点，并分析它们的优劣势。在不同的资产组合下，可以选出对资产增值最优的外汇期权理财产品，并能够投资增值。

第四篇

个人外汇交易业务

- 第七章　外汇交易相关知识
- 第八章　基本面分析
- 第九章　技术分析
- 第十章　个人外汇交易模拟

第七章

外汇交易相关知识

学习目标

知识目标
- 掌握实盘交易的相关知识；
- 了解外汇保证金交易的相关知识。

技能目标
- 能够运用外汇实盘交易基本交易方法；
- 能够进行外汇买卖。

学习导航

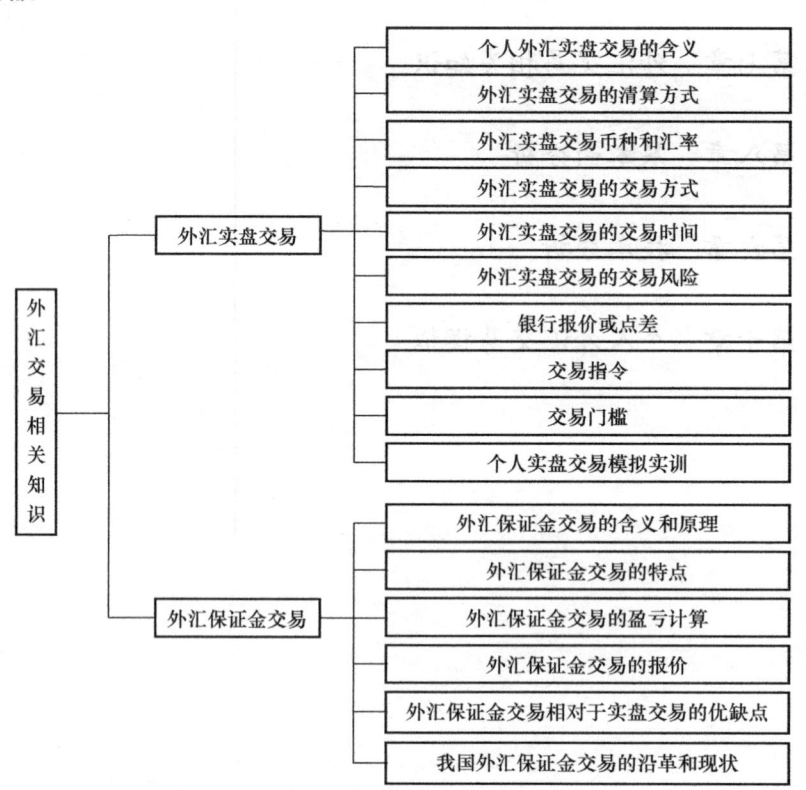

外汇交易相关知识
- 外汇实盘交易
  - 个人外汇实盘交易的含义
  - 外汇实盘交易的清算方式
  - 外汇实盘交易币种和汇率
  - 外汇实盘交易的交易方式
  - 外汇实盘交易的交易时间
  - 外汇实盘交易的交易风险
  - 银行报价或点差
  - 交易指令
  - 交易门槛
  - 个人实盘交易模拟实训
- 外汇保证金交易
  - 外汇保证金交易的含义和原理
  - 外汇保证金交易的特点
  - 外汇保证金交易的盈亏计算
  - 外汇保证金交易的报价
  - 外汇保证金交易相对于实盘交易的优缺点
  - 我国外汇保证金交易的沿革和现状

课前导读

随着我国经济的发展，老百姓手中持有的外汇越来越多，但外汇市场变幻莫测，如何做到个人外汇资产的保值和增值，变得日益重要。目前，我国外汇持有者主要的投资渠道有 3 种：一是外汇存款，二是个人外汇买卖，三是通过合格的境内机构投资者[1]投资国外股票、证券和短期的金融产品。根据中国人民银行对金融机构的统计显示，截至 2020 年 8 月末，我国外汇储备余额高达 31 646 亿美元，连续 5 个月保持增长。在我国人民币不断升值、国际资本市场低迷的金融环境下，外汇买卖成为个人外汇投资的重要渠道。

通过本章的学习，有意通过外汇买卖进行投资的投资者可以了解一些最基本的个人外汇买卖业务知识，并奠定必要的外汇交易知识基础。

第一节 外汇实盘交易

一、个人外汇实盘交易的含义

客户通过国内的商业银行，将自己持有的某种可自由兑换的外汇（或外币）兑换成另一种可自由兑换的外汇（或外币）的交易，称为外汇实盘交易，俗称"外汇宝"。所谓实盘，指的是在这种交易中，客户现钞或现汇账户必须有足额的外汇，不允许客户有透支交易的行为。

目前，国内多数银行都开设了个人外汇实盘交易的业务。凡持有有效身份证件，拥有完全民事行为能力，拥有一定金额的外币的境内个人居民，均可进行个人实盘外汇买卖。

二、外汇实盘交易的清算方式

外汇实盘交易采取的是 T+0 的清算方式。客户在完成一笔交易之后，银行电脑系统立即自动完成资金交割。因此，当外汇市场行情波动频繁时，投资者可以在一天内多次买进卖出，抓住获利或止损的机会。

三、外汇实盘交易币种和汇率

目前，国内商业银行可供外汇实盘交易的币种，基本上包括美元、欧元、英镑、日元、瑞士法郎、加拿大元、澳大利亚元、港元、新加坡元等，这些币种都是可自由兑换

---

[1] 合格的境内机构投资者（Qualified Domestic Institutional Investor，QDII）是指在人民币资本项下不可兑换、资本市场未开放条件下，在一国境内设立，经该国有关部门批准，有控制地允许境内机构投资境外资本市场的股票、债券等有价证券投资业务的一项制度安排。

的。外汇实盘交易不提供不可自由兑换的外汇（或外币）间的交易。

在进行外汇实盘交易时，如果进行的是美元与另一种可自由兑换的外汇（或外币）的交易，称为"直盘交易"，所使用的报价称为"直盘报价"；如果进行的是除美元外的两种可自由兑换的外汇（或外币）的交易，称为"交叉盘交易"，所使用的报价方法称为"交叉盘报价"。

目前国内主要银行均提供11种直盘报价和28种交叉盘报价，其中，直盘报价包括美元/港币（USD/HKD）、美元/日元（USD/JPY）、欧元/美元（EUR/USD）、英镑/美元（GBP/USD）、澳元/美元（AUD/USD）、美元/瑞士法郎（USD/CHF）、美元/新元（USD/SGD）、美元/加拿大元（USD/CAD）、新西兰元/美元（NZD/USD）、美元/瑞典克朗（USD/SEK）、美元/挪威克朗（USD/NOK）。

招商银行个人实盘外汇买卖报价如表7-1所示。

表7-1 招商银行个人实盘外汇买卖报价

货币/兑换货币	基本买入价	基本卖出价	优惠买入价	优惠卖出价	大额买入价	大额卖出价	贵宾买入价	贵宾卖出价	至尊买入价	至尊卖出价
澳元/加拿大元	0.9526	0.9566	0.9528	0.9564	0.9530	0.9562	0.9532	0.9560	0.9534	0.9558
澳元/美元	0.7249	0.7269	0.7250	0.7268	0.7251	0.7267	0.7252	0.7266	0.7253	0.7265
澳元/日元	76.97	77.37	76.99	77.35	77.01	77.33	77.03	77.31	77.05	77.29
澳元/瑞士法郎	0.6639	0.6679	0.6641	0.6677	0.6643	0.6675	0.6645	0.6673	0.6647	0.6671
澳元/新加坡元	0.9913	0.9961	0.9915	0.9959	0.9917	0.9957	0.9919	0.9955	0.9921	0.9953
加拿大元/港币	5.8883	5.8983	5.8888	5.8978	5.8893	5.8973	5.8898	5.8968	5.8898	5.8968
加拿大元/日元	80.69	80.99	80.71	80.97	80.73	80.95	80.74	80.94	80.75	80.93
加拿大元/新加坡元	1.0393	1.0427	1.0395	1.0425	1.0396	1.0424	1.0398	1.0422	1.0399	1.0421
美元/港币	7.7480	7.7530	7.7483	7.7527	7.7485	7.7525	7.7487	7.7523	7.7489	7.7521
美元/加拿大元	1.3142	1.3162	1.3143	1.3161	1.3144	1.3160	1.3145	1.3159	1.3146	1.3158
美元/日元	106.21	106.41	106.22	106.40	106.23	106.39	106.24	106.38	106.25	106.37
美元/瑞士法郎	0.9162	0.9186	0.9165	0.9183	0.9166	0.9182	0.9167	0.9181	0.9167	0.9181
美元/新加坡元	1.3680	1.3700	1.3681	1.3699	1.3682	1.3698	1.3683	1.3697	1.3684	1.3696
欧元/澳元	1.6229	1.6289	1.6234	1.6284	1.6239	1.6279	1.6241	1.6277	1.6241	1.6277
欧元/港币	9.1409	9.1519	9.1419	9.1509	9.1424	9.1504	9.1424	9.1504	9.1424	9.1504
欧元/加拿大元	1.5492	1.5548	1.5496	1.5544	1.5498	1.5542	1.5500	1.5540	1.5502	1.5538
欧元/美元	1.1789	1.1813	1.1792	1.1810	1.1793	1.1809	1.1794	1.1808	1.1795	1.1807
欧元/日元	125.18	125.74	125.22	125.70	125.24	125.68	125.26	125.66	125.28	125.64
欧元/瑞士法郎	1.0796	1.0856	1.0801	1.0851	1.0806	1.0846	1.0811	1.0841	1.0811	1.0841
欧元/新加坡元	1.6126	1.6186	1.6131	1.6181	1.6136	1.6176	1.6141	1.6171	1.6141	1.6171
日元/港币	7.2855	7.2955	7.2860	7.2950	7.2865	7.2945	7.2870	7.2940	7.2870	7.2940
瑞士法郎/港币	8.4434	8.4534	8.4439	8.4529	8.4444	8.4524	8.4449	8.4519	8.4449	8.4519
瑞士法郎/加拿大元	1.4319	1.4353	1.4321	1.4351	1.4322	1.4350	1.4324	1.4348	1.4326	1.4346
瑞士法郎/日元	115.72	116.06	115.74	116.04	115.75	116.03	115.77	116.01	115.79	115.99
瑞士法郎/新加坡元	1.4903	1.4943	1.4905	1.4941	1.4907	1.4939	1.4909	1.4937	1.4911	1.4935
新加坡元/港币	5.6585	5.6645	5.6590	5.6640	5.6595	5.6635	5.6600	5.6630	5.6600	5.6630

续表

货币/兑换货币	基本买入价	基本卖出价	优惠买入价	优惠卖出价	大额买入价	大额卖出价	贵宾买入价	贵宾卖出价	至尊买入价	至尊卖出价
新加坡元/日元	77.5500	77.7700	77.5600	77.7600	77.5700	77.7500	77.5800	77.7400	77.5900	77.7300
新西兰元/美元	0.6646	0.6686	0.6648	0.6684	0.6650	0.6682	0.6652	0.6680	0.6654	0.6678
英镑/澳元	1.7955	1.8035	1.7960	1.8030	1.7965	1.8025	1.7970	1.8020	1.7970	1.8020
英镑/港币	10.1177	10.1297	10.1187	10.1287	10.1192	10.1282	10.1194	10.1280	10.1194	10.1280
英镑/加拿大元	1.7149	1.7209	1.7154	1.7204	1.7159	1.7199	1.7164	1.7194	1.7164	1.7194
英镑/美元	1.3050	1.3074	1.3053	1.3071	1.3054	1.3070	1.3055	1.3069	1.3056	1.3068
英镑/欧元	1.1044	1.1094	1.1047	1.1091	1.1049	1.1089	1.1051	1.1087	1.1053	1.1085
英镑/日元	138.57	139.17	138.62	139.12	138.67	139.07	138.72	139.02	138.72	139.02
英镑/瑞士法郎	1.1953	1.2013	1.1958	1.2008	1.1963	1.2003	1.1968	1.1998	1.1968	1.1998
英镑/新加坡元	1.7852	1.7912	1.7857	1.7907	1.7862	1.7902	1.7867	1.7897	1.7867	1.7897

资料来源：招商银行网站，2020年09月08日。

四、外汇实盘交易的交易方式

目前国内的商业银行为外汇实盘交易者提供了多种交易方式。客户可以通过银行柜台、银行营业厅内的个人自助终端、电话和因特网进行外汇实盘交易。

各种交易方式的具体说明需要参考开户银行提供的帮助文件。图7-1是招商银行网上个人外汇买卖流程。

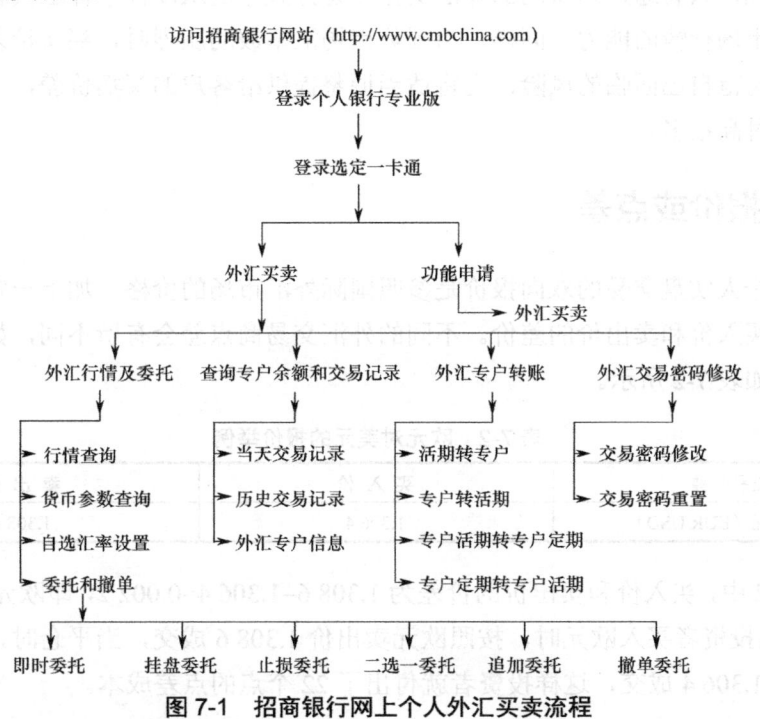

图7-1 招商银行网上个人外汇买卖流程

五、外汇实盘交易的交易时间

由于交易方式不同,外汇实盘交易的交易时间也有区别。柜台交易时间通常是当地银行营业网点正常工作日的工作时间,大多为周一至周五的 9:00—17:00,公休日、法定节假日及国际市场休市均无法进行交易,对比不同银行会有不同规定。其他方式的交易时间与国际汇市同步,通常是 24 小时全天候交易,从周一凌晨国际市场开市一直持续到周六凌晨国际市场休市,公休日、法定节假日及国际市场休市同样不能交易。

六、外汇实盘交易的交易风险

外汇汇率受众多因素的影响而变幻莫测。客户进行外汇实盘交易有可能获得利润,也有可能遭受损失,面临市场风险和成交风险。

由于客户对市场行情判断不准确所带来的风险称为"市场风险"。

当某些突发事件发生时,汇率可能短时间内快速波动。银行不一定能保证按照客户发给银行的市价指令和委托指令成交,或者在客户指定的价位成交。无法确保成交或无法确保在客户指定的价位上成交有可能带给客户利润,不过多数情况下会给客户带来损失,这就是所谓的"成交风险"。

一般来说,只有通过因特网的外汇实盘交易方式才能从硬件条件上具备一定的应对快速变化的市场行情的能力。同样,当国际市场汇率波动剧烈时,买卖价差会加大,开户银行为了防范自己面临的风险,也将适当调整提供给客户的买卖价差,这时客户交易成本要比平时高很多。

七、银行报价或点差

银行对个人实盘交易的双向报价是参照国际外汇市场的价格,加上一定的点差构成的。点差是买入价和卖出价的差价。不同的外汇交易商点差会有所不同,如欧元对美元的报价举例如表 7-2 所示。

表 7-2 欧元对美元的报价举例

交易品种	买 入 价	卖 出 价
欧元/美元(EUR/USD)	1.306 4	1.308 6

在表 7-2 中,买入价和卖出价的价差为 1.308 6–1.306 4=0.002 2,即欧元/美元的点差为 22 点。当投资者买入欧元时,按照欧元卖出价 1.308 6 成交,当平仓时,投资者按照欧元买入价 1.306 4 成交,这样投资者就付出了 22 个点的点差成本。

【例 7-1】

表 7-3 列出了招商银行个人实盘外汇买卖交易系统的 5 档报价，根据不同的交易金额分别适用。

表 7-3 招商银行个人实盘外汇买卖报价（欧元/美元）

价格档次	基本价	优惠价	大额价	贵宾价	至尊价
起点金额	100	10 000	50 000	100 000	200 000
点差参数	50	40	30	20	10
招行报价	1.306 4/88	1.306 7/85	1.306 8/84	1.306 9/83	1.307 0/82

分析：假设当前国际市场报价为 EUR/USD=1.307 0/82，当客户即时卖出欧元买入美元，委托金额为 15 000 欧元时，根据起点金额档次，采用优惠价成交价格应为欧元买入价 1.306 7；当客户即时卖出美元买入欧元，委托金额为 18 000 欧元时，成交价格应为欧元卖出价 1.308 5。

当客户预计国际市场欧元/美元将上涨 50 个基点，并计划在国际市场的 1.312 0/32 价位挂盘卖出欧元买入美元时，若委托金额为 15 000 欧元，按照优惠价格挂盘价应为 1.311 7；若委托金额为 55 000 欧元，挂盘价应为 1.311 8。

资料来源：招商银行。

阅读拓展 7-1

目前，国内商业银行对外汇实盘交易不收取任何手续费或佣金，交易点差即成为银行唯一的业务收入，也是银行唯一控制和抵御风险的工具。银行的风险主要来自在国际汇市平盘过程中的汇率波动风险。

举例来说，一位客户通过银行买进 1 万美元，事实上当下的这笔美元是由银行预先垫付的，银行只有凑够 10 万~50 万美元一档的资金时才可以到国际汇市上去平盘。银行交易相对散户交易的滞后性意味着客户买进美元那一刻的汇率并不是银行在国际汇市交易时的汇率，在这段时间差里，国际汇市的波动极有可能给银行造成亏损。在个人外汇买卖业务中，银行唯一控制和抵御风险的工具就是交易点差，而国际汇市波动上下 20 点是很平常的事，由此看来，银行要想抵御国际汇市的交易风险绝非易事。

银行炒汇业务源于我国香港的"外汇宝"，国外一些银行虽然也开办了这项业务，但对客户的资金量要求极高，并对一般小金额客户收取很多手续费。在点差的定位上，以香港"外汇宝"为例，只有金额在 100 万美元以上的交易才可以获得 5 个点差的批发价，而对于一般散户的零售价在 100~200 点。

八、交易指令

目前的外汇实盘交易指令，总的来说分为市价交易指令和委托交易指令两种。市价交易指令，即按照银行当前的报价即刻成交的买卖指令。委托交易指令，俗称挂盘交易指令，即投资者可以先将交易指令传给银行，当银行报价到达投资者希望成交的汇率水平时，银行计算机系统就立即根据投资者的委托指令成交。委托交易指令给客户带来的方便在于，客户无须每时每刻紧盯外汇市场变化，节省了大量时间。

委托交易指令又分为止损委托指令[1]、获利委托指令和双向委托指令。

阅读拓展 7-2

招商银行个人实盘外汇买卖交易系统提供的委托指令

1. 即时委托

即时委托是指以立即有效的价格完成交易的买卖指令，成交汇率为市场正在进行交易的当前汇率。

例如，在客户做买入欧元卖出美元的即时委托时，市场汇价是 1.306 4/88，那么即时委托就以 1.308 8 的价格买入欧元卖出美元。

2. 挂盘委托（获利委托）

挂盘委托是指当市场汇率达到指定价位时，按市场汇率完成交易的买卖指令。挂盘委托的价格通常高于买卖货币当前的市价。

例如，客户持有一笔欧元头寸（以 1.308 8 的价格买入），希望在汇价 1.314 8 时卖出欧元，可以通过招商银行的系统投放挂盘委托，当市场汇价达到 1.314 8 时（等于或大于 1.314 8，客户的委托成交并带来至少 60 点的利润。

3. 止损委托

止损委托是指当市场汇率达到并跌破指定价位时，按市场汇率完成交易的买卖指令。止损委托的价格通常低于买卖货币当前的市价。

例如，客户持有一笔欧元头寸（以 1.308 8 的价格买入），当前汇价为 1.306 4/88，为防止欧元贬值可能带来的损失，此时可通过招商银行的交易系统投放一个止损委托的交易指令，如可将止损委托设定成以 1.305 8 的价格卖出欧元，这样在欧元下跌时，客户最多损失 30 点。

---

[1] 所谓"止损"，就是一个自动平仓的委托交易指令。当市场汇率朝不利于所建仓位的方向变化时，可以通过这种止损委托交易指令自动平仓。例如，客户持有一笔英镑头寸（以 1.900 0 的价格买入），为了防止英镑下滑到 1.890 0 以下造成的损失，将止损指令设在 1.890 0 的位置上，当汇率下滑到这个价位时，银行系统会自动平掉英镑多头仓位。

第七章　外汇交易相关知识

4. 二选一委托

二选一委托由挂盘委托和止损委托两部分组成，即该委托可以同时预设挂盘价和止损价，俗称"天地价"。一旦市场汇率达到指定价位（挂盘价或止损价），委托的一半命令将被执行（挂盘或止损），同时，剩余部分的委托将被取消（止损或挂盘）。

例如，某客户持有一笔欧元头寸（以1.3088的价格买入），此时客户希望同时投放一份挂盘委托和一份止损委托，以保护客户的利润并控制欧元下跌的损失，那么可通过招商银行的交易系统投放一份二选一委托的交易指令。如果二选一委托挂盘汇率为1.3148，而二选一委托的止损汇率为1.3058，一旦市场汇率达到1.1715，那么系统将在1.3148卖出欧元，同时止损汇率被撤销；反之，如果欧元跌至1.3058，则系统将按此止损价卖出欧元，同时挂盘汇率被撤销。

5. 追加委托

追加委托是一种假设完成委托，在与其相关联的原委托成交后随即生效并投放市场。其交易方向与原委托的交易方向相反，卖出金额为原委托的买入金额。原委托可以是挂盘委托、止损委托或二选一委托，追加的委托也可以是挂盘委托、止损委托或二选一委托。

例如，当前汇价 EUR/USD=1.3064/88，根据预测，针对欧元的操作策略为在 1.3070~1.3092 买入欧元，目标位为 1.3148，止损位为 1.3058。可以通过招商银行的交易系统投放一个二选一委托买入欧元，挂盘价 1.3070，止损价 1.3092；同时追加一个二选一委托卖出欧元，挂盘价 1.3148，止损价 1.3058，以实现盈利或及时止损。

6. 撤单委托

撤单委托是撤销委托的指令。对未成交的委托及未生效的追加委托，客户可以投放撤单委托指令。

资料来源：招商银行网站。

九、交易门槛

凡持有有效身份证件，拥有完全民事行为能力的境内居民，具有一定金额的可自由兑换外汇（或外币）的个人，均可以在国内商业银行的柜台开设户头，进行外汇实盘交易。选择电话交易或网络交易的客户，需要办理一些手续或下载一些软件。

外汇实盘交易每笔最低的交易金额一般为 100 美元或等值外币，没有最高限额。部分商业银行可能为了吸引客户，给出更低的每笔最低交易金额。

十、个人实盘交易模拟实训

(一) 活动流程 (见图 7-2)

```
建立仓位          →    反向交易平仓       →    计算盈亏
确定持仓价格            确定平仓价格
```

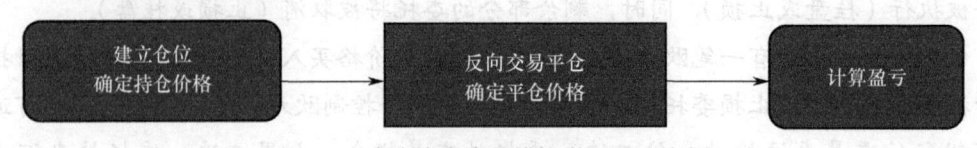

图 7-2 个人实盘交易模拟实训活动流程

(二) 活动步骤

1. 建立仓位,确定持仓价格

(1) 准备交易——多头交易还是空头交易?

(2) 查询汇率,判断交易价格(持仓价格)。

多头交易(客户买入基础货币,建立基础货币的多头仓位,银行卖出基础货币):选择基础货币的卖出价。

空头交易(客户卖出基础货币,建立基础货币的空头仓位,银行买入基础货币):选择基础货币的买入价。

(3) 确定交易头寸——买卖多少货币?

2. 反向交易平仓,确定平仓价格:与初始交易头寸相等,交易方向相反

查询汇率,判断反向交易的价格(平仓价格)。

3. 交易完成,计算盈亏

盈亏=基础货币交易数量×(买入价-卖出价)

多头交易:先买后卖

多头交易的盈亏=基础货币交易数量×(平仓价格-持仓价格)

空头交易:先卖后买

空头交易的盈亏=基础货币交易数量×(持仓价格-平仓价格)

【例 7-2】

如果欧元/美元的交易价在 1.240 0/03,客户在 1.240 3 买入欧元(做多欧元,做空美元)。在另一笔交易中,客户决定卖出日元,美元/日元交易价在 107.20/23(做空日元,做多美元)。假设欧元上涨到 1.253 7,但日元下跌到 106.76。该客户盈亏情况如何?

分析:

(1) 欧元/美元交易:在 1.240 3 买入 100 000 单位的欧元,在 1.253 7 卖出欧元,低价买入,高价卖出,盈利。盈利为(1.253 7-1.240 3)×100 000 =1 340(美元)。

(2) 美元/日元交易:在 107.23 价位买入 100 000 单位的日元,卖出价 106.76,高价

买入，低价卖出，损失。损失为（107.23-106.76）×100 000 / 106.76 =440.24（美元）。

（3）综合两笔交易，总盈亏为：1 340 − 440.24 = 899.76（美元）。

第二节　外汇保证金交易

一、外汇保证金交易的含义和原理

外汇保证金交易也称按金交易，是指在金融机构（银行、经纪商和交易商）之间及金融机构（银行、经纪商和交易商）与个人投资者之间，签订委托买卖外汇的合同，缴付一定比率（一般不超过 10%）的按金（保证金），便可买卖 100%额度的外汇的交易。

从本质上讲，保证金交易有点类似于国内已经发展多年的期货交易。这种合约形式的买卖只是对某种外汇的某个价格做出书面或口头的承诺，然后等待价格出现上涨或下跌时，再做买卖的结算，从变化的价差中获取利润，当然也承担了亏损的风险。

二、外汇保证金交易的特点

（一）以合约形式买卖外汇

外汇保证金的合约单位类似期货合约，都是以一个规定的最低固定数目作为单位来进行的，也被称为 1 手（口）合约。这里的合约金额是客户保证金按比率放大后的交易金额。

（二）具有杠杆投资效应

进行外汇保证金交易，投资者实际交易的金额是其交付保证金的几倍至几十倍甚至上百倍不等。以小博大是外汇保证金交易的重要特点之一。放大倍数的保证金交易是把双刃剑，它在放大收益的同时，也放大了风险，投资者若操作不当，可能血本无归。

（三）可以进行多空双向交易

投资者可以根据自己的预期，自由选择做多或做空外汇，交易币种和多空方向不受账户资金、币种限制。以美元/日元（USD/JPY）为例，当预期美元兑日元走强，汇率看涨时，投资者可以做多美元，即先以现在的低价买入美元，等价格涨高后再抛出美元；反之，如果预期美元兑日元走弱，汇率看跌时，投资者可以做空美元（做多日元），先以现在的高价卖出美元（买入日元），等价格下跌时再补进美元。投资者如果准确把握汇率的走势，不仅在汇率上升的行情中可以获利，在汇率下跌的形式下也可以赚钱，不管行情涨落，都有赚钱机会。

（四）涉及利息的收付

计息的本金是投资者的合约金额。投资者买入高息货币可获得利息收入，但卖出高息货币时，也要支付利息费用。

【例 7-3】

某投资者投入 10 000 美元作为保证金，买入 5 个合约英镑，但利息不是按照投资人实际投资的 10 000 美元的保证金来计算的，而是按照 5 个合约的英镑的总值（英镑标准合约价值×合约数量，即 62 500×5）来计算的。

三、外汇保证金交易的盈亏计算

1. 直接标价法下，利息及损益的计算公式

利息=合约金额×1/入市价×利率×天数/360×合约数

损益=合约金额×（1/卖出价−1/买入价）×合约数−手续费±利息

2. 间接标价法下，利息及损益的计算式

利息=合约金额×入市价×利率×天数/360×合约数

损益=合约金额×（卖出价−买入价）=合约数−手续费±利息

【例 7-4】

王先生在中国银行开立了保证金外汇宝交易账户。假设当前 USD/JPY 的汇率为 87.01/97，王先生在交易保证金专户中存入 1 000 美元，放大倍数为 10 倍。王先生经过分析，预计美元/日元的汇价将在短期内出现下跌，并决定动用 1 000 美元作为保证金以卖出 10 手美元/日元合约，成交价为 87.01，入市交易量为 1 万美元。当晚，由于美国出台的经济数据不利于美元，美元/日元的汇价出现下跌，达到 85.59/88，王先生决定获利了结，买入 10 手美元/日元合约进行平仓，成交价为 85.88。

通过本次保证金外汇宝交易，王先生实现获利为 10 000×（87.01−85.88）=11 300（日元）（没有利息支付），按照获利时美元/日元的汇价折算，实际获利为 11 300/85.88=131.58（美元），因此王先生本次交易的收益率为 131.58/1 000×100%=13.158%。

假如，当晚美国经济出现逆转，USD/JPY 不降反升到 88.01/97，王先生买入 10 手平仓止损，成交价为 88.01。其损失为 10 000×（88.01−87.01）=10 000（日元），实际损失为 10 000/88.01=113.62（美元），损失率为 113.62/1 000×100%=11.362%。

四、外汇保证金交易的报价

外汇保证金的买进和卖出价格都是由银行、做市商、经纪商自行决定后报出的，也

就是金融机构针对个人报出买入价/卖出价，由个人客户根据自身的判断决定当时的买卖方向。

如果某经纪商现在的 EUR/USD 报价显示为 1.059 7/1.060 0，就表示经纪商现在愿意以 1.059 7 从客户手中买入欧元，愿意以 1.060 0 卖出欧元。可以很清楚地看到，买入和卖出的差价（点差）为 1.060 0−1.059 5=0.000 5，也就是 5 个基点。对投资者来说，点差越小，交易成本就越小，获利的机会就越大。

五、外汇保证金交易相对于实盘交易的优缺点

（一）优点

（1）资本低，一般少于实际投资 10%。
（2）双向交易投资，涨跌都有获利机会。
（3）杠杆投资，收益放大倍数。

（二）缺点

外汇保证金交易的缺点，本质上是应对市场波动情况下的巨大风险问题。一次平时看似小的错误投资，在实盘交易中，就算投入全部资金，也只亏损本金的百分之一二；而在保证金交易里，因为放大的作用，可能亏掉全部本金甚至更多。

这种大比例的亏损，主要是因为投资者在以下 5 个方面出现了问题。
（1）放大倍数过高，风险增加。
（2）过分主观，猜头猜底。
（3）赌博心理。
（4）没有资金控管，全仓押入。
（5）缺少基础分析能力，盲目跟风。

六、我国外汇保证金交易的沿革和现状

外汇保证金交易是一种利用杠杆效应，使实际交易金额在原基础上放大几十倍甚至上百倍的外汇交易。投资这种交易，可能使投资者一夜暴富，也可能使投资者瞬间输得倾家荡产。

中国的外汇保证金交易的发展之路是非常曲折的。1992—1993 年是我国金融衍生品的高度活跃期，不仅外汇保证金交易为银行等金融机构青睐，外汇期货甚至也兴盛一时。但好景不长，由于缺乏监管，市场混乱，一部分机构借此机会诈骗钱财，南京"金中富"、深圳"百事高"、上海"润丰"、河南"财鑫"等一批机构轰然崩塌，不少银行也因为没有对风险进行应有的控制而产生大额损失。为此，央行、国家外汇管理局等部门在 1994 年联合下文，严禁金融机构以任何形式从事外汇保证金及外汇期货交易。此后 10 余年，

中国金融监管机构对外汇保证金交易及相关外汇交易一直持否定甚至严厉打击的态度，外汇保证金交易从此在国内止步。

2006年6月，中国建设银行上海分行首先推出面向个人投资者的外汇期货交易，而且采用了保证金交易模式，这等于开启了中国境内外汇保证金交易的大门。2006年11月，交通银行在全国范围内率先开通"满金宝"保证金交易系统，2007年2月，中国银行也在部分地区开通了"保证金外汇宝"；2008年2月，民生银行在全国范围内开通了"易富通"。

2008年6月12日，银监会发布《中国银监会办公厅关于银行业金融机构开办外汇保证金交易有关问题的通知》，银行在相关管理办法发布前不得开办或变相开办外汇保证金交易业务。这是银监会自1994年全面叫停保证金后的首次正式叫停外汇保证金交易业务。银监会通知称，在本通知发布前已开办外汇保证金交易业务的银行业金融机构，不得再向新增客户提供此项业务，不得再向已从事此业务客户提供新交易（客户结清仓位交易除外）。

开放外汇市场是中国履行加入世贸组织开放银行业承诺的一部分，尤其在美元不断走低的现状下，外汇交易的盈利机会要远远大于从前，所以这次叫停应该是暂停。银监会表示，将继续根据审慎监管的原则，会同外汇管理等部门，进一步研究对此业务的风险监管，在各方面条件成熟时，研究推出新的统一规范管理的办法。换句话说，外汇保证金交易业务仍有重返舞台的可能。在经济全球化及金融投资国际化的大背景下，中国投资者不可能永远地被隔绝在国际外汇市场之外。

本章思考题

一、简答题

1．个人外汇实盘交易和外汇保证金交易的区别是什么？
2．个人外汇实盘交易的清算方式是T+1还是T+0？这种方式的优势是什么？
3．外汇保证金交易的特点有哪些？
4．相较于外汇实盘交易，外汇保证金交易有哪些优缺点？

二、实训题

1．打开中国工商银行网站，进入外汇模拟交易系统登录页面（网址：https://member.icbc.com.cn/commlog/logon.jsp），完成以下任务。

（1）注册一个账号，用该账户登录进入外汇模拟交易系统。
（2）查看基本盘、交易盘和所有盘的行情报价。比较无优惠汇率与各档优惠汇率的点差情况。

第七章 外汇交易相关知识

（3）做以下几笔交易，进行实盘交易及盈亏计算（见表7-4）。

表7-4 实盘交易及盈亏计算

交易日期	操作过程	交易结果	持仓说明
___月___日	原始资金：1万美元	账户资金1万美元	持仓及盈亏：_____
___月___日	第1笔 买入：_____ 汇率：_____ 支付：美元	当前账户可用资金：_____	持仓情况：_____
___月___日	第2笔 买入：_____ 汇率：_____ 支付：美元	当前账户可用资金：_____	持仓情况：_____
___月___日	当前汇率：_____	浮动盈亏：_____	盈亏情况：_____
___月___日	抛售持仓货币 当前汇率：_____	分别计算盈亏：_____	合计盈亏：_____ 账户余额：_____

2. 客户张帆在财贸模拟银行开设外汇账户以进行个人外汇买卖。财贸模拟银行个人外汇买卖每手为1 000货币单位，若银行报价为GBP/USD=1.602 8/1.605 2，计算并回答：

（1）张帆欲进行多头英镑交易，试判断交易价格是多少。假设做5手英镑，换算成美元是多少？

（2）银行报价买卖价差是多少个点？英镑汇率变化多少，张帆才有可能盈利？

（3）假设3小时后，银行报价GBP/USD=1.605 8/1.608 2，汇率变化了几个点？张帆在此价位上平仓，盈亏几个点？共计多少美元？

（4）若在GBP/USD=1.605 2/1.607 4价位平仓，张帆盈亏多少？

（5）若在GBP/USD=1.602 5/1.604 7价位平仓，张帆盈亏多少？

3. 客户王晓刚在财贸模拟银行开设外汇账户以进行个人外汇买卖。财贸模拟银行个人外汇买卖每手为1 000货币单位，若银行报价为USD/JPY=87.13/87.33，计算并回答以下问题。

（1）王晓刚欲做空美元，试判断交易价格是多少。卖出10手美元换算成日元是多少？

（2）银行报价买卖价差是多少个点？美元汇率变化多少，王晓刚有可能盈利？

（3）假设3小时后，银行报价USD/JPY=87.10/87.30，汇率变化了几个点？王晓刚在此价位上平仓，是否能盈利？盈亏多少？

（4）美元兑日元的汇率变化为多少，王晓刚才有可能盈利？

三、课外调研

1. 以小组为单位，每小组收集一家商业银行（中国银行、中国工商银行、中国建设银行、中国农业银行、交通银行、中国招商银行等）个人外汇实盘交易的有关资料（见

表 7-5），根据收集的资料制作 PPT，进行交流学习。

表 7-5　银行个人外汇实盘交易情况表

银行名称	交易币种	交易方式	交易时间	产品名称	交易指令	最低交易额

2．目前金融市场和商业银行产品中针对外汇的产品，除了投资者接触较多的外汇存款，还有两种：一是个人外汇买卖，二是个人外汇结构存款。现在各家商业银行推出的各种外汇理财产品，是银行根据国际衍生市场报价，为客户设计的含有期权结构的个人外汇理财产品。那么，作为个人外汇投资者到底应如何选择呢？

请结合本章的学习，通过查阅相关商业银行的网站和亲自去银行向理财经理咨询的方式，了解这些金融产品，并同本章个人外汇买卖业务比较，分析各种产品之间的区别和优劣势，并说明其适合的客户群体。

第八章
基本面分析

学习目标

知识目标
- 了解影响汇率变动的基本经济数据；
- 掌握运用基本数据进行汇率走势判断的一般方法。

技能目标
- 能根据基本经济数据对汇率的未来走势做出粗略的判断。

学习导航

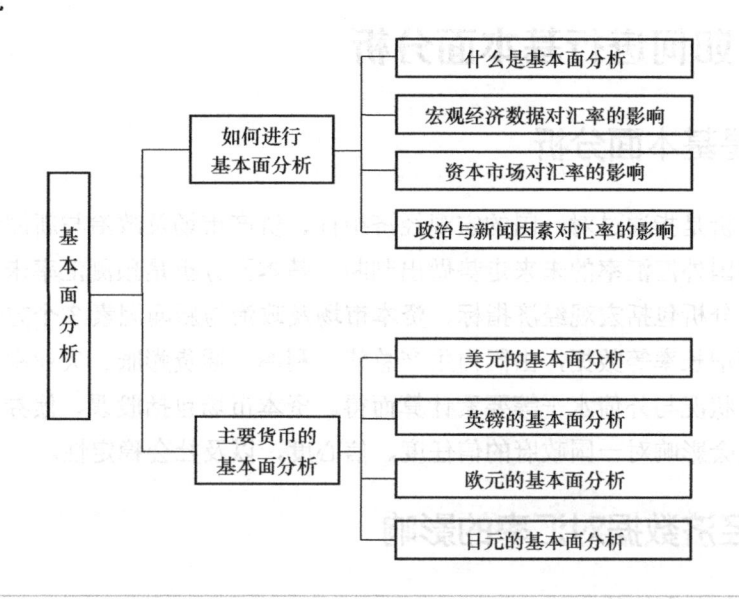

```
                            ┌─ 什么是基本面分析
                            │
              ┌─ 如何进行 ──┼─ 宏观经济数据对汇率的影响
              │  基本面分析 │
              │            ├─ 资本市场对汇率的影响
              │            │
              │            └─ 政治与新闻因素对汇率的影响
基本面分析 ──┤
              │            ┌─ 美元的基本面分析
              │            │
              │            ├─ 英镑的基本面分析
              └─ 主要货币的┤
                 基本面分析 ├─ 欧元的基本面分析
                            │
                            └─ 日元的基本面分析
```

课前导读

FX168 财经报社（伦敦）讯 周二（2020 年 9 月 8 日），英镑继续下挫，英镑/美元目前更加逼近 1.30 关口，较周初已经下跌超过 200 点。英国无协议退欧风险的再度激增令投资者争相抛售英镑。

昨日媒体报道英国将公布的内部市场法案或将颠覆之前与欧盟签署的退出协议中北

爱尔兰部分条款，从而导致英欧双方目前的贸易谈判破裂。英国首相约翰逊还强调了双方达成协议的最终日期——10月15日，欧盟理事会会议之日。他表示如果在这一日期前无法达成协议，英国就将无协议退欧。分析预期随着这一日期的临近，市场风险将持续攀升。

金融顾问公司DeVere Group首席执行官Nigel Green预测，无协议危机将使英镑/美元跌至1.20（2016年公投前为1.50）。他说道："对无协议退欧的担忧本周对英镑构成沉重负担，英镑兑许多主要竞争货币下跌。""英镑被广泛视为英国退欧的预测指标，它将受到政治推动的大幅波动的打击。""谈判代表在伦敦举行第八次和倒数第二轮谈判时，英国和欧盟之间的边缘化意识将再度提升。"

另外，日内英镑的下跌还受到一条消息的刺激：英国《金融时报》报道称英国政府法律部门负责人已辞职后，投资者对英镑的抛售步伐加快。

从上述阅读材料可以看出，近期英镑的下跌受到英国无协议退欧和《金融时报》一条消息的影响，这两项影响因素都属于基本面因素。影响汇率变化的因素有很多，本章将从宏观经济指标、资本市场及政治与新闻因素3个方面分析基本面因素对汇率的影响。对汇率变化的判断准确与否直接决定了外汇交易的成败。那么，如何通过基本面分析来预测汇率走势，从而踏准外汇市场的节奏呢？

第一节 如何进行基本面分析

一、什么是基本面分析

基本面分析是指通过对一国的宏观经济指标、资产市场及政治与新闻因素的综合分析研究，对该国外汇汇率的未来走势做出判断。基本面分析是预测汇率未来走势的重要依据，基本面分析包括宏观经济指标、资本市场及政治与新闻因素3个方面。宏观经济指标包括经济增长率等数据，由国内生产总值、利率、通货膨胀、失业率、国际收支差额、外汇储备状况与外债水平等要素计算而得。资本市场包括股票、债券及房地产。政治与新闻因素会影响对一国政府的信任度、信心度，以及社会稳定性。

二、宏观经济数据对汇率的影响

（一）国内生产总值

1. 国内生产总值的概念

国内生产总值（Gross Domestic Product，GDP）是指在一定时期内（如一个季度或一年），一个国家或地区所生产出的全部最终产品和劳务的价值。一般来说，GDP有4个不同的组成部分，包括消费、私人投资、政府支出和净出口额。用公式表示为GDP=$C+I+G+NX$，其中，C为消费、I为私人投资、G为政府支出、NX为净出口额。

GDP是衡量一个国家经济状况的最佳指标。一个国家或地区的经济究竟处于增长阶段还是衰退阶段，可以依据这个数字做出判断。一般而言，GDP 公布的形式有两种：总额形式或百分比形式。当 GDP 的增长数字为正数时，即表示该地区经济处于扩张阶段；反之，如果该数字为负数，即表示该地区的经济进入了衰退时期。

2. GDP 对汇率的影响

如果一国的 GDP 大幅增长，反映该国经济蓬勃发展，国民收入增加，消费能力也随之增强。在这种情况下，该国中央银行将有可能提高利率，紧缩货币供应，国家经济表现良好及利率上升会增加该国货币的吸引力。反过来，如果一国的 GDP 出现负增长，显示该国经济处于衰退状态，消费能力降低。此时，该国中央银行将可能减息以刺激经济再度增长，利率下降加上经济表现不振，该国货币的吸引力也就随之降低了。因此，一般来说，高经济增长率会推动一国货币汇率的上涨，而低经济增长率则会造成一国货币汇率下跌。

【例 8-1】

1995—1999 年，美国 GDP 的年平均增长率为 4.1%，而欧元区 11 国中除爱尔兰的较高外（9.0%），法、德、意 3 个主要国家的 GDP 增长率仅为 2.2%、1.5%和 1.2%，大大低于美国。这促使欧元自 1999 年 1 月 1 日启动以来，对美元汇率一路下滑，在不到两年的时间里贬值了 30%。

（二）利率

1. 利率的含义

利率，就其表现形式来说，是指一定时期内利息额同借贷资本总额的比率。利率通常由国家的中央银行控制，在我国由中国人民银行管理。现在，所有国家都把利率作为宏观经济调控的重要工具之一。当经济过热、通货膨胀率上升时，便提高利率、收紧信贷；当过热的经济和通货膨胀得到控制时，便会把利率适当地调低。因此，利率是重要的基本经济因素之一。

2. 利率对汇率的影响

利率是影响汇率的最重要因素。我们知道，汇率是两个国家的货币之间的相对价格。与其他商品的定价机制一样，它由外汇市场上的供求关系决定。外汇是一种金融资产，人们持有它，是因为它能带来资本的收益。人们在选择持有本国货币还是持有某种外国货币时，首先会考虑持有哪种货币能够带来较大的收益，而各国货币的收益率首先是由其金融市场的利率来衡量的。某种货币的利率上升，则持有该种货币的利息收益增加，吸引投资者买入该种货币，因此，对该货币有利好（行情看好）支持；如果利率下降，持有该种货币的收益便会减少，该种货币的吸引力也就减弱了。因此，可以说"利率升，货币强；利率跌，货币弱"。

如果持有两种货币所带来的收益不等，则会产生套汇，即买进 A 种外汇，卖出 B 种外汇。这种套汇不存在任何风险。因此，一旦两种货币的收益率不等时，套汇机制就会促使两种货币的收益率相等，也就是说，不同国家货币的利率内在地存在一种均等化倾向和趋势，这是利率指标对外汇汇率走向影响的关键方面，也是我们解读和把握利率指标的关键。

在开放经济条件下，国际资本流动规模巨大，大大超过国际贸易额，表明金融全球化的极大发展。利率差异对汇率变动的影响比过去更为重要了。当一个国家紧缩信贷时，利率会上升，使国际市场上形成利率差异，将引起短期资本在国际上的移动，资本一般总是从利率低的国家流向利率高的国家。这样，如果一国的利率水平高于其他国家，就会吸引大量的资本流入，本国资本流出减少，导致国际市场上抢购这种货币；同时资本账户收支得到改善，汇率上升。反之，如果一国松动信贷，则利率下降；如果利率水平低于其他国家，则会造成资本大量流出，外国资本流入减少，资本账户收支恶化，同时外汇交易市场上就会抛售这种货币，引起汇率下跌。

【例8-2】

自2020年6月以来，美元指数大幅下跌，人民币相对美元明显升值，美元兑人民币汇率由2020年5月底的7.17持续升值到目前的6.83左右。值得注意的是，人民币兑欧元、日元、英镑等主要货币的汇率在近期也有所升值。

在中国经济与全球经济增速保持较高增长差，中国国内利率显著高于全球利率的前提下，中国迎来持续的资本流入，推动人民币兑美元汇率升值。

例如，当前中国利率水平显著高于美国。从10年期国债收益率来看，中美利差自2020年5月以来开始扩大，至今达到了2.4个百分点，支撑了6月以来人民币对美元的升值。

（三）通货膨胀

1. 通货膨胀的概念

通货膨胀是指一定时间内一般物价水平的持续上涨现象。当一个国家中的大多数商品和劳务的价格连续在一段时间内普遍上涨时，就称其经济经历着通货膨胀。具体来说，衡量通货膨胀率变化的主要有生产物价指数、消费物价指数和零售物价指数3个指标，其中，消费物价指数（Consumer Price Index，CPI）是最重要的一个指标。

2. 通货膨胀对汇率的影响

20世纪70年代后，随着浮动汇率取代了固定汇率，通货膨胀对汇率变动的影响变得更为重要了。

由于物价是一国商品价值的货币表现，通货膨胀也就意味着该国货币代表的价值量下降。在国内外商品市场相互紧密联系的情况下，一般地，通货膨胀和国内物价上涨，会引起出口商品的减少和进口商品的增加，从而对外汇市场上的供求关系发生影响，导致该国汇率波动。同时，一国货币对内价值的下降必定影响其对外价值，削弱该国货币在国际市场上的信用地位，人们会因通货膨胀而预期该国货币的汇率将趋于疲软，把手中持有的该国货币转化为其他货币，从而导致汇率下跌。按照一价定律和购买力平价理论，当一国的通货膨胀率高于另一国的通货膨胀率时，则该国货币实际所代表的价值相对另一国货币在减少，该国货币汇率就会下降；反之，则会上升。

CPI对汇率的影响十分重要，而且具有启示性，必须慎重把握，有时公布该指标上升，汇率向好，但有时则相反。因为CPI水平不但表明消费者的购买能力，也反映经济的景气状况，如果CPI下跌，反映经济衰退，必然对汇率走势不利。但如果CPI上升，是否对汇率一定利好呢？不一定，须看CPI升幅如何。倘若CPI升幅温和，则表示经济稳定向上，当然对该国货币有利；但如果CPI升幅过大，则有不良影响。因为CPI与购买能力成反比，物价越贵，货币的购买能力越低，必然对该国货币不利。

如果考虑对利率的影响，则CPI对汇率的影响作用更加复杂。当一国的CPI上升时，表明该国的通货膨胀率上升，即货币的购买力减弱，按照购买力平价理论，该国的货币应走弱。相反，当一国的CPI下降时，表明该国的通货膨胀率下降，即货币的购买力上升，按照购买力平价理论，该国的货币应走强。但是，由于各个国家均以控制通货膨胀为首要任务，通货膨胀率上升的同时会带来利率上升的机会，因此，反而利好该货币。假如通货膨胀率受到控制而下跌，利率亦同时趋于回落，反而会利淡该地区的货币。降低通货膨胀率的政策会导致"龙舌兰酒效应"，这是拉美国家常见的现象。

阅读拓展 8-1

龙舌兰酒效应

20世纪90年代以来，金融全球化不断发展，当某个国家或地区的金融形势出现动荡，甚至陷入金融危机的时候，会产生一种传染效应。西方媒体为了描述这种效应，就从这个国家或地区找出一种能够作为其象征的东西的称谓，如在墨西哥有一种酒叫龙舌兰酒，这种酒是该国特有的，所以人们就把1994年墨西哥金融危机产生的效应叫作"龙舌兰酒效应"。1999年巴西发生金融动荡，而巴西是以桑巴舞闻名于世的，所以国际社会把巴西金融动荡产生的影响叫"桑巴舞效应"。东亚金融危机时，由于东亚人相信龙的存在，因此当时国际社会把东亚金融危机产生的效应叫作"龙效应"。

（四）失业率

1. 失业率的含义

失业率是指一定时期全部就业人口中有工作意愿而仍未有工作的劳动力数字。通过该指标可以判断一国一定时期内全部劳动人口的就业情况。一直以来，失业率被视为反映整体经济状况的指标，而它又是各国每个月最先发表的经济数据，所以外汇交易员与研究者喜欢利用失业率指标，对工业生产、个人收入甚至新房屋兴建等其他相关的指标进行预测。在外汇交易的基本分析中，失业率指标被称为所有经济指标的"皇冠上的明珠"，它是市场上最为敏感的月度经济指标。

2. 失业率对汇率的影响

一般情况下，失业率下降，代表整体经济健康发展，有利于货币升值；失业率上升，则代表经济发展放缓衰退，不利于货币升值。若将失业率配以同期的通货膨胀指标来分析，则可知当时经济发展是否过热，是否构成加息的压力，或者是否需要通过减息以刺激经济的发展。

阅读拓展 8-2

美国 3 月非农就业人口减少 70.1 万人，失业率升至 4.4%

周五（2020 年 4 月 3 日）北京时间 20 时 30 分，本周最重磅的一份经济报告出炉——美国 3 月非农就业人口减少 70.1 万人，创 2009 年 3 月以来新低。3 月失业率升至 4.4%，为 2017 年 8 月以来高位。美国劳工部称，3 月医疗保健和社会援助、专业和商业服务、零售贸易、建筑行业就业人数录得减少。过去两个月（1 月和 2 月），平均新增非农就业人数为 24.5 万人。在数据出炉之后，市场剧烈震荡：美元短线拉升超过 20 点，最高 100.83；欧元/美元短线下挫逾 20 点，英镑/美元短线下挫逾 40 点……现货黄金短线上扬 3 美元，然后回吐非农数据后累计上涨的 5 美元。

资料来源：节选自新浪财经，2020 年 4 月 4 日。

（五）国际收支差额

1. 国际收支的概念

国际收支是指一定时期内一国居民与非居民间的经济交易的系统记录，反映了一个国家（或地区）在一定时期对外贸易收支的综合状况。一国的国际收支通常包括经常项目和资本金融项目等方面，尤其是经常项目（有形贸易和无形贸易的总和），它是判断宏观经济运行状况的重要指标，也是外汇交易基本分析的重要指标之一。如果一个国家的进口总额大于出口，称为"贸易逆差"；如果出口大于进口，则称为"贸易顺差"；出口等于进口的情况不多见。我国至少每季公布一次进出口数字。美国贸易数字每月公布一次，每月末公布上月的数字。

2. 国际收支对汇率的影响

如果一个国家经常出现贸易逆差现象，国民收入便会流出国外，国家经济状况表现转弱。政府若要改善这种状况，就必须使本国的货币贬值，因为币值下降，即变相把出口商品价格降低，从而提高出口产品的竞争能力。因此，当一国外贸赤字扩大时，就会利淡该国货币；反之，当一国出现外贸盈余时，则利好该国货币。因此，国际贸易状况是影响外汇汇率十分重要的因素。日美之间的贸易摩擦充分说明了这一点：美国对日本的贸易连年出现逆差，致使美国贸易收支恶化，为了限制日本对美贸易的顺差，美国政府对日本施加压力，迫使日元升值，而日本政府则千方百计阻止日元升值过快，以保持较有利的贸易状况。

从一国对外贸易状况对汇率造成的影响中，可以看出国际收支状况直接影响一国汇率的变动。如果一国国际收支出现顺差，对该国的货币需求就会增加，流入该国的外汇就会增加，从而导致该国的货币汇率上涨。相反，如果一国国际收支出现逆差，对该国的货币需求就会减少，流入该国的外汇就会减少，从而导致该国货币汇率下跌，该国货币贬值。具体说来，在国际收支诸项目中，对汇率变动影响最大的除了贸易项目，还有资本项目。贸易收支的顺差或逆差直接影响货币汇率的上涨或下跌。

例如，美元汇率下跌的一个重要原因，是美国的贸易逆差日益严重。相反，日本由于巨额的贸易顺差，国际收支情况较好，日元的外汇汇率呈不断上涨的趋势。同样，资本项目的顺差或逆差直接影响货币汇率的涨跌，当一国资本项目有大量逆差，国际收支的其他项目又不足以弥补时，该国国际收支会出现逆差，从而引起本国货币对外汇率的下跌；反之，会引起本国货币汇率的上涨。

（六）外汇储备状况与外债水平

外汇储备状况是外汇交易基本分析的一个重要因素，其重要功能是维持外汇市场的稳定。一国的货币稳定与否，在很大程度上取决于特定市场条件下其外汇储备所能保证的外汇流动性。从国际经验看，即使一国的货币符合所有理论设定的汇率稳定的条件，但是，如果这一货币遭受投机力量的冲击，且在短期内不能满足外汇市场上突然扩大的外汇流动，这一货币也只能贬值。从1998年的亚洲金融危机看，在浓厚的投机氛围下，缺乏耐心的国民和谨慎的外国投资者常常丧失对货币的信心，成为推动外汇市场剧烈波动的致命力量。在这一力量的推动下，政府维护汇率的努力实际在外汇储备降为零之前就已经被迫放弃。

外债的结构和水平也是外汇交易基本分析的重要因素之一。如果一个国家对外有负债，必然影响其外汇市场；如果外债管理失当，其外汇储备的抵御力将被削弱，给货币的稳定性带来冲击。许多国家如阿根廷、巴西等，其外债数额超过其储备额，最初的想法是外债会保持流动。但是，在特定的市场条件下，如果该国通过国际市场大规模融资的努力失败，失去了原来的融资渠道（这也正是东南亚货币危机和阿根廷金融危机中出现过的），就只能通过动用外汇储备来满足流动性，维持市场信心，外汇储备的稳定能力就会受到挑战。从国际经验看，在外债管理失当导致汇率波动时，受冲击货币的汇率常常被低估。低估的程度主要取决于经济制度和社会秩序的稳定性。若一国的短期外债居多，那将直接冲击该国的外汇储备。如果有国际货币基金组织的"救援"，货币大幅贬值除承受基金组织贷款的商业条件外,还要承受额外的调整负担。

(七)央行货币政策

各国央行为了达到稳定物价、促进经济成长两项政策目标,对于汇率波动趋势及其所能容忍的波动区间均早有定见。如果汇率脱离了目标区,中央银行或公开喊话,或改变利率政策,或直接进场干预,总会千方百计地希望把汇率拉回到目标区,因此各国央行的货币政策会对汇率的走势产生影响。

三、资本市场对汇率的影响

一国股市若表现优异,将吸引国际资金流入,进而带动汇率上涨。当一国的房地产市场活跃、盈利丰厚时,也会吸引大量的外来资金。例如,国际短期资本流入A国,外汇市场上对A国货币的需求量会上升。由于一定期间内,各国的货币发行量保持稳定,不会大幅变动,总的货币供给不会出现相应的变动,因此,出于供求关系的影响,A国货币会升值;他国货币相对减值。但当国际短期资本抽离时,A国银行业将面临短期内承兑大量外汇的压力,本国货币会贬值。

四、政治与新闻因素对汇率的影响

外汇市场中充斥着各种各样的政治消息与新闻,政治与新闻因素是影响短期汇率波动的不可预期的因素。政治因素内容很广,包括政局的稳定、政策的连续性、政府的外交政策,以及一国的货币、贸易、税收、财政状况等。新闻因素是指世界各地每天出现的新闻舆论,如武装冲突、政府首脑患病或逝世、政府首脑辞职、自然灾害等。所有这些因素都会对外汇市场的短期行为带来影响。

1. 政治因素对外汇汇率的影响

由于资本首先具有追求安全的特性,因而政治因素对国际资本的流动具有直接的影响。通常当出现一国政局不稳定的消息时,人们对该国经济的信心会下降,最终导致国际资本的净流出,使该国的货币需求下降,该国的货币汇率就会下跌。

2. 新闻因素对汇率波动的影响

新闻因素是影响汇率变动的突发性因素,对于一个处于相对稳定走势的外汇市场,重要的新闻消息可能会打破其稳定的走势,使外汇市场发生波动。新闻因素对外汇市场的影响是经常的和大量的,这就要求市场参与者及时、充分地收集新闻资料,并全面、系统地加以分析,做出准确的判断,选择恰当的时机入市操作,买进或卖出相应的货币。

第二节　主要货币的基本面分析

一、美元的基本面分析

（一）美元介绍

货币名称：美元（United States Dollar）

发行机构：美国联邦储备银行（U. S. Federal Reserve Bank）

货币符号：USD

辅币进位：1美元=100美分（Cents）

钞票面额：1美元、2美元、5美元、10美元、20美元、50美元、100美元7种。以前曾发行过500美元和1 000美元的大面额钞票，现在已不再流通。辅币有1美分、5美分、10美分、25美分、50美分等。

美元的发行权属于美国财政部，主管部门是美国国库，具体发行业务由美国联邦储备银行负责办理。美元是外汇交换中的基础货币，也是国际支付和外汇交易中的主要货币，在国际外汇市场中占有非常重要的地位。

（二）影响美元的基本面因素

（1）美国联邦储备银行。美国联邦储备银行简称美联储，其完全独立地制定货币政策，保证经济获得最大限度的非通货膨胀增长。美国联邦储备银行的主要政策指标包括：公开市场运作、贴现率、联邦资金利率。

（2）联邦公开市场委员会（Federal Open Market Committee，FOMC）。FOMC主要负责制定货币政策，包括每年制定8次关键利率调整公告。FOMC共有12名成员，分别为7名政府官员、纽约联邦储备银行总裁，以及从其他11个地方联邦储备银行总裁中选出的任期为一年的4名成员。

（3）利率。利率即联邦资金利率，是最为重要的利率指标，也是储蓄机构之间相互贷款的隔夜贷款利率。当美国联邦储备银行希望向市场表达明确的货币政策信号时，会宣布新的利率水平。每次宣布利率都会引起股票、债券和货币市场较大的动荡。

（4）贴现率。贴现率是商业银行因储备金等紧急情况向美国联邦储备银行申请贷款时美国联邦储备银行收取的利率。尽管这是个象征性的利率指标，但是其变化也会表达强烈的政策信号。贴现率一般小于联邦资金利率。

（5）30年期国库券。30年期国库券也叫长期债券，长期债券和美元汇率之间没有明确的联系，但长期债券是市场衡量通货膨胀情况的最为重要的指标。通货膨胀会引起债券价格下跌，即收益率上升，可能使美元受压。

根据经济周期的不同阶段，一些经济指标对美元有不同的影响：当通货膨胀没有成为经济的威胁时，强经济指标会对美元汇率形成支持；当通货膨胀对经济的威胁比较明显时，强经济指标会打压美元汇率，手段之一就是卖出债券。

（6）10年期短期国库券。当比较各国之间相同种类债券的收益率时，一般使用的是10年期短期国库券。债券间的收益率差异会影响汇率，如美元资产收益率高，会推升美元汇率。

（7）欧洲美元存款。欧洲美元是指存放于美国国外银行中的美元存款，如存放于日本国外银行中的日元存款则称为"欧洲日元"。这种存款利率的差别可以作为一个对评估外汇利率很有价值的基准。以USD/JPY为例，当欧洲美元和欧洲日元存款之间的正差值越大时，USD/JPY的汇率越有可能得到支撑。

（8）财政部。美国财政部负责发行政府债券，制定财政预算。财政部对货币政策没有发言权，但是其对美元的评论可能对美元汇率产生较大影响。

（9）经济数据。美国公布的经济数据中，最为重要的包括：劳动力报告（薪酬水平、失业率和平均小时收入）、CPI，生产者物价指标（Producer Price Index，PPI），GDP，国际贸易水平、工业生产、房屋开工、房屋许可和消费信心。

（10）股市。3种主要股票指数为：道琼斯工业指数（Dow Jones Industrials Index，Dow）、标准普尔500种指数（S&P 500）和纳斯达克指数（NASDAQ）。其中，道琼斯工业指数对美元汇率影响最大。从20世纪90年代中期以来，道琼斯工业指数与美元汇率有着极大的正相关性（由于外国投资者购买美国资产的缘故）。影响道琼斯工业指数的3个主要因素为：①公司收入，包括预期和实际收入；②利率水平预期；③全球政经状况。

（11）交叉汇率影响。交叉盘的升跌也会影响美元汇率。

（12）联邦资金利率期货合约。这种合约价值显示市场对联邦资金利率的期望值（与合约的到期日有关），是对美联储政策最直接的衡量。

（13）欧洲美元期货合约。与联邦资金利率期货合约一样，欧洲美元期货合约对欧洲美元存款也有影响。例如，欧洲美元期货合约与欧洲日元期货合约的息差决定了USD/JPY未来走势的基本变化。

二、英镑的基本面分析

（一）英镑介绍

货币名称：英镑（Pound，Sterling）

发行机构：英格兰银行（Bank of England，BoE）

货币符号：GBP

辅币进位：1镑=100便士（Pence）

钞票面额：5镑、10镑、20镑、50镑

英国是世界上最早实行工业化的国家，曾在国际金融业中占统治地位，英镑曾是国际结算业务中计价结算使用最广泛的货币。第一次世界大战和第二次世界大战以后，英国经济地位不断下降，但由于历史原因，英国金融业还很发达，英镑在外汇交易结算中仍占有相当重要的地位。

（二）影响英镑的基本面因素

（1）英国央行一般指 BoE。从 1997 年开始，BoE 获得了独立制定货币政策的职能。政府用通货膨胀目标作为物价稳定的标准，一般用除去抵押贷款外的零售物价指数（Retail Prices Index，RPI）来衡量，年增控制在 2.5%以下。因此，尽管独立于政府部门制定货币政策，BoE 仍然要符合英国财政部规定的通货膨胀标准。

（2）货币政策委员会（Monetary Policy Committee，MPC）。该委员会主要负责制定利率水平。

（3）利率。英国央行的主要利率是最低贷款利率（基本利率）。每月的第一周，英国央行都会通过调整利率来向市场发出明确的货币政策信号。利率变化通常会对英镑产生较大影响。

（4）金边债券（Gilts）。英国政府债券也叫金边债券。同样，10 年期金边债券收益率与同期其他国家债券或美国国库券收益率的利差也会影响英镑与其他国家货币的汇率。

（5）3 月期欧洲英镑存款（3-month Eurosterling Deposits）。存放在非英国银行的英镑存款称为欧洲英镑存款。其利率与其他国家同期欧洲存款利率之差也是影响汇率的因素之一。

（6）财政部。财政部制定货币政策的职能从 1997 年以来逐渐减弱，然而财政部依然为 BoE 设定通货膨胀标准并决定 BoE 主要人员的任免。

（7）英镑与欧洲经济和货币联盟的关系。英国是否加入欧元区影响着英国的利率水平和汇率走势。英国如果想加入欧元区，则英国的利率水平必须降低到欧元利率水平，即英镑必须为了本国工业贸易的发展而对欧元贬值。因此，任何关于英国有可能加入欧元区的言论都会打压英镑汇率。

（8）经济数据。英国的主要经济数据包括：初始失业人数、初始失业率、平均收入、扣除抵押贷款外的零售物价指数、零售销售、工业生产、GDP 增长、采购经理指数、制造业和服务业调查、货币供应量（M4）、收入与房屋物价平衡。

（9）3 月期欧洲英镑存款期货（短期英镑）。期货合约价格反映了市场对 3 个月以后的欧洲英镑存款利率的预期。其与其他国家同期期货合约价格的利差可引起英镑汇率的变化。

（10）金融时报 100 指数（FTSE-100）。英国的主要股票指数与美国和日本的不同，英国的股票指数对货币的影响比较小。但金融时报指数与美国道琼斯指数有很强的联动性。

（11）交叉汇率的影响。交叉汇率也会对英镑汇率产生影响。

三、欧元的基本面分析

（一）欧元介绍

货币名称：欧元（Euro）

发行机构：欧洲中央银行（European Central Bank，ECB）

货币符号：EUR

辅币进位：1欧元=100欧分（Cents）

钞票面额：5欧元、10欧元、20欧元、50欧元、100欧元、200欧元、500欧元。铸币有1欧分、2欧分、5欧分、10欧分、20欧分、50欧分、1欧元、2欧元共8个面值。

欧元这个名称是1995年12月欧洲议会在西班牙马德里举行时，与会各国共同决定的。欧元的正式缩写是EUR。

（二）影响欧元的基本面因素

（1）欧元区。欧元区目前由19个国家组成，包括德国、法国、意大利、西班牙、荷兰、比利时、奥地利、芬兰、葡萄牙、爱尔兰、卢森堡、希腊、立陶宛、拉脱维亚、爱沙尼亚、斯洛伐克、斯洛文尼亚、马耳他和塞浦路斯，这些国家均使用欧元作为流通货币。

（2）欧洲中央银行。ECB控制欧元区的货币政策。决策机构是央行委员会，由执委和19个成员国的央行总裁组成。执委包括ECB总裁、副总裁和4个成员。

ECB的首要目标就是稳定价格。其货币政策有两大主要基础。一是对价格走向和价格稳定风险的展望。价格稳定主要通过调整后的消费物价指数（Harmonized Index of Consumer Prices，HICP）来衡量，使其年增长量低于2%。HICP尤为重要，由一系列指数和预期值组成，是衡量通货膨胀的重要指标。二是控制货币增长的货币供应量（M3）。ECB将货币供应量的年增长率参考值定为4.5%。

ECB每两周的周四举行一次委员会，制定新的利率指标。每月的第一次会议后，ECB都会发布一份简报，从整体上公布货币政策和经济状况展望。

（3）一般利率。一般利率是央行用来调节货币市场流动性而进行的"借新债还旧债"中的主要短期汇率。此利率与美国联邦资金利率的利差是决定EUR/USD汇率的因素之一。

（4）3月期欧洲欧元存款。欧洲欧元存款是指存放在欧元区外的银行中的欧元存款。同样，这个利率与其他国家同种同期利率的利差也被用来评估汇率水平。例如，当3个月欧洲欧元存款利率高于同期3个月欧洲美元存款利率时，EUR/USD汇率就会上涨。

（5）10年期政府债券。其与美国10年期国库券的利差是另一个影响EUR/USD的重要因素。通常用德国10年期政府债券作为基准，如果其利率水平低于同期美国国库券，那么利差缩小（德国债券收益率上升或美国国库券收益率下降），理论上会推升 EUR/USD 汇率。因此，两者的利差一般比两者的绝对价值更有参考意义。

（6）经济数据。欧元区最重要的经济数据来自德国，其是欧元区内最大的经济体。主要数据包括：GDP、通货膨胀数据（CPI 或 HCPI）、工业生产和失业率。如果单独从德国看，则还包括 IFO 调查（一个使用广泛的商业信心调查指数）。另外，还有每个成员国的财政赤字，依照欧元区的稳定和增长协议，各国财政赤字必须控制在占 GDP 的 3%以下，并且各国都要有进一步降低赤字的目标。

（7）交叉汇率影响。同美元汇率一样，交叉盘也会影响欧元汇率。

（8）3 月期欧洲欧元期货合约。这种合约价值显示市场对 3 个月欧洲欧元存款利率的期望值（与合约的到期日有关）。例如，3 月期欧洲欧元期货合约和 3 月期欧洲美元期货合约的息差可引起 EUR/USD 未来走势的基本变化。

（9）政治因素。与其他汇率相比，EUR/USD 最容易受到政治因素的影响，如受法国、德国或意大利国内因素的影响。

四、日元的基本面分析

（一）日元介绍

货币名称：日元（Japanese Yen）

发行机构：日本银行（Nippon Ginko）

货币符号：JPY

辅币进位：1 日元=100 钱=1 000 厘

钞票面额：500 日元、1 000 日元、5 000 日元、10 000 日元，铸币有 1 日元、5 日元、10 日元、50 日元、100 日元等。

日本自 1886 年起采用金本位制，并发行可以兑换金币的日本银行券。第一次世界大战期间，日本废除了金本位制，1964 年日元成为国际流通货币。布雷登森林体系瓦解后，日元在 1971 年实施浮动汇率，此后日元日趋坚挺，与美元的弱势形成强烈的对比，并成为较强的国际货币。

（二）影响日元的基本面因素

（1）日本财政部（Ministry Of Finance，MOF）。MOF 是日本制定财政和货币政策的唯一部门。MOF 对本国货币的影响要超过美国、英国或德国的财政部。MOF 的官员经常就经济状况发布一些言论，这些言论一般都会给日元造成影响，如当日元发生不符合基本面的升值或贬值时，MOF 官员就会进行口头干预。

（2）日本央行（Bank Of Japan，BOJ）。1998 年，日本政府通过了一项新法律，允许央行可以不受政府影响而独立制定货币政策，而日元汇率仍然由财政部负责。

（3）利率。隔夜拆借利率是主要的短期银行间利率，由 BOJ 决定。BOJ 也使用此利率来表达货币政策的变化，是影响日元汇率的主要因素之一。

（4）日本政府债券（Japanese Government Bonds，JGB）。为了增强货币系统的流动性，BOJ 每月都会购买 10 年或 20 年期的 JGB。10 年期 JGB 的收益率被看作长期利率的基准指标。例如，10 年期 JGB 和 10 年期美国国库券的基差被看作推动 USD/JPY 利率走向的因素之一。JGB 价格下跌（收益率上升）通常会利好日元。

（5）国际贸易和工业部（Ministry of International Trade and Industry，MITI）。MITI 负责指导日本本国工业发展和维持日本企业的国际竞争力。但其重要性与 20 世纪 80 年代和 90 年代早期相比已经大大削弱，当时日美贸易量会左右汇市。

（6）经济数据。日本较为重要的经济数据包括：GDP、每季度的商业景气现状和预期调查、国际贸易、失业率、工业生产和货币供应量（M2+CDs）。

（7）日经 255 指数（Nikkei-225）。这是日本主要的股票市场指数。当日本汇率合理降低时，会提升以出口为目的的企业的股价，同时整个日经指数也会上涨。但有时情况并非如此，股市强劲时，会吸引国外投资者大量使用日元投资于日本股市，日元汇率也会因此得到推升。

（8）交叉汇率的影响。例如，当 EUR/JPY 上升时，会引起 USD/JPY 的上升，原因可能并非美元汇率上升，而是对日本和欧洲不同的经济预期所引起的。

本章思考题

一、简答题

1. 简述什么是基本面分析，以及基本面分析包括哪些内容。
2. 简述影响汇率未来走势的宏观经济数据有哪些。
3. 简述政治因素对汇率未来走势的影响。
4. 简述一国资本市场的表现对外汇汇率的影响。

二、案例分析

欧元/美元汇率走势分析（2020 年 10 月 9 日）

1. 欧洲央行（ECB）隔夜公布的货币政策会议纪要显示，央行内部在货币宽松的尺度上出现了明显的分歧。但许多经济学家依然认为，欧元区经济出现二次衰退的风险正在加速上升，欧洲央行进一步扩大宽松的可能性很高。欧洲央行当天在法兰克福公布的这份 9 月货币政策会议纪要中称，最近欧元汇率升值对欧洲央行 9 月宏观预测中的通胀前景产生了重大影响。

2. 美元指数在美国新刺激法案获得批准打压美元的避险买需而持续下滑对欧元构成

了一定的支撑。不过，在时段内欧洲央行公布的 9 月货币政策会议纪要偏向鸽派的影响下，欧元震荡盘整后最终基本收平。会议纪要显示欧洲央行进一步扩大宽松的可能性很高。

3. 欧元继续无视欧洲央行的鸽派评论，尽管欧洲央行显然确实需要面对通货紧缩问题，但市场可能开始将这些评论仅仅视为口头干预。欧洲央行评论的最新动向来自欧洲央行会议纪要，该会议纪要似乎关注的是货币政策的步伐，而非水平。作为参考，欧洲央行名义交易加权欧元（针对 19 个伙伴）同比增长 4.2%。如果到 2021 年 2 月保持在这一水平，则同比变化可能会推升至 7%（与过去十年中一些最强劲的同比变化一致）。

分析：（1）本案例中欧元变化的趋势及影响因素有哪些？
（2）这些影响因素是如何作用于欧元汇率的？

三、实训题

1. 了解就业数据对一国汇率的影响

（1）查找最近一次美国失业率及非农就业人口公布前的预测值及其公布值。

（2）查找最近一年美国失业率及非农就业人口数据。

（3）查找最近一年欧元区、日本失业率数据。

分析上述就业数据的变动情况，并观察相应货币的汇率期间变动的情况。

2. 了解 GDP 对一国汇率的影响

（1）查找最近一次美国季度 GDP 公布前的预测值及其公布值。

（2）查找最近一年美国 GDP 数据。

（3）查找最近一年欧元区、日本 GDP 数据。

分析上述 GDP 的变动情况，并观察相应货币的汇率期间变动的情况。

3. 了解 CPI 对一国汇率的影响

（1）查找最近一次美国 CPI 公布前的预测值及其公布值。

（2）查找最近一年美国 CPI 数据。

（3）查找最近一年欧元区、日本 CPI 数据。

分析上述 CPI 的变动情况，并观察相应货币的汇率期间变动的情况。

4. 了解贸易收支对一国汇率的影响

（1）查找最近一次美国贸易收支数据公布前的预测值及其公布值。

（2）查找最近一年美国贸易收支数据。

（3）查找最近一年欧元区国家、日本贸易收支数据。

分析上述贸易收支的变动情况，并观察相应货币的汇率期间变动的情况。

5. 了解经济指标对一国汇率的影响

（1）在网上查找美国、英国、欧元区主要国家（法国、德国）、日本等国的经济指标数据的相关资料，了解不同经济指标对外汇市场影响的重要性差异。

（2）列出美国及另外几个国家（自选）的主要经济指标，格式如下。

指标名称	欧元	美元	英镑	日元
失业率				
GDP				
CPI				
国际贸易				
就业率				

（3）通过不同渠道收集关于美元、欧元、英镑、日元等货币基本面因素的分析汇评，并进行比较，选出你认为最合理的几篇汇评，说明理由，并以之作为依据进行交易。

渠道	时间	影响货币	涉及的基本因素	体会
1				
2				
3				
4				

可参考以下经济数据公布网站：FX168（www.fx168.com）、汇博资讯（www.hope888.net）、财经日历（www.dailyfx.com.hk/calendar/）、外汇通（www.forex.com.cn）、外汇007（www.waihui007.com）、外汇通银行汇评（www.forex.com.cn）、环球外汇网（www.cnforex.com）、中国外汇超市网（www.fxcs.com.cn）、中国外汇论坛（www.fx-bbs.com）、中金在线（www.cnfol.com）。

第九章 技术分析

学习目标

知识目标
- 掌握基本技术图形及图形组合的含义；
- 掌握主要技术的使用方法。

技能目标
- 能根据技术图形对汇率的未来走势做出大致的判断。
- 能根据技术指标对汇率的未来走势做出大致的判断。

学习导航

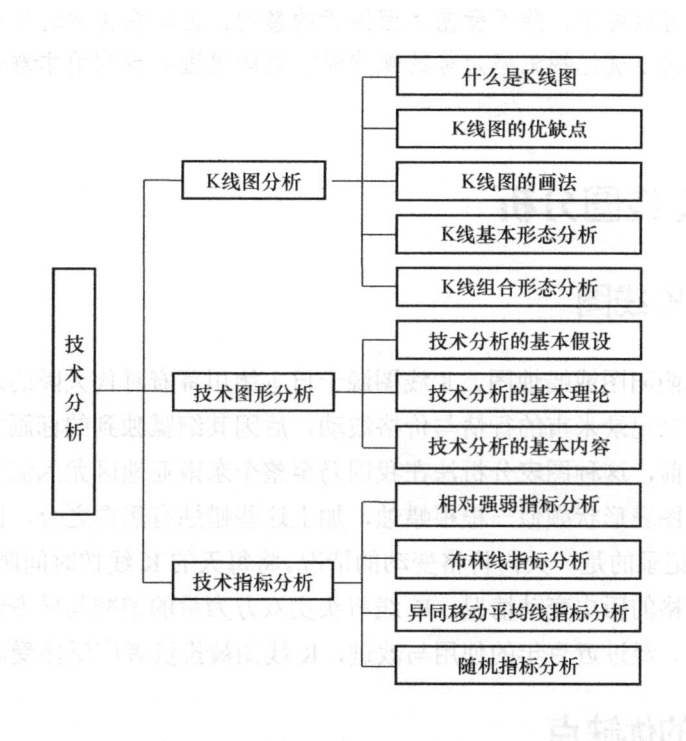

技术分析
- K线图分析
  - 什么是K线图
  - K线图的优缺点
  - K线图的画法
  - K线基本形态分析
  - K线组合形态分析
- 技术图形分析
  - 技术分析的基本假设
  - 技术分析的基本理论
  - 技术分析的基本内容
- 技术指标分析
  - 相对强弱指标分析
  - 布林线指标分析
  - 异同移动平均线指标分析
  - 随机指标分析

> **课前导读**

> **主要货币走势分析**
>
> FX168财经报社（香港）讯　周四（2020年9月10日）
>
> 　　欧元：欧元/美元昨日止住三日连跌的势头，勉强收于1.18关口上方，日内进一步攀升至1.183 0附近。从技术层面看，日图MACD绿色动能柱逐步收缩，RSI指标徘徊在50水平附近，KDJ指标逼近超卖水平，指示下行动能强劲，或进一步震荡。短期初步支撑位于1.175 0，初步阻力位则可看1.185 0。
>
> 　　英镑：英镑/美元昨日探底回升，止住连跌5日的势头，目前徘徊在1.30关口附近。从技术层面看，日图MACD绿色动能柱转向持稳，RSI指标持稳于50水平下方，KDJ指标向下逼近超卖水平，暗示价格看跌动能依旧强劲，跌势或放缓。短期初步支撑位于1.295 0，初步阻力位则可看1.305 0。
>
> 　　日元：美元/日元延续前几日的震荡格局，目前交投在106.10附近。从技术层面看，日图MACD红色动能柱持续减弱，RSI指标徘徊在50附近，KDJ指标也交投在50水平附近，预计将进一步震荡。短期初步支撑位于105.70，初步阻力位于106.50。
>
> 　　从上述汇评可以看出，除了受基本面因素的影响，汇率在变化过程中往往还会遇到支撑或阻力。如何准确把握汇率走势的规律呢？这需要进一步利用本章介绍的技术分析方法加以判断。

第一节　K线图分析

一、什么是K线图

　　K线图又称阴阳图或蜡烛图。K线图源于日本德川幕府时代大阪的米商，被当时日本米市的商人用来记录米市的行情与价格波动，后因其细腻独到的标画方式被引入股市及期货市场。目前，这种图表分析法在我国乃至整个东南亚地区尤为流行。由于用这种方法绘制出来的图表形状颇似一根根蜡烛，加上这些蜡烛有黑白之分，因此也叫阴阳线图表。一根K线记录的是一天内价格变动的情况。将每天的K线按时间顺序排列在一起，就组成了汇率价格的历史变动情况。K线将买卖双方力量的增减与转变过程及实战结果用图形表示出来。经过近百年的使用与改进，K线图被投资者广泛接受。

二、K线图的优缺点

　　K线图具有直观、立体感强、携带信息量大的特点，它吸收了中国古代阴阳学说，蕴涵着丰富的东方哲学思想，能充分显示汇价趋势的强弱和买卖双方力量平衡的变化，预测后市走向较准确，是各类传播媒介、电脑实时分析系统应用较多的技术分析手段。

（1）优点：能够全面透彻地观察到市场的真正变化。从K线图中，我们既可以看到汇价（或大市）的趋势，同时可以了解到每日市况的波动情形。

（2）缺点：①绘制方法十分繁复，是众多走势图中最难制作的一种；②阴线与阳线的变化繁多，对初学者来说，在掌握分析技巧方面会有相当的困难，不及竹线图那样简单易明。

三、K线图的画法

K线图是根据汇率一天的走势中形成的4个价位，即开盘价、收盘价、最高价和最低价绘制而成的。K线图的基本绘制方法是：①画线包括开盘价、收盘价、最高价和最低价；②开盘价与收盘价之间用粗线表示的部分，称为实体；③如果收盘价比开盘价高，则实体用红色表示，称为阳线；④如果收盘价比开盘价低，则实体用绿色表示，称为阴线；⑤从实体向上延伸的部分，用细线画出，称为上影线；从实体向下延伸的部分，也用细线画出，称为下影线。其记录方法如图9-1所示。

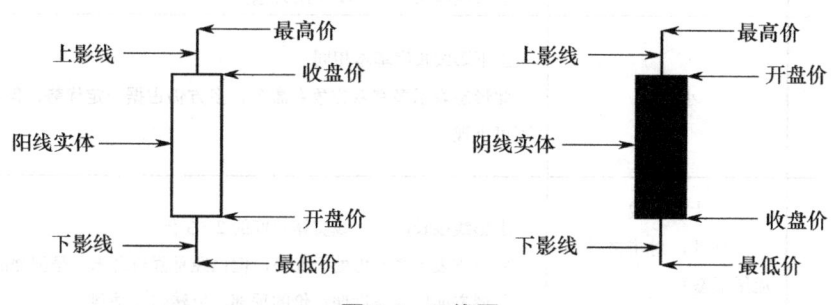

图9-1　K线图

四、K线基本形态分析

不同的K线形态代表外汇市场上买卖双方当日交战的结果。阳烛（阳线）中空，表示该时段中收盘价高于开盘价；阴烛（阴线）有一段实心的阴影，表示收盘价低于开盘价。烛顶和烛底反映该时段中的最高价和最低价。根据开盘价、收盘价、最高价及最低价之间的不同情况，阴线和阳线会呈现不同的形态。

炒汇者要想根据已发生的交易分析未来交易时机，就必须了解并掌握日K线基本形态中蕴含的实际意义。K线图的独到之处在于，利用单日的K线形态即可初步判断市场的强弱。下面介绍几种基本的K线形态。

（一）阳线基本形态分析（见表 9-1）

表 9-1 阳线基本形态分析

基本形态	名称	形态意义
	大（全）阳线	开盘价与最低价相同，收盘价与最高价相同 没有下影线 表示市场内多方占据着绝对的主力，涨势强烈，气势如虹
	大阳下影线	收盘价与最高价相同，小段下影线 汇价稍作下探即被拉回，表示多方力量占优，下档买盘强劲 下影线的长度越长，表示多方力量越强
	大阳上影线	开盘价与最低价相同，小段上影线 汇价试图创下高点，但上方卖出压力沉重，汇价回落 此形态表示多方占优，但上方价位卖出压力很大，有反转的意味，应引起警觉 上影线越长，表示卖出压力越大
	小阳线	上下影线长度基本相同 此形态表示多空双方争夺激烈，多方仍占据一定优势，但空方的力量不可小视
	上影阳线 （顶部：射击之星或流星形态） （底部：倒锤线形态）	上影线很长，是阳线实体长度的 2～3 倍 此形态表示多方仍处于优势，但已经是强弩之末，是强烈的反转形态 此形态如出现在近期汇价的顶部，反转信号强烈
	下影阳线 （顶部：上吊线形态） （底部：锤子线形态）	下影线很长，是阳线实体长度的 2～3 倍 此形态表示多方处于优势，并且有多方买盘不断加入，推高汇价 此形态如出现在近期汇价底部，是强烈的反转信号，应引起注意

（二）阴线基本形态分析（见表 9-2）

表 9-2 阴线基本形态分析

基本形态	名称	形态意义
	大（全）阴线	开盘价与最高价相同，收盘价与最低价相同 没有下线影线 表示市场内空方占据着绝对的主力，汇价持续走跌

续表

基本形态	名称	形态意义
	大阴下影线	开盘价与最高价相同，小段下影线 汇价试图创下低点，但上方买盘压力沉重，汇价回升 此形态表示空方占优，但下方价位买盘压力很大，有反转的意味，应引起警觉 下影线越长，表示买盘压力越大，反转意味更大
	大阴上影线	收盘价与最低价相同，小段上影线 汇价稍作上扬即被拉回，表示空方力量占优，上档卖盘强劲 上影线越长，表示空方力量越强
	小阴线	上下影线长度基本相同 此形态表示多空双方争夺激烈，空方仍占据一定优势，但多方的力量不可小视
	上影阴线 （顶部，射击之星或流星形态） （底部：倒锤线形态）	上影线很长，是阴线实体长度的2～3倍 此形态表示空方处于优势，并且有空方卖盘不断加入，推低汇价 此形态如果出现在近期汇价顶部，是强烈的反转信号，应引起注意
	下影阴线 （顶部：上吊线形态） （底部：锤子线形态）	下影线很长，是阴线实体长度的2～3倍 此形态表示空方仍处于优势，但已经是强弩之末，是强烈的反转形态 此形态如出现在近期汇价的底部，反转信号强烈

（三）十字线基本形态分析（见表9-3）

表9-3 十字线基本形态分析

基本形态	名称	形态意义
	十字线	开盘价、收盘价相同 多空势均力敌 若此形态出现在顶部或底部，是强烈的反转形态；若出现在长期盘整时期，是强烈的突破信号
	十字线	开盘价、收盘价相同 多方力量占优 应密切注意后期K线形态发展
	十字线	开盘价、收盘价相同 空方力量占优 应密切注意后期K线形态发展

续表

基本形态	名称	形态意义
	T字线	开盘价、收盘价相同 收盘价下方多方买盘积极，此价位多方有很强的支撑 底部出现此形态为强烈反转信号
	倒T字线	开盘价、收盘价相同 收盘价上方空方卖盘积极，此价位空方有很强的支撑 顶部出现此形态为强烈反转信号
—	一字线	开盘价、收盘价、最高价、最低价相同 此形态极少出现，若出现就是暴涨或暴跌的前兆

五、K线组合形态分析

（一）双K线组合形态分析

（1）如图9-2所示，这是多空双方的一方已经取得决定性胜利，牢牢地掌握了主动权，今后将以取胜的一方为主要运动方向。图9-2（a）是多方获胜，图9-2（b）是空方获胜。第二根K线实体越长，超出前一根K线越多，则取胜一方的优势就越大。

（2）如图9-3（a）所示，一根阴线之后又一根跳空阴线，表明空方全面进攻已经开始。如果此形态出现在高价附近，则下跌将开始，多方无力反抗；若此形态在长期下跌行情的尾端出现，则说明这是最后一跌，是逐步建仓的时候了。第二根阴线的下影线越长，则多方反攻的信号越强烈。

图9-3（b）正好与图9-3（a）相反。如果此形态在长期上涨行情的尾端出现，是最后一涨，第二根阳线的上影线越长，越是要跌。

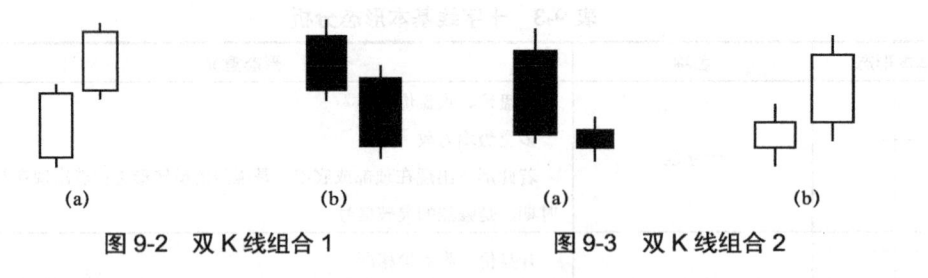

图9-2　双K线组合1　　　　图9-3　双K线组合2

（3）如图9-4（a）所示，一根阳线加上一根跳空的阴线，说明空方力量正在增强。若此形态出现在高价位，说明空方有能力阻止汇价继续上升；若此形态出现在上涨途中，说明空方的力量还是不够，多方将进一步创新高。

图9-4（b）与图9-4（a）完全相反。多空双方中多方在低价位取得了一定优势，改变了前一天的空方优势的局面。今后的情况将由处在下跌行情中还是处在低价位而定。

（4）如图9-5（a）所示，连续两根阳线，第二根的收盘价比第一根低，说明多方力量有限，汇价掉头向下的可能性大。

图 9-5（b）与图 9-5（a）正好相反。多方出现转机，汇价可能向上反弹一下。两种情况中上下影线的长度直接反映了多空双方力量的大小。

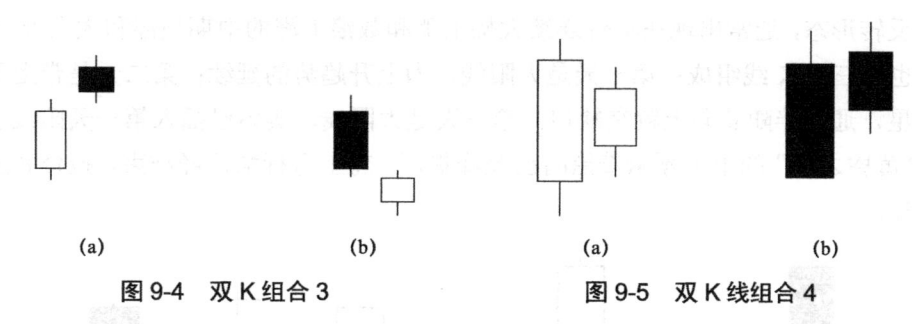

图 9-4　双 K 组合 3

图 9-5　双 K 线组合 4

（5）如图 9-6（a）所示，一根阳线被一根阴线吞没，说明空方已经取得决定性胜利，多方将节节败退，寻找新的抵抗区域。图 9-6（b）与图 9-6（a）正好相反，是多方掌握主动的局面，空方即将瓦解。

（6）如图 9-7（a）所示，一根阴线吞没一根阳线，空方显示了力量和决心，但收效不大，多方没有伤元气，可以随时发动进攻。图 9-7（b）与图 9-7（a）刚好相反，多方进攻了，但效果不大，空方还有相当实力。同样，第二根线的上下影线的长度也是很重要的。

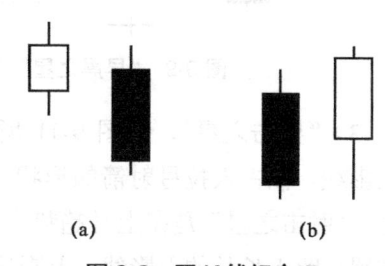

图 9-6　双 K 线组合 5

（7）如图 9-8（a）所示，一根阴线加一根小阳线，说明多方抵抗了，但力量相当弱，很不起眼，空方将发起新一轮攻势。图 9-8（b）与图 9-8（a）正好相反，空方弱，多方将发起进攻，再创新高。

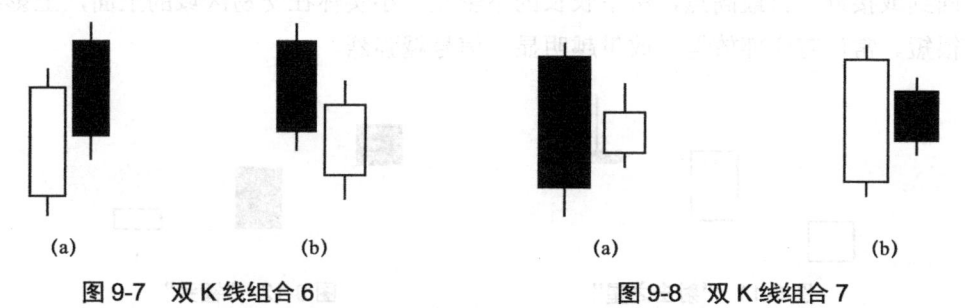

图 9-7　双 K 线组合 6

图 9-8　双 K 线组合 7

（二）三 K 线组合形态分析

（1）"早晨之星"，如图 9-9 所示。"早晨之星"是典型的底部反转形态，通常出现在汇价连续大幅下跌和数浪下跌的中期底部或大底部。"早晨之星"由三根 K 线组成：第一天为长阴线，为下降趋势的继续；第二天是带上下影线的十字星，与第一天之间有一向下跳空缺口，收盘价与开盘价持平；第三天是长阳线，实体长度已上推到第一天阴线实体之内。"早晨之星"的含义是黑暗已经过去,曙光已经来临,多空力量对比已开始发生转变,一轮上升行情即将展开。

(2)"黄昏之星",如图 9-10 所示。"黄昏之星"与"早晨之星"正好相反,是典型的顶部反转形态,通常出现在汇价连续大幅上涨和数浪上涨的中期顶部和大顶部。"黄昏之星"也由三根 K 线组成:第一天是大阳线,为上升趋势的延续;第二天是带上下影线的十字星,通常伴随着向上跳空缺口;第三天是大阴线,实体已插入第一天阳线实体的内部。"黄昏之星"的出现预示着黑暗已经降临,一轮上涨行情已经结束,投资者应尽快抛售离场。

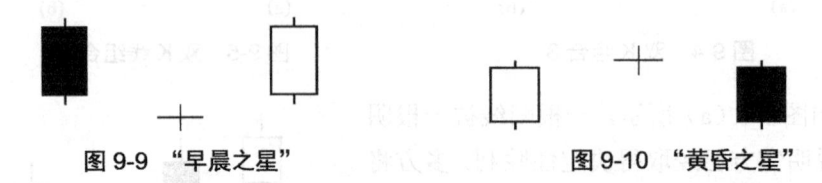

图 9-9 "早晨之星"

图 9-10 "黄昏之星"

(3)"射击之星",如图 9-11 所示。"射击之星"是指一个小实体,上面有一根长长的上影线,似古人拉弓射箭的形状。"射击之星"常出现在连续上涨之后,是市场见顶的信号。"射击之星"是在上升趋势中,市场跳空向上开盘,出现新高点,最后收盘在较低的位置,留下长长的上影线,上影线长度是实体长度的 3 倍以上。"射击之星"是市场失去上升动能的表现,是主力出货的常见图形。一般说来,后势要想突破"射击之星"造成的高位,往往需要相当长的时间。投资者应退场观望,以免在高位长久被套。

(4)"锤头",如图 9-12 所示。"锤头"是一个小实体下面带有长长的下影线的 K 线形态,似带着锤把的形状。"锤头"的出现预示着下跌趋势将结束,表示市场在夯实底部,是较可靠的底部形态。锤头是在下降趋势中,市场跳空向下开盘,疯狂卖出被遏制,市场又回到或接近当日最高点,留下长长的下影线。小实体在交易区域的上面,上影线没有或很短。常伴有底部放量,放量越明显,信号越强烈。

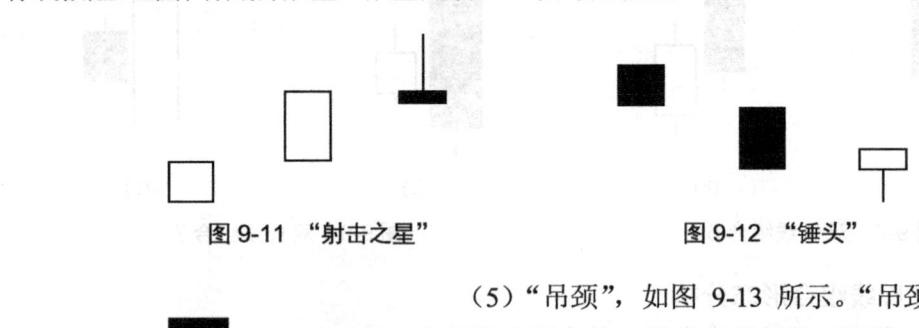

图 9-11 "射击之星"

图 9-12 "锤头"

图 9-13 "吊顶"

(5)"吊颈",如图 9-13 所示。"吊颈"是在高位出现的小阴实体,并带有长长的下影线,形状像一具上吊的尸体。"吊颈"表示上涨趋势结束,主力正在出货。"吊颈"是在上涨趋势中,当日汇价高开低走,盘中出现大阴线,主力尾市将汇价拉起,几乎以最高点收盘，留下较长的下影线。"吊颈"欺骗性强，杀伤力很大，许多投资者会误认为下档有较强支撑而买入被套。"吊颈"形态出现的第二天多为阴线，且开盘价较低。阴线的长度越长，新一轮跌势开始的概率越大。

（6）"穿头破脚"，如图 9-14 所示。"穿头破脚"有底部和顶部两种形态，是市场中最强烈的反转信号。顶部类似于"崩盘"，而底部多为"井喷"。顶部"穿头破脚"是指汇价经过较长时间上升后，当日汇价高开低走，收出一根大阴线，并将前日阳线全部覆盖；表示主力将汇价推至高处后，高开制造假象，吸引跟风盘，随后大肆出货，将跟风者一网打尽。底部"穿头破脚"是指汇价经过一段时间下跌后，当日汇价低开高走，收出大阳线，这根大阳线将前日阴线全部覆盖；表示汇价跌至低位后，再次杀跌引出割肉盘，随后将汇价推高，一举收复前日失地，市场开始快速攀升。

（7）"乌云盖顶"，如图 9-15 所示。"乌云盖顶"也属于拉高出货的顶部反转形态，预示在暴风雨即将来临的前夜，乌云压城城欲摧。"乌云盖顶"与顶部"穿头破脚"类似，只是在图形上阴线的收盘仅切入阳线的 2/3 处，具有一定的不确定性，杀伤力也次于"穿头破脚"。"乌云盖顶"是在市场上升后期，出现了一根大阳线，第二天汇价跳高开盘，收盘价却下降到阳线实体中间之下；表示趋势反转已经发生，随后将出现较长时间的下跌，投资者应迅速离场。通常第二天阴线刺入前日阳线的程度越深，顶部反转的可能性越大。

图 9-14 "穿头破脚"　　　　图 9-15 "乌云盖顶"

（8）"双飞乌鸦"，如图 9-16 所示。"双飞乌鸦"是指在市场的高位出现了两根并排的阴线，像两只乌鸦在摇摇欲坠的枯树枝上乱叫，预示"祸不单行"，市场将大幅下跌。"双飞乌鸦"出现在汇价连续大幅上升之后，第一天是大阳线，第二天高开收出带上升缺口的阴线，表示向上攻击失败，第三天再次跳高开盘，收出阴线，收盘比前一日阴线低，但仍高于第一天阳线的收盘价。这说明强市已被遏制，汇价将下跌。

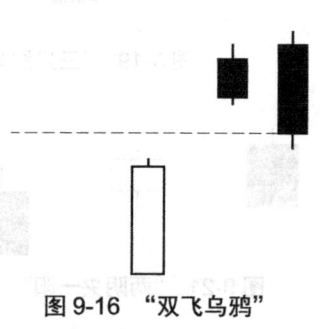

图 9-16 "双飞乌鸦"

（9）"双针探底"，如图 9-17 所示。"双针探底"是指两根有一定间隔的 K 线，都带有较长的下影线，下影线的位置非常接近，是常见的底部反转形态。"双针探底"出现在汇价连续下跌之后，表示汇价已经过二次探底，下档有较强的支撑，底部确认有效。"双针探底"经常由一个底部十字星和一个锤头组成，第二根 K 线的低点常比第一根 K 线低点高。

（10）"三个白武士"，如图 9-18 所示。"三个白武士"又称为"红三兵"，是指三根连续上升的阳 K 线，收盘价一日比一日高；表示多头力量聚集，"武士"稳扎稳打，步步紧逼。"三个白武士"一般出现在市场见底回升的初期，每日收盘价虽为当日最高点，但开盘价均在前一天的实体之内，因而总体升幅不大，是稳步向上推高。投资者应逢低建仓，及时跟进以免踏空。市场底部出现此形态，常表示后势将加速上涨。

图 9-17 "双针探底"　　　　图 9-18 "三个白武士"

（11）"三只黑乌鸦"，如图 9-19 所示。"三只黑乌鸦"是指三根连续下跌的阴 K 线，收盘价一日比一日低，表示空方力量在逐步加强，后势看淡。"三只黑乌鸦"一般出现在市场见顶之后，每日的收盘均出现新低点，而每日的开盘价在前一日的实体之内。下跌的节奏较为平和，空方在缓慢杀跌，后势有可能加速下滑。投资者应果断决策，争取在第一时间平仓离场。

（12）"两阳夹一阴"，如图 9-20 所示。"两阳夹一阴"又称"多方炮"，该组合属于上升中继形态，是指在上升途中一根阴线夹在两根阳线中间，主力震荡洗盘的图形。"两阳夹一阴"是常见的上升形态，表示汇价在盘升过程中，不断遭到卖方打压，但逢低介入的买方众多，汇价回档有限，且顽强上涨。擅长短线操作的投资者可利用冲高和回档之际做短差，但前提是不能丢掉筹码。

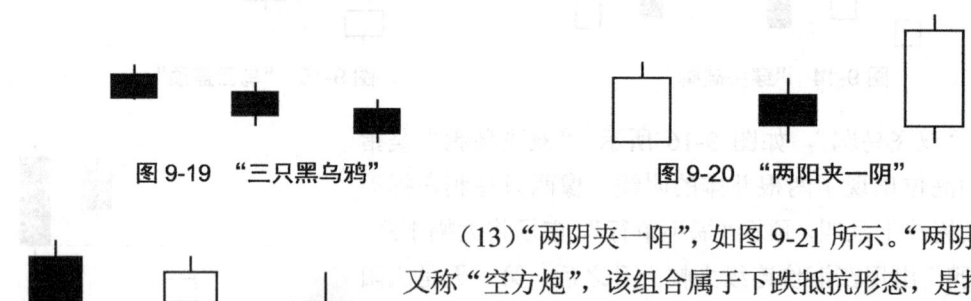

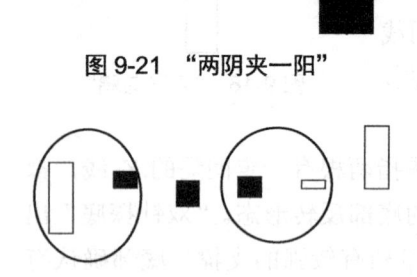

图 9-19 "三只黑乌鸦"　　　　图 9-20 "两阳夹一阴"

图 9-21 "两阴夹一阳"

图 9-22 "身怀六甲"

（13）"两阴夹一阳"，如图 9-21 所示。"两阴夹一阳"又称"空方炮"，该组合属于下跌抵抗形态，是指在下跌途中一根阳线夹在两根阴线之间，主力震荡出货的图形。"两阴夹一阳"是常见的下跌形态，表示汇价在下跌过程中，不断受到买方抵抗，但逢高出货的卖方众多，汇价反弹高度有限，且跌势不止。投资者应利用反弹机会逢高卖出，待汇价跌到底部后，再重新进场承接。

（14）"身怀六甲"，如图 9-22 所示。"身怀六甲"是指在高位大阳线或低位大阴线之后，在实体中间部位出现的小阳线或小阴线，好像前日 K 线怀中的胎儿。人们常把小阳线称为"上涨孕"，把小阴线称为"下跌孕"，一般预示着市场上升或下跌的力量已经衰竭，市场已有改变即有趋势的迹象。"身怀六甲"常出现在涨势或跌势的后期，由于反转的速度较慢，许多投资者会以为市场处于休整状态而未能及时采取措施。投资者此时可观察成交量，如果前日成交量放大后又突然急剧萎缩，市场反转的可能性大。

（15）"上升三部曲"，如图 9-23 所示。"上升三部曲"是持续组合形态，是指一根大阳线后接三根较小阴线，再接一根大阳线的组合。这是典型的震荡洗盘手法，表示后市将继续上涨。"上升三部曲"不是转势信号，而是升势将继续调整巩固的信号。通常第一天为急升大阳线，随后是三根小阴线，实体都包含在第一天阳线之内，成交量萎缩，接着又一根阳线拔地而起，收盘价创出新高，市场重归升途。投资者应在整理结束时建仓或加码买进。

（16）"下跌三部曲"，如图 9-24 所示。"下跌三部曲"也是持续组合形态，是指一根大阴线后接三根小阳线，再接一根大阴线的组合；反映市场极度虚弱，汇价大跌小涨，空方占有绝对优势的情况。"下跌三部曲"发生在市场下跌途中，第一天为急跌大阴线，随后出现三根细小的反弹阳线，实体都包含在第一根阴线之内，接着又一根阴线破位而下，击穿市场多日形成的调整巩固区间，市场重新纳入下跌的轨道。

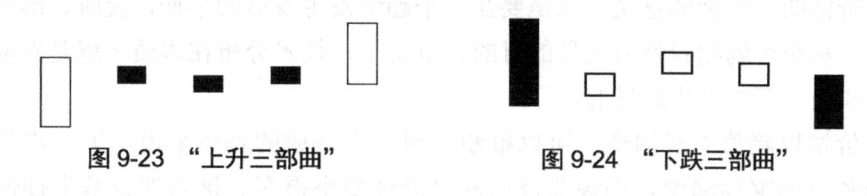

图 9-23 "上升三部曲"   图 9-24 "下跌三部曲"

第二节　技术图形分析

外汇汇率的波动虽然千变万化，但与其他商品一样，归根到底是由供求关系决定的。在国际外汇市场中，当某种货币的买家多于卖家时，买方争相购买，买方力量大于卖方力量；卖方奇货可居，该种货币的汇率必然上涨。反之，当卖家见销路不佳，竞相抛售某种货币时，市场上卖方力量占了上风，则该种货币的汇率必然下跌。所以，技术分析重点研究以往该种货币的汇率交易的数据，进而预测未来的该种货币的汇率走向。此类型分析侧重于图表与公式的构成，以捕获主要和次要的趋势，并通过估测市场周期长短，识别买入/卖出机会。根据选择的时间跨度，可以使用每日或日内（每 5 分钟、每 15 分钟、每小时）技术分析，也可使用每周或每月技术分析。

一、技术分析的基本假设

（一）汇率变动是一切影响因素的综合反映

经济、政治、心理预期等影响汇率的所有因素的变化都会真实而充分地反映在汇率价格上。我们要完全理解和接受这个前提条件，否则学习技术分析毫无意义。

技术分析者认为，能够影响某种汇率价格的任何因素，如政治因素、心理因素或其他方面的因素，实际上都反映在其价格之中。由此推论，我们必须做的事情就是研究价格变化。这个前提的实质含义是价格变化必定反映供求关系，如果需求大于供给，价格必然上涨；如果供给大于需求，价格必然下跌。供求规律是所有经济预测方法的出发点。反过来推论，只要价格上涨，不论什么具体原因，需求一定超过供给，从经济基础上说必定看好；如果价格下跌，从经济基础上说必定看淡。归根结底，技术分析不过是通过价格的变化间接地研究基本面。图表本身并不能导致市场的涨跌，只是简明地显示出市场中流行的乐观或悲观的心态。

既然影响市场价格的所有因素最终必定要通过市场价格反映出来，那么只需研究价格就够了。实际上，图表分析只不过是通过研究价格图表及大量的辅助技术指标，让市场自己揭示其最可能的走势，而并不是分析师凭借个人的精明"征服"了市场。我们讨论的所有技术工具都只是市场分析的辅助手段。

（二）汇率是按照一定的趋势和规律变化的

研究价格图表的全部意义，就是要在一个趋势发生发展的早期，及时、准确地把它揭示出来，从而达到顺着趋势交易的目的。事实上，技术分析在本质上就是顺应趋势，即以判定和追随既成趋势为目的。

从"价格以趋势方式演变"可以推断：对一个既成的趋势来说，下一步常常是沿着现存趋势方向继续演变，而掉头反向的可能性要小得多。这当然也是牛顿惯性定律的应用。我们可以换个说法：当前趋势将一直持续到掉头反向为止。虽然这句话差不多是同语反复，但这里要强调的是：坚定不移地顺应一个既成趋势，直至有反向的征兆出现为止。

（三）汇价会循环往复

技术分析和市场行为学与人类心理学有着千丝万缕的联系。例如，价格形态通过一些特定的价格图表形状表现出来，而这些图形表示了人们对某市场看好或看淡的心理。其实这些图形在过去的几百年里早已广为人知并被分门别类。既然它们在过去很管用，就不妨认为它们在未来同样有效。

二、技术分析的基本理论

（一）道琼斯理论

道琼斯理论是技术分析中最古老的理论，它是由查尔斯·亨利·道（Charles Henry Dow）创立的。他认为价格能够全面反映所有现存信息，可供参与者（交易商、分析家、组合资产管理者、市场策略家及投资者）掌握的知识已在标价行为中被折算。由不可预知事件引起的货币波动，都将被包含在整体趋势中。技术分析旨在研究价格行为，从而得出关于未来走向的结论。

道氏理论由以下5个"定理"组成。

1. 道氏的 3 种走势，即短期趋势、中期趋势和长期趋势

道氏理论认为股票指数与其他资本市场都有 3 种趋势。

（1）短期趋势，是指持续数天至数周的趋势。

（2）中期趋势，是指持续数周至数月的趋势。

（3）长期趋势，是指持续数月至数年的趋势。

任何市场中，这 3 种趋势必然同时存在，彼此方向相反。

2. 主要走势，即空头市场或多头市场

主要走势表示市场是处于空头市场还是多头市场，持续时间一般在一年以上，甚至数年之久。

3. 主要的空头市场

空头市场一般经历 3 个主要阶段：第一阶段，市场参与者不再期待股票可以维持过度膨胀的价格；第二阶段的卖压反映经济状况与企业盈余的衰退；第三阶段来自健全股票的失望性卖压。

4. 主要的多头市场

多头市场一般也要经历 3 个阶段：第一阶段，人们对未来的景气恢复信心；第二阶段股价对于已知的企业盈余改善产生反应；第三阶段，投机热潮高涨，股价明显膨胀。

5. 次级折返走势

次级折返走势是多头市场中重要的下跌走势，或者是空头市场中重要的上涨走势，持续时间通常为 3 周至数月。

（二）波浪理论

波浪理论由拉尔夫·尼尔森·艾略特（Ralph Nelson Elliot）创立。这种理论认为，股票价格的运动是遵循着有规律的波浪形态发展的。掌握波浪运动的规律，可以自觉地预测价格的升跌走势。艾略特波浪理论将推动波和修正波分别分为 5 种（1、2、3、4、5）和 3 种（a、b、c）主要走向，这 8 种走向组成一个完整的波浪周期，如图 9-25 所示。

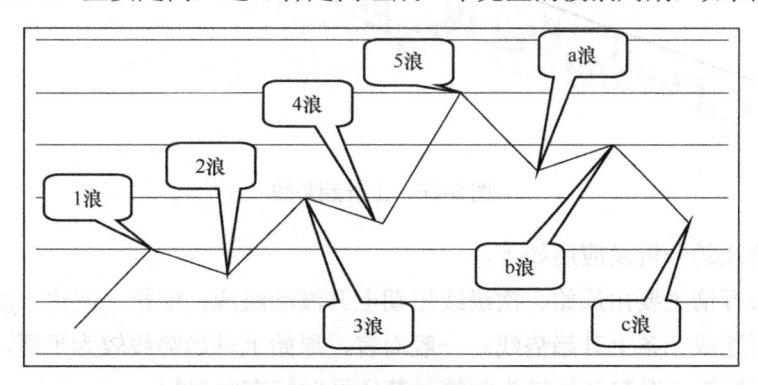

图 9-25 波浪理论

以上两种理论虽然源于对股票市场的分析，但同样适用于外汇市场，并早已应用于外汇市场。

三、技术分析的基本内容

（一）趋势分析

如果我们在一定时间内考察外汇市场上汇率的变化，就会发现汇率的变动不是杂乱无章的，而是有其规律性的。它沿着某种趋势上下波动，如果我们选取波动的高点或低点（至少两个高点或低点）进行连线，就可以粗略地画出一条趋势线。趋势线在识别市场趋势方向方面是简单而实用的工具。向上的趋势线由至少两个相继低点（或高点）连接而成，显然第二点必须高于第一点，直线的延伸可以帮助我们研判市场将来沿着什么样的路径向上运动。这样的趋势线，我们称为上升趋势线。相反，向下的趋势线由至少两个相继低点（或高点）连接而成，显然第二点必须低于第一点，直线的延伸可以帮助我们研判市场将来沿着什么样的路径向下运动。这样的趋势线，我们称为下降趋势线。如果在较长的时间跨度内，找到的两个点基本相同，由此连接而成的趋势线，基本上是一条水平方向的直线，我们通常称为整理趋势线。

这3种趋势线各自代表着不同的市场信息，投资者可依此进行买卖决策。

1. 上升趋势线

汇价上升趋势线是指在汇价上升波段中，就汇价顶部之连接线而言，这条连接而形成的上升趋势线通常比较规则，它沿着一定的斜率向上运行，如图9-26所示。

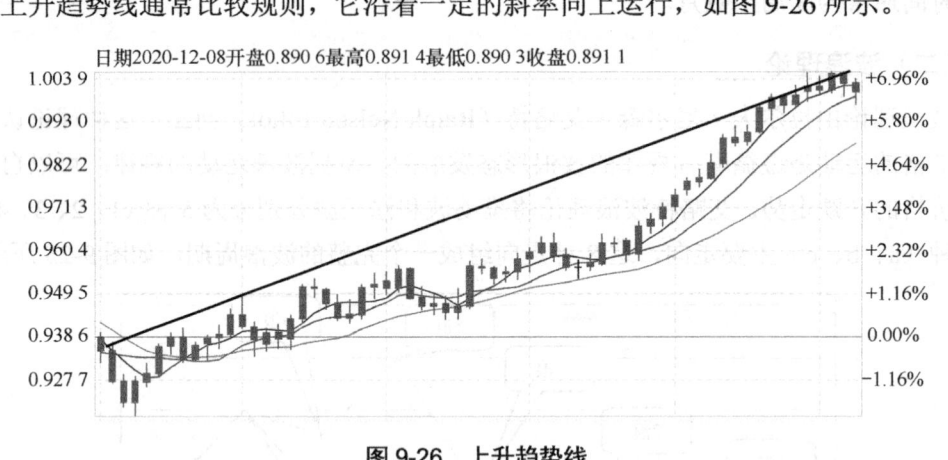

图9-26 上升趋势线

对该趋势线的分析及应用如下。

一个多头行情主要由原始、次级或短期上升波动组成，汇价一波比一波高，每两个底部低点即可连成一条上升趋势线。一般而言，原始上升趋势线较为平缓，历经时间较长，而次级或短期上升趋势线较为陡峭，其历经时间有时很短。

在汇价上升趋势中，当汇价下跌而触及汇价上升趋势线时，便是绝佳的买点，投资者可酌量买进。

2. 下降趋势线

汇价下降趋势线是指在汇价下降波段中，就汇价顶部之连接线而言，这条连接而形成的下降趋势线通常比较规则，它沿着一定的斜率向下运行，如图9-27所示。

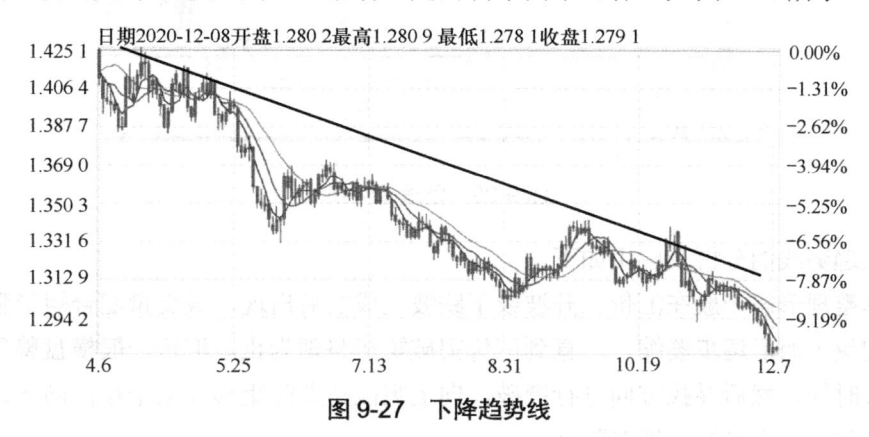

图9-27 下降趋势线

对该趋势线的分析及应用如下。

下跌趋势一般由短期下跌波动构成，汇价一波比一波低，每两个下跌的低点或反弹高点即可连成一条下跌趋势线。一般而言，下跌趋势一旦形成，就会经历时间较长的走势。汇价下跌，远离汇价下降趋势线，背离太大，汇价就会反弹。

某种汇率的汇价形成下跌趋势后，不建议投资者抢反弹进行买卖操作，其风险非常大。

上升和下降趋势线表明，当汇价向固定方向移动时，它非常有可能沿着这条线继续移动。无论在上升或下跌趋势轨道中，当汇价触及上方的压力线时，就是卖出的时机；当汇价触及下方的支撑线时，就是买进的时机。若在上升趋势轨道中，发现汇价突破上方的压力线，证明新的上升趋势线即将产生；同理，若在下跌趋势中，发现汇价突破下方的支撑线，可能新的下跌趋势轨道即将产生。汇价在上升行情时，一波的波峰会比前一波波峰高，一波的波谷会比前一波波谷高；而在下跌行情时，一波的波峰会比前一波波峰低，一波的波谷会比前一波波谷低。在处于上升趋势的轨道中，若发现汇价无法触及上方的压力线，即表示涨势趋弱了。

3. 整理趋势线

矩形整理在汇市中也称为箱形整理。汇价在某一价格区上下移动，移动的轨道由两条平行于横轴的平行线所界定，其形状就像几何图形的矩形或长方形。矩形整理形态通常出现在汇价上升走势或下跌走势的初期或中期，若矩形出现在汇价上升走势或下跌走势的末期，往往形成反转形态而非整理形态。整理趋势线如图9-28所示。

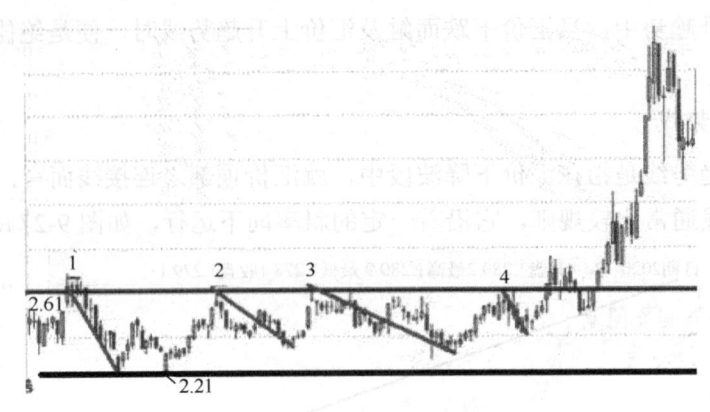

图 9-28　整理趋势线

对该趋势线的分析及应用如下。

矩形整理形态一般在汇价上升波或下跌波完成之后出现。成交量配合矩形整理的完成，起初量大而后逐步萎缩，一直到汇价突破矩形整理为止。汇价一般横盘整理三至四周或更长时间，然后寻找方向进行突破。向上突破初期时矩形向上平移；向下跌破时矩形向下平移，暴涨暴跌的情况除外。

在矩形整理形态中，汇价高点与低点的价差较小，不适合买卖操作。当汇价下跌而触及汇价矩形整理下轨时，投资者可酌量买进外汇。当汇价上升而触及汇价矩形整理上轨时，投资者可酌量卖出外汇。

（二）移动平均线分析

在汇率图形分析中，移动平均线（Moving Averages）是应用最广泛的分析方法。该指标显示汇率价格在一段时期内的平均值。在计算移动平均线的时候，要对给定时间内的汇率平均值进行数学分析。当汇率价格变化时，它的平均价格就会上升或下降。

移动平均线可分为简单移动平均线和复杂移动平均线。简单移动平均线也称单一移动平均线，是指只有一条移动平均线的图形。移动平均可以对任何数据系列进行计算，包括汇率的收盘价、成交量或其他数据。对另一个移动平均线数进行移动平均也是有的。复杂移动平均线是指不同天数的两条或两条以上的移动平均线组合的图形。依据时间的长短，不同天数的移动平均线会形成不同的波动，这样为投资者的投资决策提供了很好的依据。

使用移动平均数的最流行方法是，将汇率的移动平均数与汇率价格自身进行比较。当汇率升至它的平均线值之上时，生成了买入信号；当汇率跌至它的平均线值以下时，生成了卖出信号。这种类型的移动平均线交易系统并不试图让投资者在真正的底部进入市场，或者在真正的市场顶部退出市场，因为市场真正的底部与顶部是很难预测的。移动平均线代表一定时期内投资者的平均持仓成本，当移动平均线向对自己有利的方向发展时，投资者可继续持有，直到移动平均线掉头转向时才平仓，从而能够在市场到达底部后不久买入和在市场达到顶部后不久卖出,最终能够与汇率走势保持同步,这样可捕捉巨额的利差。

投资者可以利用移动平均线的原理,随时修正对汇率的判断,决定买卖时机,确定风险的大小。利用移动平均线测定汇率的走势,以约瑟夫·格兰维尔(Joseph Granville)所创的八大法则最具实用性与权威性,主要内容如下。

1. 移动平均线的买进信号

(1)移动平均线止跌盘旋,而且汇率从移动平均线下方往上方突破时,是买进信号,如图 9-29 所示。

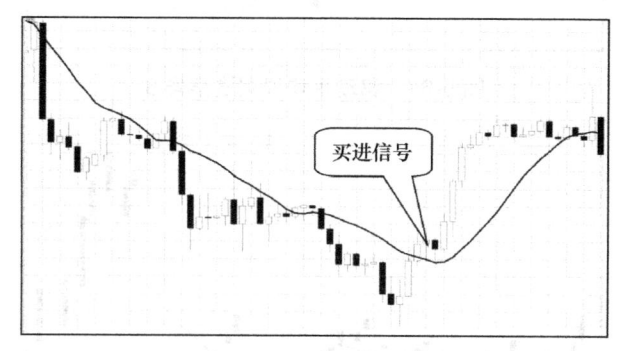

图 9-29　移动平均线买进信号 1

(2)汇率稍稍降在移动平均线下方,立即迅速突破移动平均线而向上时,可谨慎买进,如图 9-30 所示。

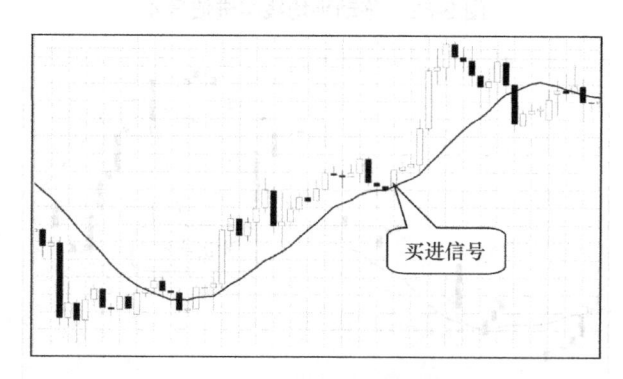

图 9-30　移动平均线买进信号 2

(3)汇率在移动平均线上方下跌,在未降到移动平均线之下却上升时,可以买进,如图 9-31 所示。

(4)汇率在移动平均线下方,突然暴跌,远离移动平均线时可加码买进,如图 9-32 所示。

2. 移动平均线的卖出信号

(1)移动平均线上升盘旋,而且汇率从移动平均线上方往下方突破时,是卖出信号,如图 9-33 所示。

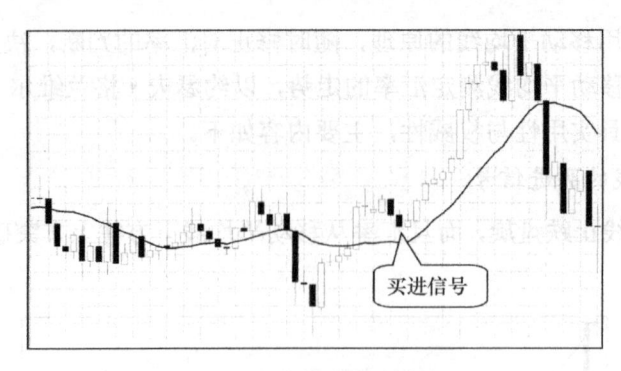

图 9-31　移动平均线买进信号 3

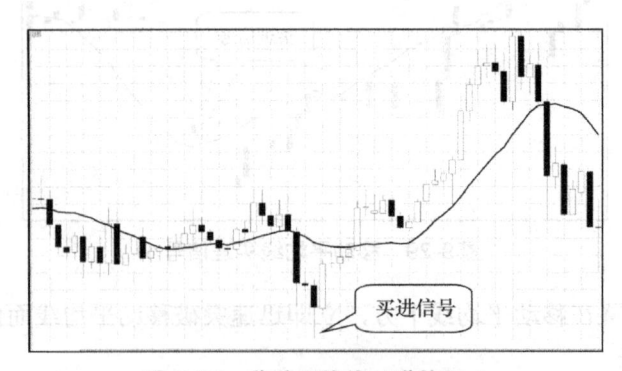

图 9-32　移动平均线买进信号 4

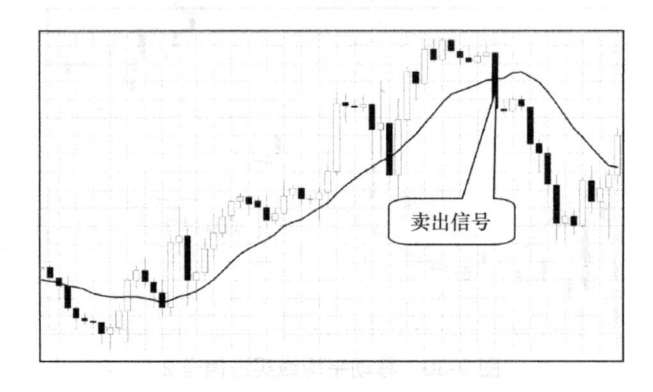

图 9-33　移动平均线卖出信号 1

（2）汇率稍稍升在移动平均线上方，立即迅速突破移动平均线而向下跌时，可谨慎卖出，如图 9-34 所示。

（3）汇率在移动平均线下方上升，但是未突破移动平均线，再度下跌时，可以及时卖出，如图 9-35 所示。

（4）汇率在移动平均线上方，突然暴涨，远离移动平均线时，可短线考虑卖出，如

图 9-36 所示。

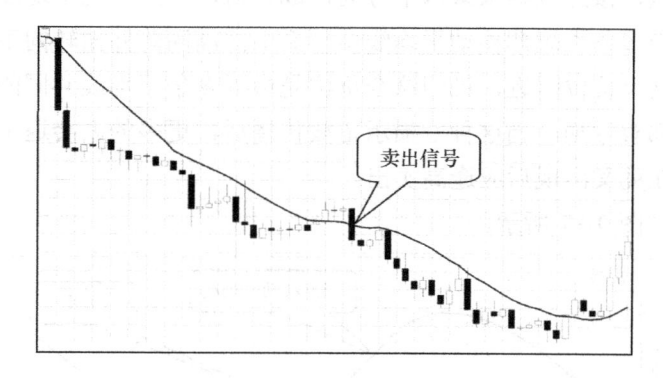

图 9-34 移动平均线卖出信号 2

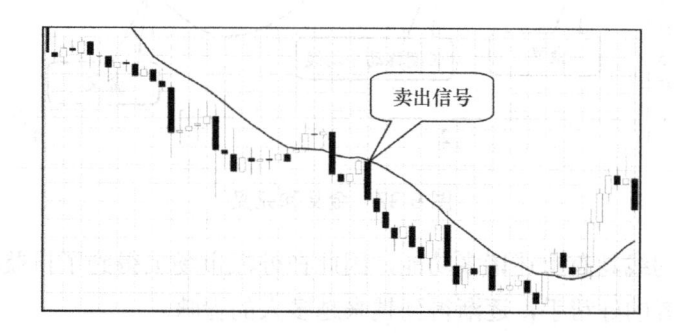

图 9-35 移动平均线卖出信号 3

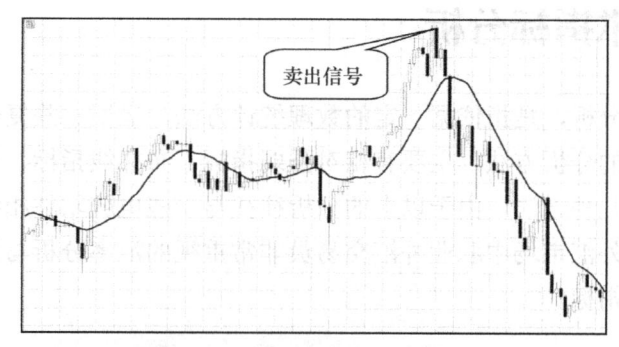

图 9-36 移动平均线卖出信号 4

3. 利用移动平均线交叉法研判买卖信号

（1）金叉。所谓金叉，就是指由多条长短期移动平均线自上而下运行，并逐步扭转向上所形成的结点，该结点朝未来水平方向形成辐射，各条移动平均线发散向上，对未来汇价有支撑。当多条平均线由上而下探底企稳并扭转向上时，如果同时交叉在某个价位或某个价位附近，说明这个价位是最近多条平均线共同的买入成本。因此，在金叉出现后应逢低买入。

（2）死叉。所谓死叉，就是指由多条长短期移动平均线自下而上运行，并逐步扭转向下所形成的结点，该结点朝未来水平方向形成辐射，各条移动平均线发散向下，对未来汇价有压迫。当多条长短期移动平均线由下而上冲高回落并扭转向下时，如果同时交叉在某个价位或某个价位附近，说明这个价位是最近多条平均线共同的买入成本，说明近期内买入的人都有亏损。当这种亏损示范被传播后，更多的人会退出市场，汇价将继续下跌。因此，在死叉出现后应逢高卖出。

金叉和死叉如图9-37所示。

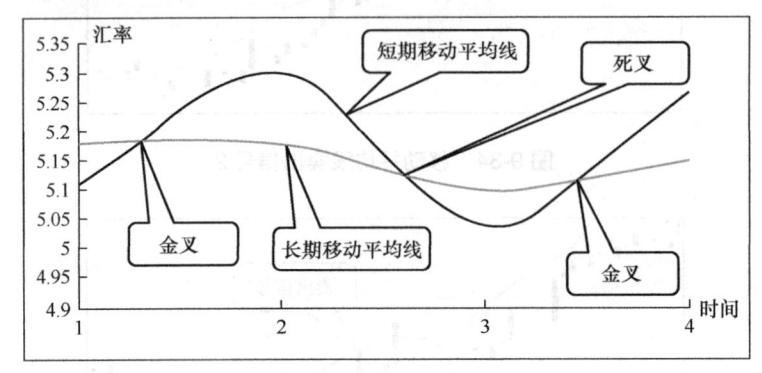

图9-37 金叉和死叉

由于移动平均线具有上述诸多功能，因此在外汇市场上得到了日益广泛的应用，成为许多外汇投资者的好帮手，逐渐得到越来越多人的青睐。

第三节 技术指标分析

所谓技术指标分析，是指依据一定的数理统计方法，运用一些复杂的计算结果，判断汇率走势的量化的分析方法，主要有相对强弱指标、布林线指标、异同移动平均线指标和随机指标等十几种方法。由于以上的分析往往与一些电脑软件相配合，因此技术指标分析已成为国际外汇市场中职业外汇交易员非常重视的汇率分析与预测工具。这里主要介绍几种常用的指标。

一、相对强弱指标分析

相对强弱指标（Relative Strength Index，RSI）是一个较为流行的常用技术指标，由威尔斯·魏尔德（Welles Wilder）所创，是目前外汇市场技术分析中比较常用的中短线指标。相对强弱指标是一个随价格的波动而摆动的变量，它的变化范围为0～100。

RSI=50为强势市场与弱势市场的分界点。通常设RSI>80为超买区，市势回挡的机会增加；RSI<20为超卖区，市势反弹的机会增加。

在强势市场中，短期RSI在80以上，汇价会形成短期的头部，可以认为是一次卖出机会；而当RSI回调下破50分界线时，可以认为是一次买入机会。RSI买点如图9-38所示。

图 9-38 RSI 买点

在弱势市场中，短期 RSI 值于 20 以下，汇价会形成短期的底部，可以认为是一次买入机会，而当 RSI 反弹上穿 50 分界线时，可以认为是一次卖出机会。RSI 卖点如图 9-39 所示。

RSI 有背离原理，当汇价创新高，而 RSI 未创新高时，为卖出信号；当汇价创新低，而 RSI 未创新低时，为买进信号；当 RSI 创新高，而汇价未创新高时，为卖出信号；当 RSI 创新低，而汇价未创新低时，为买入信号。

RSI 的领先意义：如图 9-39 所示，在汇价盘整时期，与之对应的 RSI 却形成逐步下跌的趋势，根据 RSI 的领先含义，可以判断汇价在后市会有一个下跌的过程。

图 9-39 RSI 卖点

二、布林线指标分析

布林线（Bollinger Bands，BOLL）指标是由约翰·布林（John Bollinger）发明的，是研判汇价运动趋势的一种技术分析工具。BOLL 是揭示汇价短线震荡剧烈程度的指标，其侧重点在于通过汇价的震荡分析预测走势。从震荡角度着眼，汇价的基本走势为盘整和突破，汇价的运动就是由一次次盘整和对盘整的突破构成的。在外汇市场分析软件中，BOLL 一共由 3 条线组成：中间线是一条简单的移动平均线，称为中轨线；上轨线是中轨线向上移动数个标准离差；下轨线是中轨线向下移动数个标准离差。

（一）BOLL 的市场含义

BOLL 指标反映了汇价震荡的剧烈程度。BOLL 指标中的上、中、下轨线所形成的汇价通道的移动范围是不确定的，通道的上下限随着汇价的上下波动而变化。正常情况下，汇价应始终在汇价通道内运行。如果汇价脱离汇价通道运行，则意味着行情处于极端的状态下。在 BOLL 指标中，汇价通道的上下轨显示股价安全运行的最高价位和最低价位。下轨线可以对汇价的运行起到支撑作用，而上轨线则会对汇价的运行起到压力作用。一般而言，当汇价在 BOLL 的中轨线上方运行时，表明汇价处于强势趋势；当汇价在 BOLL 的中轨线下方运行时，表明汇价处于弱势趋势。BOLL 指标如图 9-40 所示。

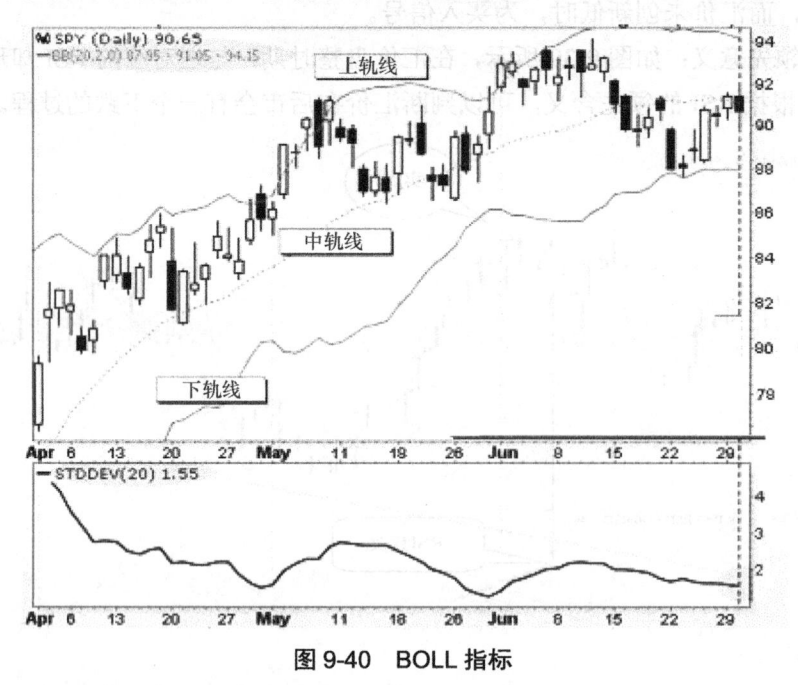

图 9-40　BOLL 指标

（二）BOLL 的买卖时机分析

（1）当汇价线向上突破 BOLL 中轨线时，预示着汇价的强势特征开始出现，汇价将上涨，投资者应以中长线买入。

（2）当汇价线从 BOLL 的中轨线向上突破 BOLL 上轨线时，预示着汇价的强势特征已经确立，汇价将可能短线大涨，投资者应以持汇待涨或短线买入为主。

（3）当汇价线向上突破 BOLL 上轨线以后，其运动方向继续向上时，如果 BOLL 的上、中、下轨线的运动方向也同时向上，则预示着汇市的强势特征依旧，汇价短期内还将上涨，投资者应坚决持汇待涨。

（4）当汇价线向上运动了一段时间后，如果汇价线的运动方向开始掉头向下，投资者应格外小心，一旦汇价线掉头向下并突破 BOLL 上轨线，预示着汇价短期的强势行情可能结束，汇价短期内将调整，投资者应及时短线卖出，离场观望。

（5）当汇价线向下突破 BOLL 的中轨线时，如果 BOLL 的上、中、下轨线也同时向下，预示着汇价前期的强势行情已经结束，汇价的中期下跌趋势已经形成，投资者应及时中线卖出。

（6）当汇价线向下跌破 BOLL 的下轨线并继续向下时，预示着汇价处于极度弱势行情，投资者应坚决以持币观望为主，尽量不买入。

（7）当汇价线在 BOLL 下轨线之下运行了一段时间后，如果汇价线的运动方向有掉头向上的迹象，表明汇价短期内将止跌企稳，投资者可以少量逢低建仓。

（8）当汇价线向上突破 BOLL 下轨线时，预示着汇价的短期行情可能回暖，投资者可以及时适量买进，做短线反弹行情。

虽然 BOLL 指标有许多用处，但是也有很多不足之处，投资者在进行操作时可以将其与其他指标配合使用，取长补短，以达到自己的投资目标。

三、异同移动平均线指标分析

异同移动平均线（Moving Average Convergence/Divergence，MACD）指标又叫指数平滑异同移动平均线，是由杰拉尔德·阿佩尔（Gerald Apple）创立的，是一种研判外汇买卖时机、跟踪汇价运行趋势的技术分析工具。MACD 是从双指数移动平均线发展而来的，由快的指数移动平均线（EMA12）减去慢的指数移动平均线（EMA26）得到快线 DIF，再用 2×（快线 DIF－DIF 的 9 日加权移动均线 DEA）得到 MACD 柱。MACD 的意义和双移动平均线基本相同，即由快、慢均线的离散、聚合表征当前的多空状态和股价可能的发展变化趋势，但阅读起来更方便。MACD 的变化代表着市场趋势的变化，不同 K 线级别的 MACD 代表当前级别周期中的买卖趋势。

（1）当 MACD 指标中的 DIF 线和 DEA 线在远离 0 轴以下区域同时向下运行了很长一段时间后，如果 DIF 线开始进行横向运行并向上突破 DEA 线，这时会形成"黄金交叉"（简称"金叉"）。它表示汇价经过很长一段时间的下跌，并在低位整理后，即经历了一轮比较大的跌势后，汇价将开始反弹向上，是买入信号，如图 9-41 所示。

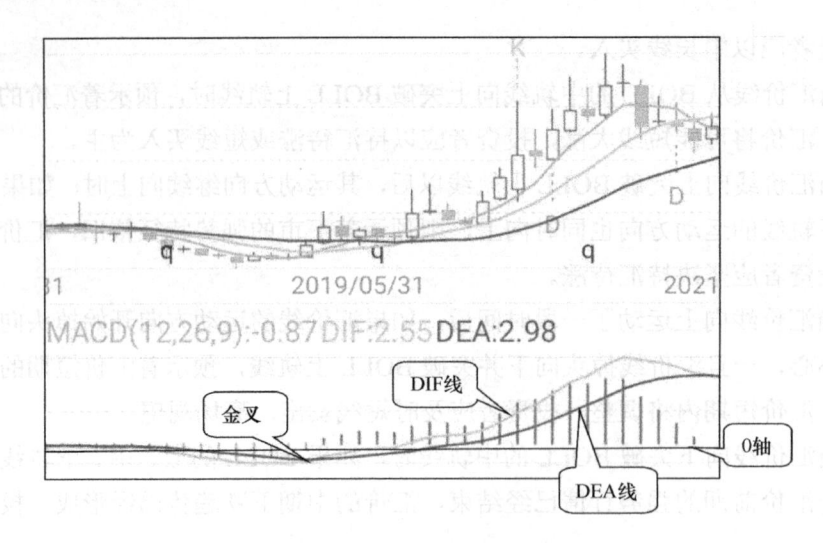

图 9-41　MACD 指标买点

（2）当 DIF 线和 DEA 线都在 0 值线以下区域运行很长一段时间后，这两条线在低位经过"黄金交叉"后，如果其运行方向开始同时向上靠近 0 值线，也是买入信号。它可能预示着汇价的一轮升幅可观的上涨行情将很快开始，这是投资者买入外汇的比较好的时机。

（3）当 MACD 指标中的 DIF 线和 DEA 线在远离 0 值线以上区域同时向上运行了很长一段时间后，如果 DIF 线开始进行横向运行并向下突破 DEA 线，这时会形成"死亡交叉"（简称死叉）。它表示经过很长一段时间的上涨后，汇价将开始回调，是卖出信号，如图 9-42 所示。

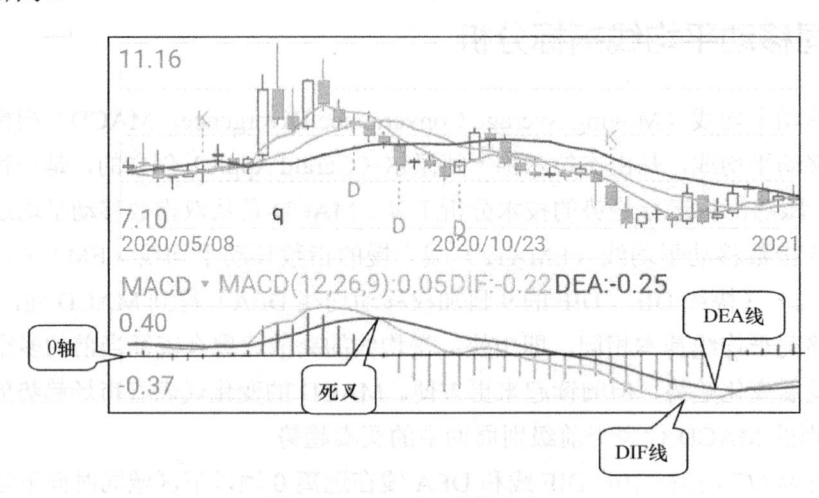

图 9-42　MACD 指标卖点

（4）当 DIF 线和 DEA 线都在 0 值线以上区域运行了很长一段时间后，这两条线在高位经过"死亡交叉"后，如果其运行方向开始同时向下靠近 0 值线，可能预示着汇价的一轮较大的回调行情将很快展开，也是卖出信号。

四、随机指标分析

随机指标（KDJ 指标）是由乔治·蓝恩（George Lane）博士最早提出的，是一种相当新颖、实用的技术分析指标，它起先用于期货市场的分析，后被广泛用于汇市的中短期趋势分析。KDJ 指标以最高价、最低价和收盘价为基本数据进行计算，得出的 K 值、D 值和 J 值分别在指标的坐标上形成一个点，连接无数个这样的点位，就形成一个完整的能反映价格波动趋势的 KDJ 指标。KDJ 指标主要利用价格波动的真实波幅来反映价格走势的强弱和超买超卖现象，在价格尚未上升或下降之前发出买卖信号。KDJ 指标的取值范围是 0～100。

（一）KDJ 指标的市场含义

K 线是快速确认线，数值在 90 以上为超买，数值在 10 以下为超卖；D 线是慢速主干线，数值在 80 以上为超买，数值在 20 以下为超卖；J 线为方向敏感线，当数值大于 100 时，特别是连续 3 天以上大于 100，汇价至少会形成短期头部，反之，数值小于 0 时，特别是连续数天以上小于 0，汇价至少会形成短期底部。

（二）KDJ 指标的买卖时机分析

（1）当 K 值由较小逐渐大于 D 值，K 线从下方上穿 D 线时，显示目前趋势是向上的，所以当 K 线向上突破 D 线时，形成买进信号，如图 9-43 中的圆形图案所示。

（2）当 K 线和 D 线在 20 以下交叉向上时，此时的短期买入信号较为强烈，后市汇价可能会上升。

（3）当 K 值由较大逐渐小于 D 值，K 线从上方下穿 D 线时，显示目前趋势是向下的，所以当 K 线向下突破 D 线时，形成卖出信号，如图 9-43 中的方形图案所示。

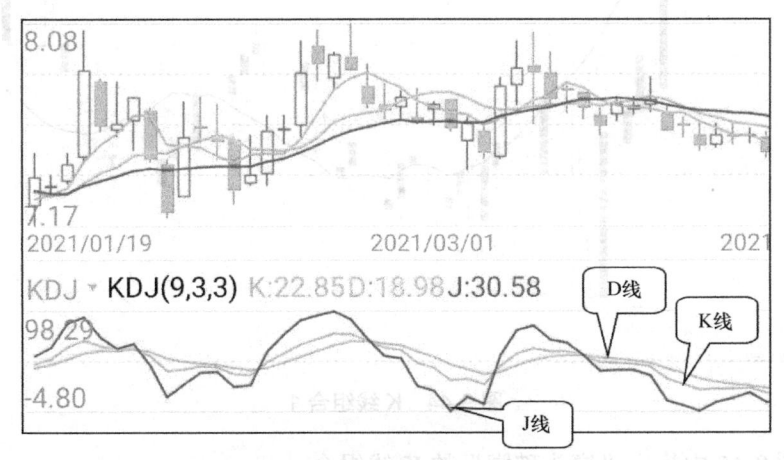

图 9-43　KDJ 指标买点和卖点

（4）当 K 线和 D 线在 80 以上交叉向下时，此时的短期卖出信号较为强烈，后市汇价可能会调整。

本章思考题

一、填空题

1. 开盘价与收盘价之间用粗线表示，称为（　　）；收盘价比开盘价高的 K 线称为（　　）；收盘价比开盘价低的 K 线称为（　　）；当天的汇价超过实体的部分用细线画出，称为（　　）；比实体的低价还低的部分也用细线画出，称为（　　）。

2. 汇价在持续上升过程中出现的一根实体很小，但上影线很长、下影线很短的 K 线叫作（　　），它是一个（　　）信号，后市（　　），投资者看见此 K 线形态应（　　）。

3. 汇率价格运动的基本形态有（　　）、（　　）和（　　）。

二、简答题

1. 利用所学的技术图形和技术指标对当前美元的走势做出判断。

2. 在对汇价走势进行预测时，应如何处理好基本面分析和技术分析的关系？

3. 如何理解"技术分析不是万能的，同样不重视技术分析是万万不能的"这一说法？

三、技能训练

1. 从图 9-44 中找出"早晨之星"与"黄昏之星"的 K 线组合。

图 9-44　K 线组合 1

2. 从图 9-45 中找出"穿头破脚"的 K 线组合。

第九章 技术分析

图 9-45　K 线组合 2

3. 从图 9-46 中找出"身怀六甲"的 K 线组合。

图 9-46　K 线组合 3

4. 从图 9-47 中找出"射击之星"与"锤头"的 K 线组合。

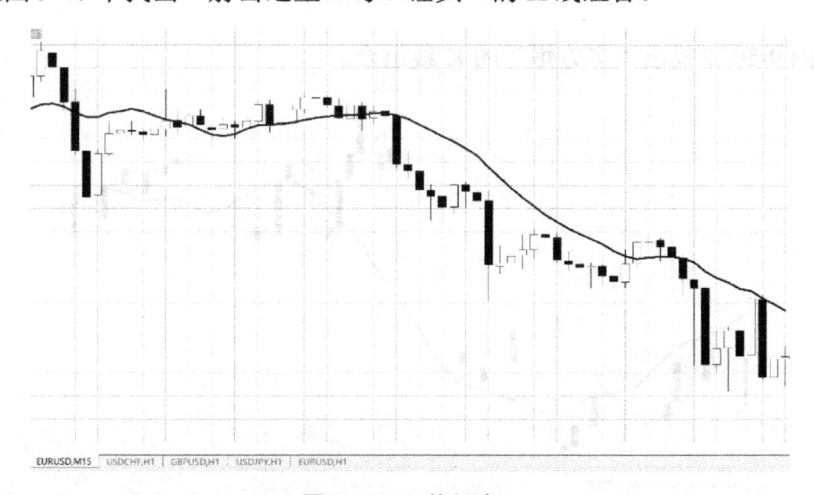

图 9-47　K 线组合 4

5. 从图 9-48 中找出"乌云盖顶"的 K 线组合。

图 9-48　K 线组合 5

6. 从图 9-49 中找出"三个白武士"的 K 线组合。

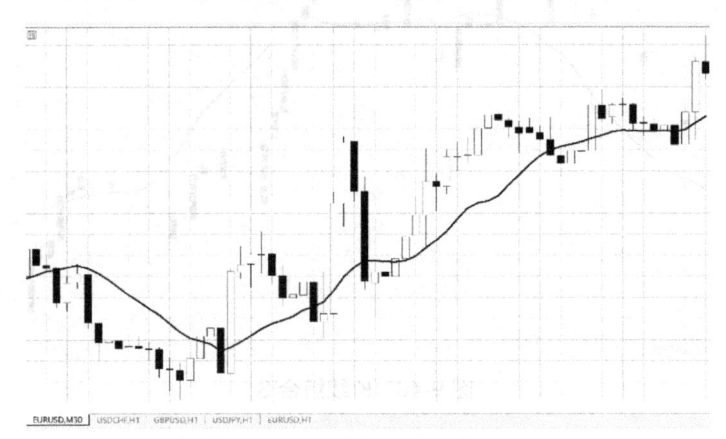

图 9-49　K 线组合 6

7. 从图 9-50 中找出"多方炮"的 K 线组合。

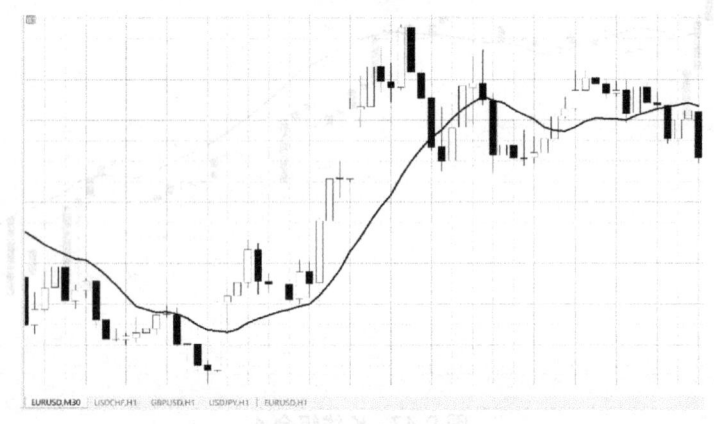

图 9-50　K 线组合 7

8. 从图 9-51 中找出"三只黑乌鸦"和"双针探底"的 K 线组合。

图 9-51　K 线组合 8

四、综合分析

根据所学原理，仔细观察图 9-52～图 9-54，并进行趋势判断，然后分析汇价的后续走势。

图 9-52　汇价走势 1

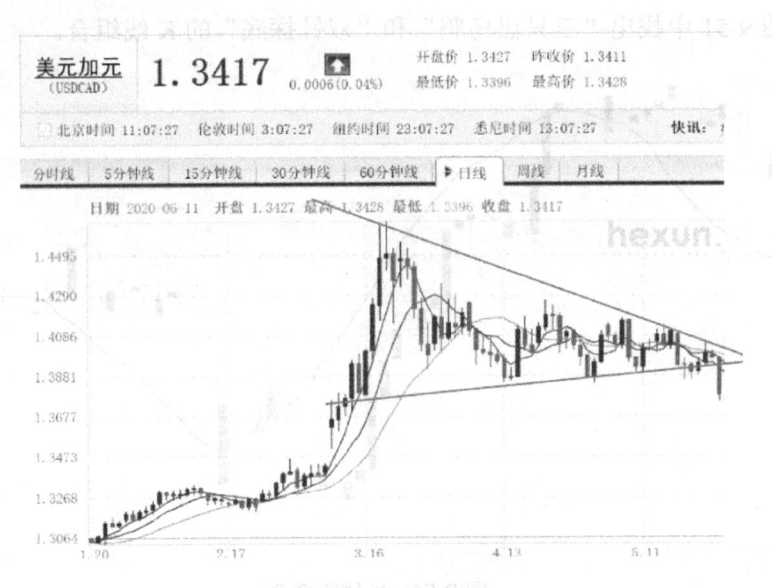

图 9-53　汇价走势 2

图 9-54　汇价走势 3

五、实训题

在 MT4 外汇模拟交易平台中，选择任意图表窗口，完成以下各项实训任务。

【实训任务 1】

画两条趋势线，要求如下。

（1）画一条支撑线，并圈出买点、卖点。

（2）画一条压力线，并圈出买点、卖点。

（3）将完成后的（1）、（2）截图保存。

【实训任务 2】

（1）在任意图表中插入 KDJ 指标，说明其应用原理。

（2）在主图中的相应位置圈出买点和卖点，并截图保存。

【实训任务 3】

（1）在任意图表中插入 RSI 指标，说明其应用原理。

（2）在主图中的相应位置圈出买点和卖点。

【实训任务 4】

（1）在任意图表中插入 MACD 指标，说明其应用原理。

（2）在主图中的相应位置圈出买点和卖点，并截图保存。

【实训任务 5】

（1）在任意图表中插入移动平均线指标，说明其应用原理。

（2）在主图中的相应位置圈出相应的买点和卖点，并截图保存。

【实训任务 6】

（1）在任意图表中插入 BOLL 指标，说明其应用原理。

（2）在主图中的相应位置圈出买点和卖点，并截图保存。

第十章

个人外汇交易模拟

学习目标

知识目标

- 了解中国工商银行个人外汇买卖业务；
- 熟悉中国工商银行个人外汇模拟交易平台；
- 熟悉 MT4 外汇模拟交易平台。

技能目标

- 能够通过中国工商银行个人外汇模拟交易平台进行实盘外汇交易；
- 能够通过 MT4 外汇模拟交易平台进行外汇保证金交易。

学习导航

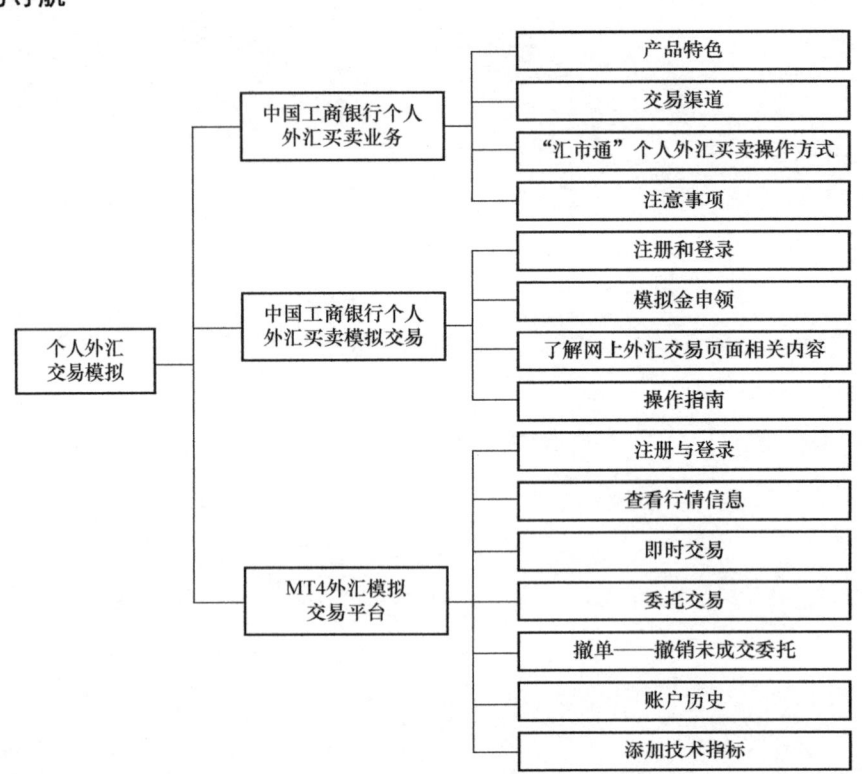

个人外汇交易模拟
- 中国工商银行个人外汇买卖业务
  - 产品特色
  - 交易渠道
  - "汇市通"个人外汇买卖操作方式
  - 注意事项
- 中国工商银行个人外汇买卖模拟交易
  - 注册和登录
  - 模拟金申领
  - 了解网上外汇交易页面相关内容
  - 操作指南
- MT4外汇模拟交易平台
  - 注册与登录
  - 查看行情信息
  - 即时交易
  - 委托交易
  - 撤单——撤销未成交委托
  - 账户历史
  - 添加技术指标

第十章　个人外汇交易模拟

课前导读

目前，我国主要商业银行均可以进行个人实盘外汇买卖，即个人客户在银行进行的可自由兑换外汇（或外币）间的交易。客户根据银行提供的外汇实时汇率，将持有的一种外币兑换成另一种外币。个人外汇买卖的开办，既丰富了银行的中间业务品种，吸引和稳定了储户的外汇存款，又为储户提供了保值增值的投资手段，使银行、储户都得益。随着中国金融市场的进一步开放、个人外汇收入的增加，以及银行客户投资意识的增强，商业银行正在不断开拓市场、发展业务新品种，以提高自己的竞争力。截至目前，中国工商银行、中国农业银行、中国银行、中国建设银行、交通银行、招商银行、光大银行等多家银行开展了个人外汇交易业务。境内投资者持外汇到上述任何一家银行均可办理开户、存入资金，可以通过互联网、电话或柜台进行实盘外汇交易。

相比之下，外汇保证金交易在我国经历较为曲折，中国银行、交通银行和民生银行三家银行曾经进行过虚盘（保证金）外汇买卖，2008年6月12日，银监会发布《中国银监会办公厅关于银行业金融机构开办外汇保证金交易有关问题的通知》，叫停银行业金融机构开办外汇保证金交易，至此，已经开办此业务的三家银行全部停止开立新户。

外汇交易是金融市场中的重要组成部分，也是个人投资者和机构投资者的重要投资工具。随着金融全球一体化进程的推广，以及中国外汇市场的逐步成熟，外汇保证金业务终将正式踏入中国的金融市场。本章将以实操模拟的形式，通过中国工商银行个人外汇买卖模拟操作系统及国际上流行的MT4外汇交易平台，对外汇实盘交易和保证金交易的操作流程进行具体介绍。

第一节　中国工商银行个人外汇买卖业务

"汇市通"是中国工商银行（以下简称"工行"）面向个人客户推出的外汇买卖业务，是指客户在规定的交易时间内，通过工行个人外汇买卖交易系统（包括柜台、电话银行、网上银行、手机银行、自助终端等），进行不同币种之间的即期外汇交易。

通过工行"汇市通"交易，可以实现以下基本目的。

（1）外汇币种转换：将手中持有的外币直接兑换成另一种所需的外币。

（2）赚取汇率收益：根据外汇市场上的每日汇率变动进行买卖操作，从而赚取汇差收益。

（3）资产保值增值：将一种利率较低的外汇兑换成另一种利率较高的外汇，从而获得利差收益。

一、产品特色

1. 交易方式多样

客户既可进行即时交易,也可进行获利、止损及双向委托交易,事先锁定收益或损失,适合不同客户的不同投资策略。

2. 委托时限宽泛

最长时限 120 小时,且有 24 小时、48 小时、72 小时、96 小时和 120 小时 5 种时间范围可供选择,便于客户短期脱离市场、长期关注市场。

3. 优惠幅度分档

实行多档分级优惠,交易金额只要满足相应档次起点,即可享有对应档次的优惠报价,为单笔大额交易客户提供更大的获利空间(具体优惠方式以当地工行公布的为准)。

4. 交易时间和币种

工行"汇市通"业务可提供从周一早上 7 点至周六凌晨 4 点每日 24 小时外汇交易服务,报价与国际外汇市场即时汇率同步。交易币种包括美元、日元、港币、英镑、欧元、加拿大元、瑞士法郎、澳大利亚元、新加坡元 9 个币种,共 36 个货币对。因各分行情况差异,工行"汇市通"交易的具体时间、币种及交易方式以当地工行公布的为准。

5. 交易起点金额低

通常只需 100 美元便可在工行进行"汇市通"个人外汇买卖交易。

6. T+0 交易

每日交易次数不限,投资更为灵活。

二、交易渠道

1. 营业网点

客户可凭外币存款凭证或现钞,通过银行柜面办理"汇市通"个人外汇买卖即时交易或委托交易。

2. 电话银行

客户申请开通电话银行交易后,可凭在工行开立的账户及密码,直接拨通 95588,按照语音提示进行"汇市通"个人外汇买卖即时或委托交易。

3. 网上银行

客户申请开通网上银行交易后,可凭账户和密码,登录工行网站 www.icbc.com.cn 或当地工行的网站,进行"汇市通"个人外汇买卖即时或委托交易。

4. 自助终端

客户可使用活期一本通存折，通过工行提供的自助终端机进行交易及有关查询。

三、"汇市通"个人外汇买卖操作方式

1. 营业网点

客户只需持本人有效身份证件（身份证、军官证、士兵证）到工行营业柜台开立活期一本通或工银灵通卡、理财金账户，即可在工行指定网点办理"汇市通"业务。客户办理一次性外汇买卖交易，不必开户，只需持外币现钞（或外币存单、存折、信用卡等）到工行直接办理。

2. 网上银行

"汇市通"个人外汇买卖网上银行操作流程如图 10-1 所示。

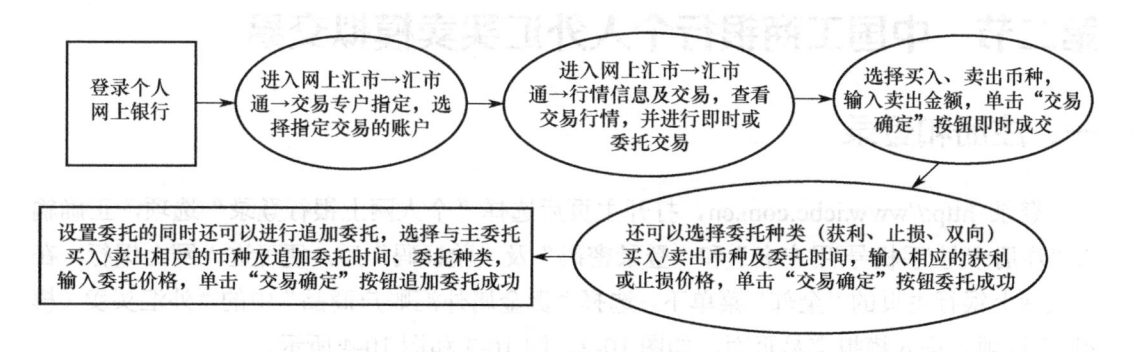

```
登录个人      进入网上汇市→汇市       进入网上汇市→汇市        选择买入、卖出币种，
网上银行  →  通→交易专户指定，选  →  通→行情信息及交易，查看  →  输入卖出金额，单击"交易
              择指定交易的账户         交易行情，并进行即时或      确定"按钮即时成交
                                      委托交易
                                                                       ↓
  设置委托的同时还可以进行追加委托，选择与主委托        还可以选择委托种类（获利、止损、双向）
  买入/卖出相反的币种及追加委托时间、委托种类，  ←   买入/卖出币种及委托时间，输入相应的获利
  输入委托价格，单击"交易确定"按钮追加委托成功        或止损价格，单击"交易确定"按钮委托成功
```

图 10-1 "汇市通"个人外汇买卖网上银行操作流程

3. 其他方式

客户还可以通过工行手机银行、电话银行等电子银行渠道办理"汇市通"业务。

四、注意事项

（1）客户首先要指定外汇交易专户，才能在网上银行中进行外汇买卖交易，可指定为外汇买卖交易的账户必须是多币种的活期账户，包括理财金账户卡、工银灵通卡的多币种基本账户，以及卡内下挂的多币种活期账户。信用卡、贷记卡、国际卡等账户，不能指定为交易专户。

（2）行情信息为客户提供当地工行的各个交易档次的优惠价格。客户在选择好显示牌价的方式（如基本盘、交叉盘、所有盘、自定义盘）后，可以通过下拉菜单选择优惠档次，从而直接在买入价、卖出价的位置显示该优惠档次对应的价格。每个优惠档次所对应的具体交易金额区间，将在客户选中具体优惠档次后在页面展示。

（3）由于追加委托是在原委托基础上、以原委托成交为前提条件的委托功能，因此当客户提交追加委托时，委托卖出货币必须与原委托买入货币一致，卖出金额必须小于等于原委托买入的金额。目前，对于追加委托暂不支持针对双向委托提交追加委托。

（4）可以直接撤销追加委托，也可以先撤销追加委托，再撤销主委托，但不可以直接撤销主委托。

（5）交易者需在确认提交所需交易信息后 10 秒内完成提交的交易，而且输入的交易金额必须不小于起始交易金额。

（6）若使用电话银行进行外汇交易操作，客户输入金额时请注意小数点后只能输入两位小数，港币精确到一位，日元没有小数位。

（7）使用电话银行进行外汇交易时交易金额最低为 50 美元或等值外币。

第二节　中国工商银行个人外汇买卖模拟交易

一、注册和登录

登录 http://www.icbc.com.cn，打开主页后选择"个人网上银行登录"选项，正确输入"注册卡号/手机号/用户名"和"登录密码"及"验证码"后，便可进入网上银行，在个人网上银行主页的"全部"菜单下，选择"贵金属外汇账户商品"中的"外汇买卖（模拟）"选项，进入模拟交易页面，如图 10-2、图 10-3 和图 10-4 所示。

图 10-2　网银登录页面

第十章　个人外汇交易模拟

图 10-3　外汇交易（模拟）菜单

图 10-4　模拟交易页面

二、模拟资金申领

首次交易前要进行模拟资金的申领，进入模拟交易页面后，直接弹出"资金申领"对话框（见图 10-5），单击"确定"按钮后申领模拟资金。如图 10-6 所示，在"外汇买卖（模拟）"模块中可申请模拟美元，最大限度可申请 100 000 模拟美元。

183

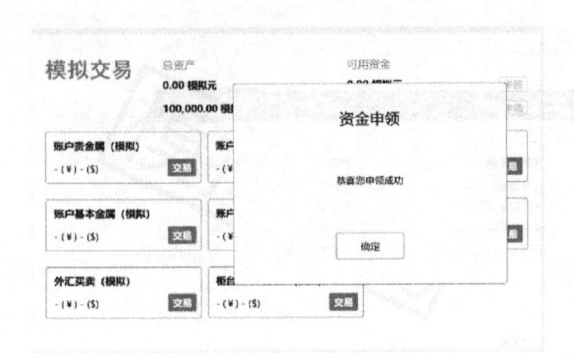

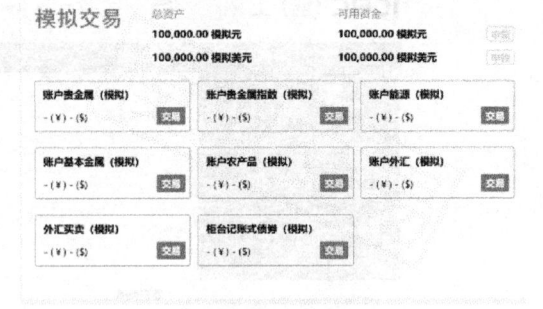

图 10-5 "资金申领"对话框　　　　图 10-6 "外汇买卖（模拟）"模块

三、了解网上外汇交易页面相关内容

（1）首次交易前了解交易协议、交易规则和产品介绍（见图 10-7）。

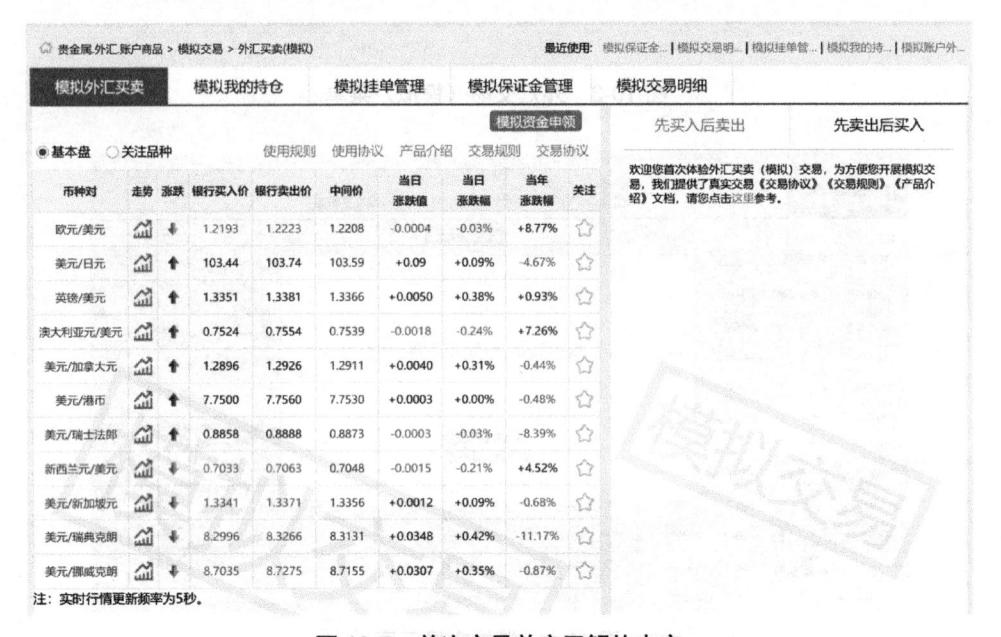

图 10-7 首次交易前应了解的内容

（2）行情区，包括报价栏和图表窗口（见图 10-8 和图 10-9）。

（3）交易区，包括即时交易、获利委托、止损委托和双向委托（见图 10-8）。

（4）今日要闻区（见图 10-9）。

（5）交易涉及 5 项内容，即模拟外汇买卖、模拟我的持仓、模拟挂单管理、模拟保证金管理、模拟交易明细（见图 10-7、图 10-8）。

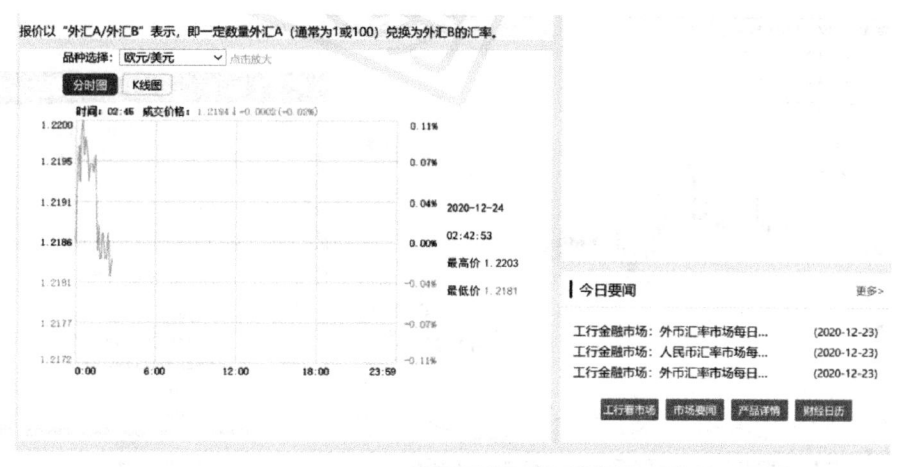

图 10-8　图表窗口与今日要闻

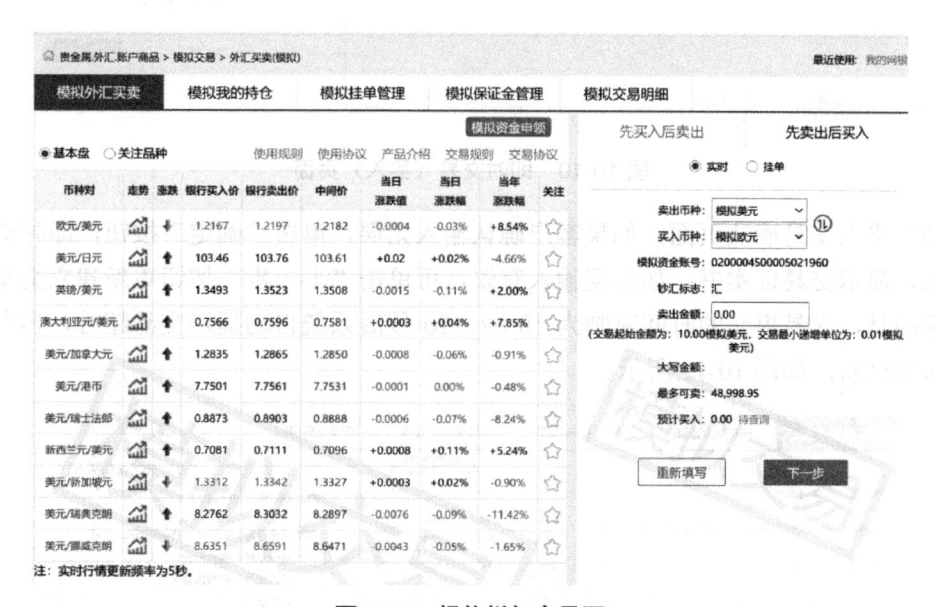

图 10-9　报价栏与交易区

四、操作指南

（一）即时交易

1. 先买入后卖出

（1）选择"即时交易"单选按钮，选择先买入后卖出，选择币种，输入卖出金额，单击"下一步"按钮，进入即时交易页面，如图 10-10 所示。

图 10-10　即时交易（买入）页面

（2）进入交易确认页面，如果客户确认输入无误，单击"确定"按钮，即时交易成功买入，显示交易证实书；如发现输入有误，可单击"上一步"按钮重新建立交易。需要注意的是，交易提交的时间限制为 10 秒，10 秒后系统自动提示交易超时，客户需要重新建立交易，如图 10-11 所示。

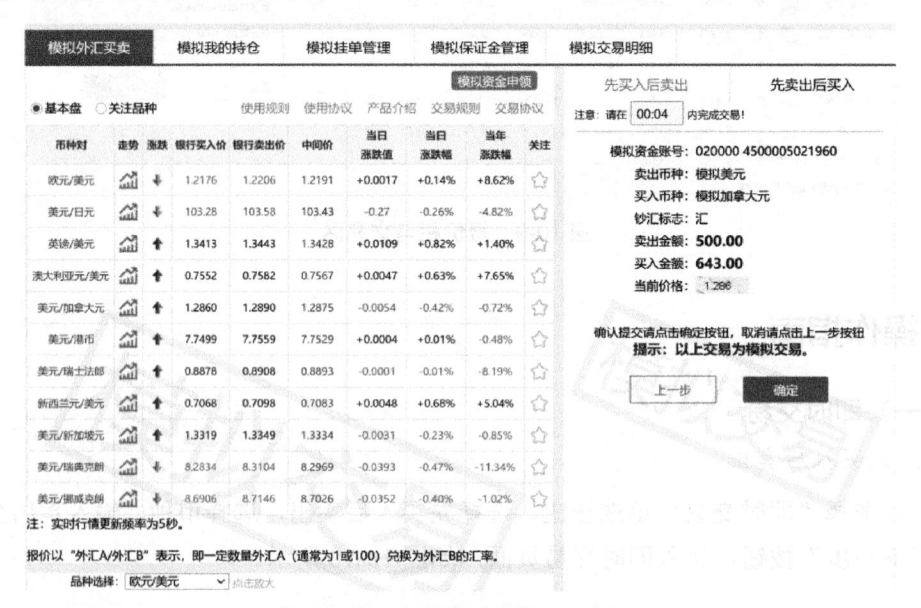

图 10-11　确认即时交易（买入）

第十章 个人外汇交易模拟

（3）交易成功后系统生成交易成功证实书，如图 10-12 所示。

图 10-12 即时交易（买入）成功证实

2. 先卖出后买入

（1）卖出开仓。

第一步，选择"即时交易"，选择先卖出后买入，选择币种，交易类型选择"卖出开仓"，输入交易金额，单击"下一步"按钮，进入交易确认页面，如图 10-13 所示。

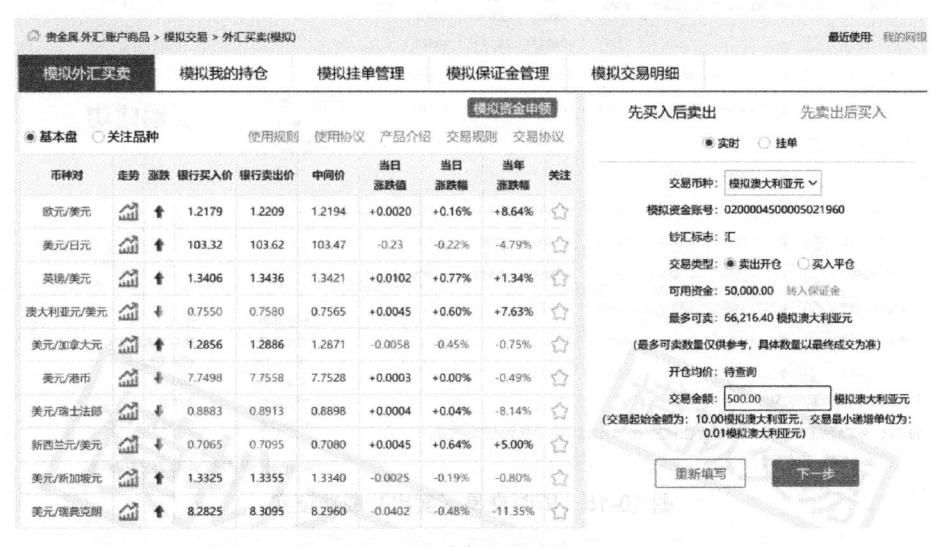

图 10-13 即时交易（卖出）页面

第二步，进入交易确认页面，如果客户确认输入无误，单击"确定"按钮，即时交易成功卖出，显示交易证实书；如发现输入有误，可单击"上一步"按钮重新建立交易。

187

需要注意的是，交易提交的时间限制为 10 秒，10 秒后系统自动提示交易超时，客户需要重新建立交易，如图 10-14 所示。

图 10-14 确认即时交易（卖出）

第三步，交易成功后系统生成交易成功证实书，如图 10-15 所示。

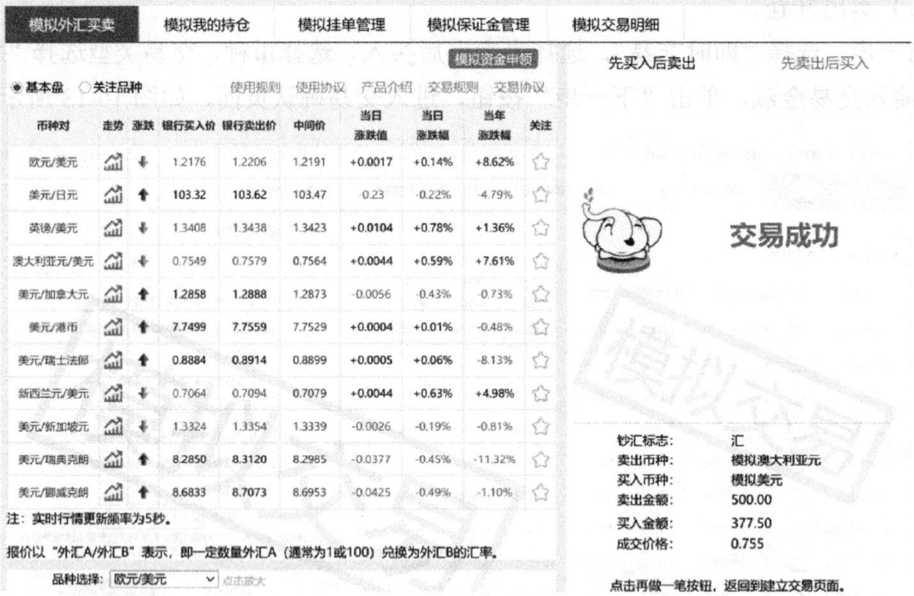

图 10-15 即时交易（卖出）成功证实

（2）买入平仓。

第一步，在"即时交易"页面选择先卖出后买入，选择币种，交易类型选择"买入平仓"，输入交易金额后，单击"下一步"按钮，进入交易确认页面，如图 10-16 所示。

第十章　个人外汇交易模拟

图 10-16　即时交易（平仓）页面

第二步，进入交易确认页面，如果客户确认输入无误，单击"确定"按钮，即时交易平仓成功，显示交易证实书；如发现输入有误，可单击"上一步"按钮重新建立交易。需要注意的是，交易提交的时间限制为 10 秒，10 秒后系统自动提示交易超时，客户需要重新建立交易，如图 10-17 所示。

图 10-17　确认即时交易（平仓）

第三步，交易成功后系统生成交易成功证实书，如图 10-18 所示。

189

图 10-18 即时交易（平仓）成功证实

（二）委托交易

1. 获利委托

（1）建立获利委托。选择"获利"委托功能项，选择卖出和买入币种，输入卖出金额，选择挂单有效期，输入获利挂单价格，单击"下一步"按钮进入获利委托交易确认页面，如图 10-19 所示。

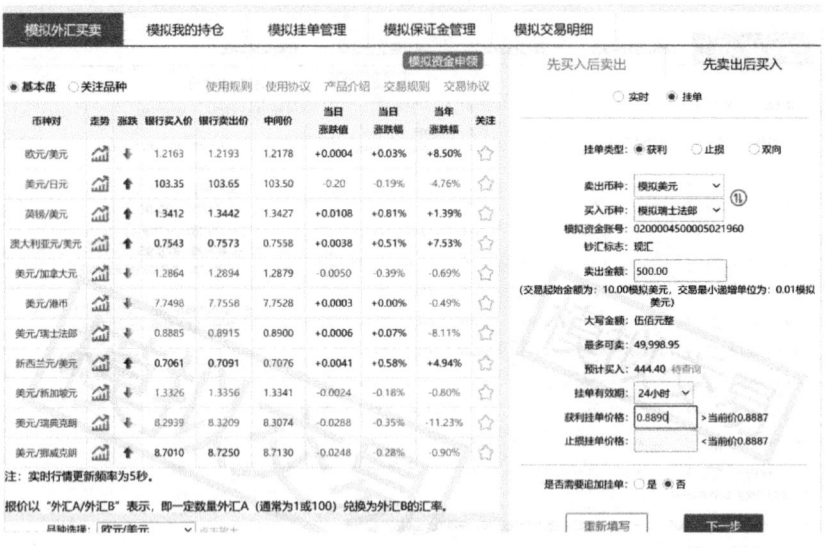

图 10-19 获利委托交易页面

提示：工行委托时间有 24 小时、48 小时、72 小时、96 小时、120 小时、当周有效、30 天共 7 个期限，客户可以根据自身情况选择使用。

第十章　个人外汇交易模拟

(2) 委托交易确认。进入委托交易确认页面，系统提示"请尽快完成此交易"，单击"确定"按钮，生成委托交易证实书；单击"上一步"按钮重新委托，如图 10-20 所示。

图 10-20　确认获利委托交易

在客户设置的委托期限内，客户的委托资金处于冻结状态，若工行的外汇即时汇率等于或优于客户设置的获利委托汇率，则客户的获利委托交易按即时汇率成交。如果委托到期，尚未成交的委托自动失效。如果客户委托期限包含工行的非交易时间，则在非交易时间内，客户的资金也仍然处于冻结状态。

(3) 获利委托交易成功后，系统生成获利委托交易证实书，卖出货币资金处于冻结状态，如图 10-21 所示。

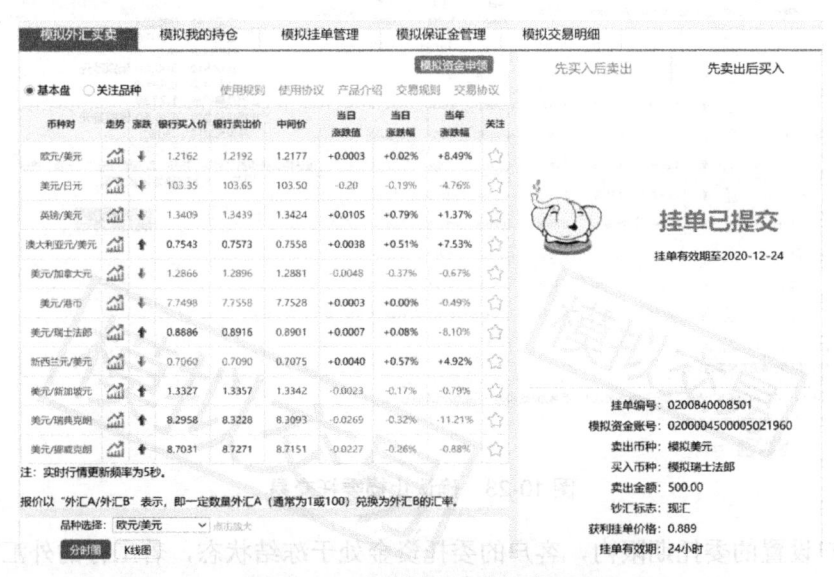

图 10-21　获利委托交易证实页面

2. 止损委托

（1）建立止损委托。选择"止损"委托功能项，选择卖出和买入币种，选择交易类型和挂单有效期，输入止损挂单价格和挂单金额，单击"下一步"按钮进入止损委托交易页面，如图10-22所示。

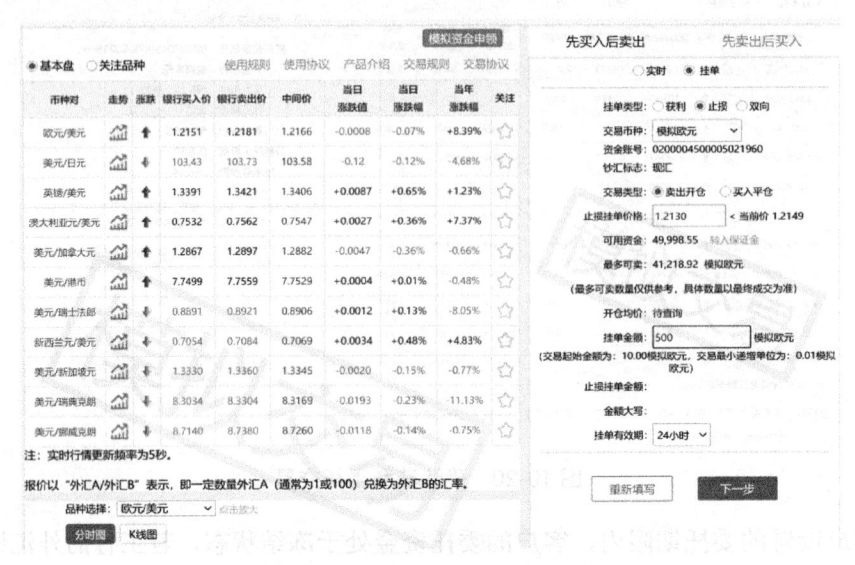

图10-22 止损委托交易页面

（2）委托确认。进入止损委托交易确认页面，系统提示"请尽快完成此交易"。单击"确定"按钮，生成委托交易证实书；单击"上一步"按钮重新委托，如图10-23所示。

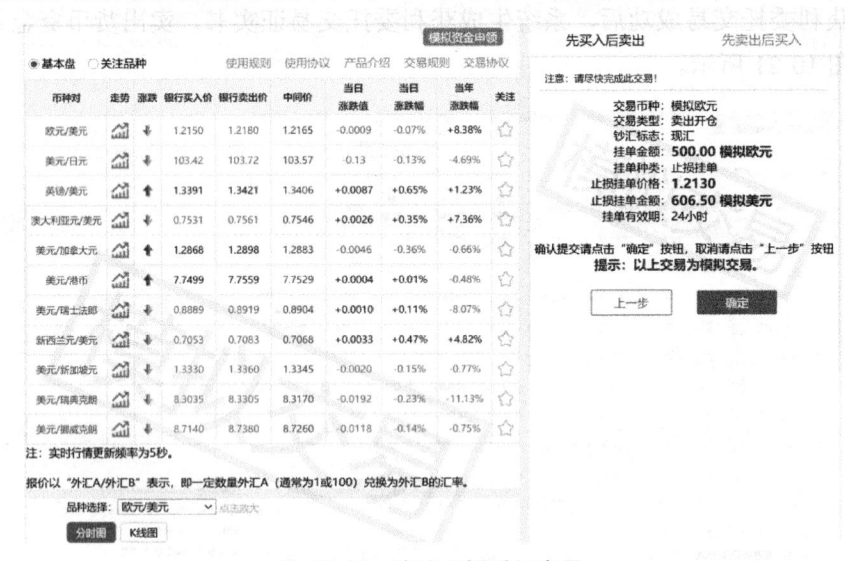

图10-23 确认止损委托交易

在客户设置的委托期限内，客户的委托资金处于冻结状态，若工行的外汇即时汇率等于或劣于客户设置的止损委托汇率，则客户的止损委托交易按即时汇率成交。如果委

第十章 个人外汇交易模拟

托到期，尚未成交的委托自动失效。

（3）委托证实。委托交易成功后，系统生成止损委托交易证实书，相应的卖出货币资金处于冻结状态，如图10-24所示。

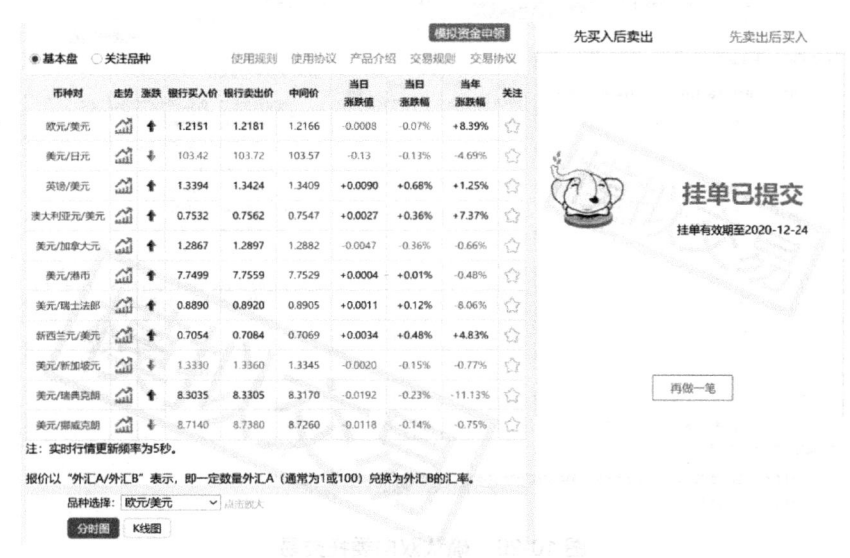

图10-24 止损委托交易证实

3. 双向委托

（1）建立双向委托。选择"双向委托"功能项，选择卖出和买入币种，选择委托有效期，输入卖出金额及获利、止损委托汇率，单击"下一步"按钮进入双向委托交易页面，如图10-25所示。

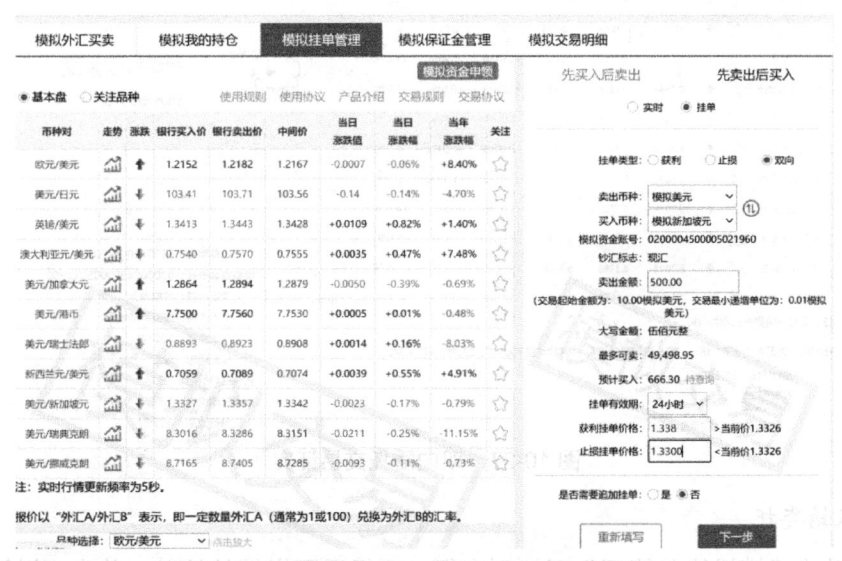

图10-25 双向委托交易页面

（2）委托确认。进入委托交易确认页面，系统提示"请尽快完成此交易"，单击"确定"按钮，生成委托交易证实书；单击"上一步"按钮重新委托，如图10-26所示。

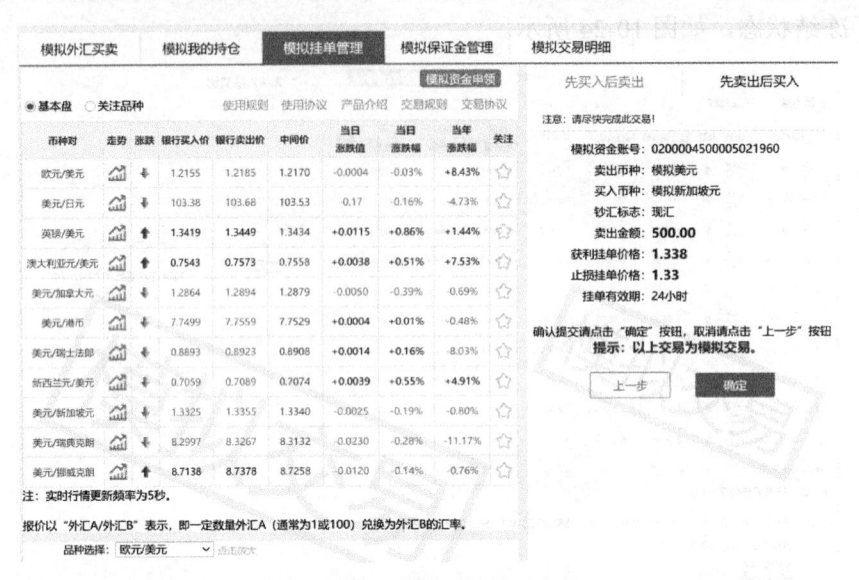

图10-26　确认双向委托交易

（3）委托证实。委托交易成功后，系统生成双向委托交易证实书，相应的卖出货币资金处于冻结状态，如图10-27所示。

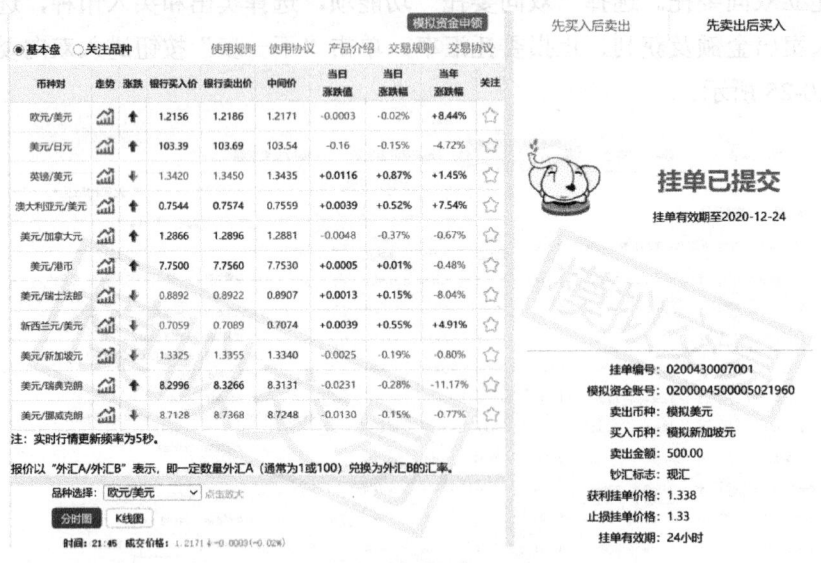

图10-27　双向委托交易证实

4．撤销委托

（1）单击"模拟挂单管理"下拉列表框，选择需要撤销的挂单，单击"撤销"按钮，进入撤销委托交易页面，如图10-28所示。

第十章　个人外汇交易模拟

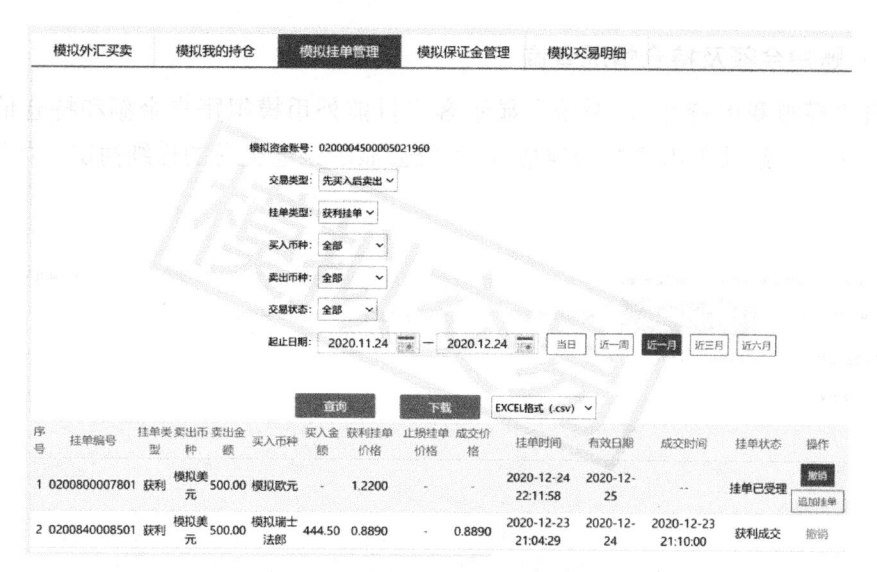

图 10-28　撤销委托交易页面

（2）撤销委托确认。进入撤销委托交易确认页面，单击"提交"按钮，将成功撤销该挂单；单击"取消"按钮，将取消该挂单的撤销，如图 10-29 所示。

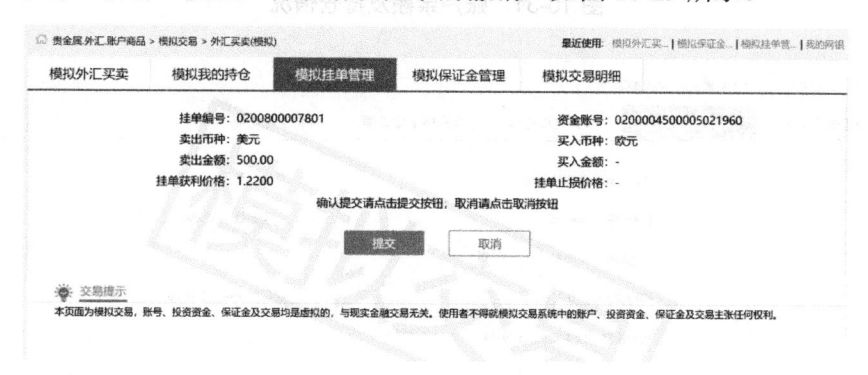

图 10-29　撤销委托交易确认

（3）撤销委托证实。撤销委托提交后，系统显示"交易成功"，如图 10-30 所示，表明该挂单撤销委托交易完成，原冻结资金予以解冻。

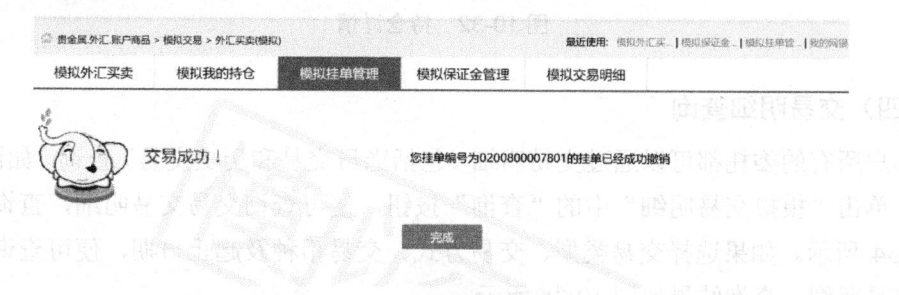

图 10-30　撤销委托交易证实

（三）账户余额及持仓情况查询

单击"模拟我的持仓"，系统会显示客户目前外币模拟账户余额和持仓情况，如图 10-31 所示。继续单击"持仓详情"，系统会显示该笔交易的详细情况，如图 10-32 所示。

图 10-31　账户余额及持仓情况

图 10-32　持仓详情

（四）交易明细查询

客户所有的委托都可以通过交易明细（包括当日交易和历史交易）查询。如图 10-33 所示，单击"模拟交易明细"中的"查询"按钮，便可查询交易交易明细，查询结果如图 10-34 所示。如果选择交易类型、交易方式、交易币种及起止日期，便可查询相应的部分交易明细，查询结果如图 10-35 所示。

第十章　个人外汇交易模拟

图 10-33　交易明细查询

图 10-34　全部交易明细查询结果

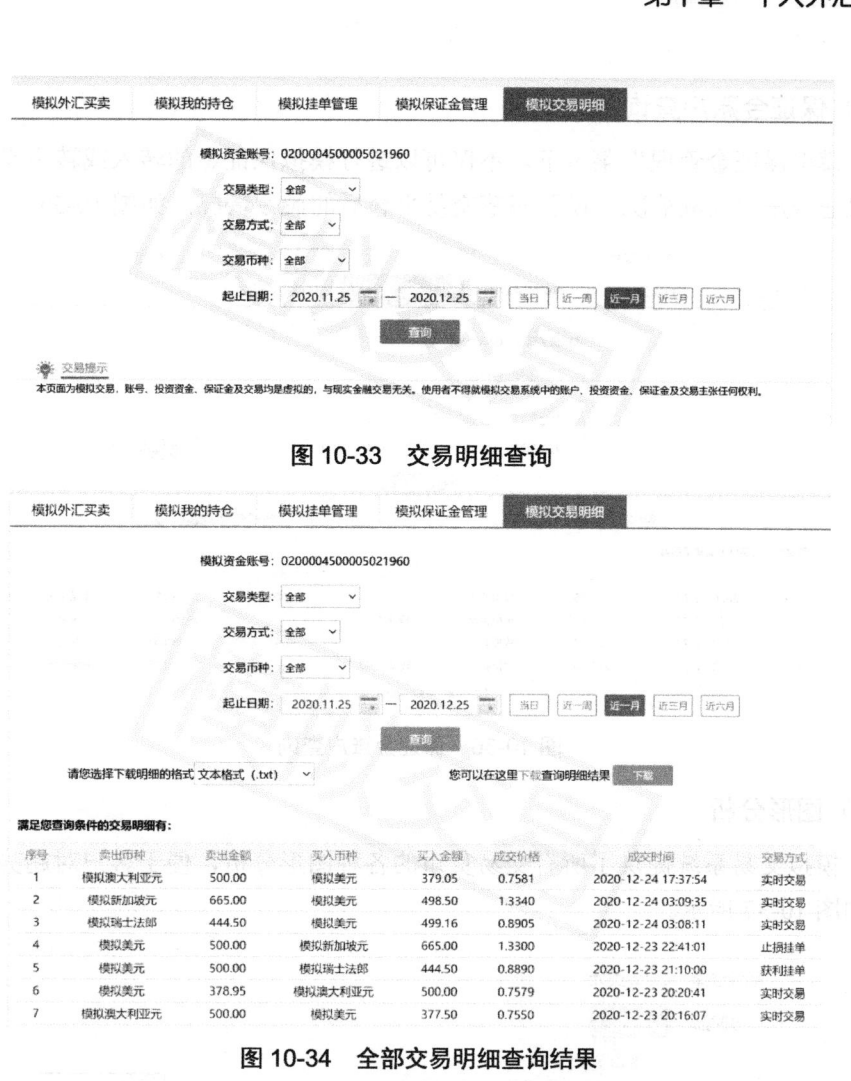

图 10-35　部分交易明细查询结果

197

（五）保证金账户查询

在"模拟保证金管理"菜单下，不仅可以进行模拟保证金的转入或转出操作，还可以查询保证金账户余额情况，以及每笔交易平仓后的盈亏情况，如图10-36所示。

图10-36　保证金账户查询

（六）图形分析

网上模拟交易系统提供了所有交易货币的各种图形分析，便于客户对趋势的研究和判断，如图10-37所示。

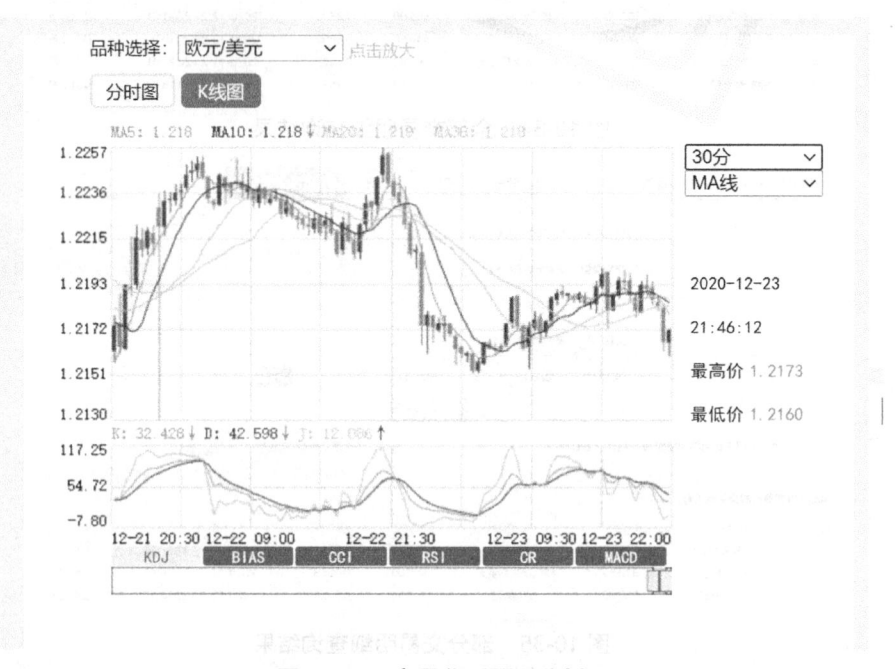

图10-37　交易货币图形分析

第三节　MT4 外汇模拟交易平台

MetaTrader4（MT4）交易平台是由俄罗斯专业金融软件公司 MetaQuotes（迈达克）研发的多语金融交易平台，具有强大的图表分析功能及灵活性和良好的扩展性，这使它渐渐成为国内外汇投资者十分青睐的看盘及模拟交易工具，MT4 最强大的功能在于其可以自行编制符合个人交易理念的图表分析指标。

目前，全球已有数百家经纪公司和银行采用了 MT4 交易平台向客户提供在线金融交易服务，国内民生银行也选用了 MT4 作为外汇交易平台。该平台提供免费试用，有中文页面。

一、注册与登录

初次使用 MT4 的投资者，MT4 软件会自动弹出上面的对话框（见图 10-38），个人资料前 4 行无须多做介绍，账户类型一般选择 forex-usd 即开户货币为美元。

图 10-38　MT4 注册与登录页面

MT4 官方软件所支持的最大交易倍数为 1∶100，但如果投资者选择其他外汇保证金公司提供的 MT4 交易平台，会有 1∶400 或 1∶500 的选项出现。

存款额建议投资者选用 5 000～10 000 的数额，即虚拟初始资金为 5 000～10 000 美元。

MT4 官方软件支持"迷你手"。一标准手为 10 万基准货币，如果保证金为 1∶100 的话，则投资者需要 1 000 基准货币作为保证金，而迷你手则可以做 0.1 标准手或 0.01 标准手，也就是说，做 0.1 标准手需要 100 基准货币保证金，做 0.01 标准手只需要 10 基准货币保证金。

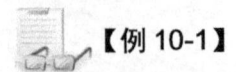

【例10-1】

投资者A有5 000美元，他想做保证金交易，建立USD/JPY空头头寸，如果做标准手，杠杆比率1∶100的情况下，就算只做1标准手，他也需要至少1 000美元作为保证金，即仓位20%，对于外汇保证金交易来讲，20%的仓位不可能做长线，风险极大。但有了"迷你手"交易，投资者A可以做0.01标准手，那么他的仓位就是0.2%他只需要10美元作为保证金，这样做的话，资金总体的安全性会比做1标准手时高很多。

交易服务器选择UWC-Demo.com，单击"下一步"按钮，如图10-39所示。

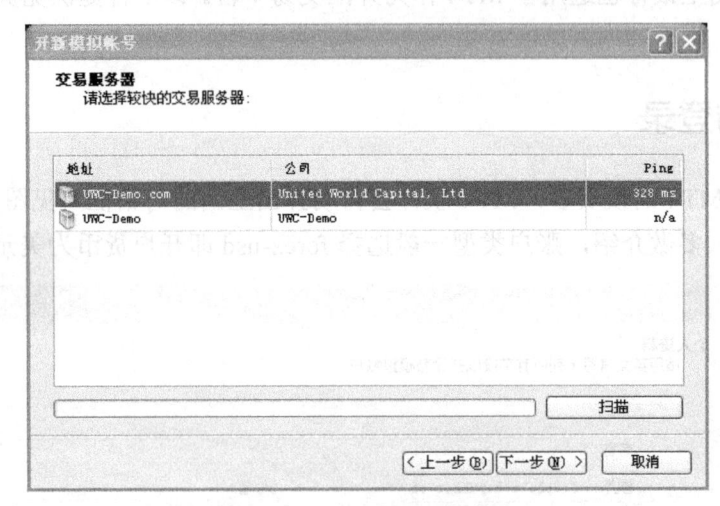

图10-39 选择交易服务器

最后，请牢记账号、主密码和投资人密码，主密码为操作者自己使用；投资人密码只供其他人观看使用，无法进行操作，如图10-40所示。

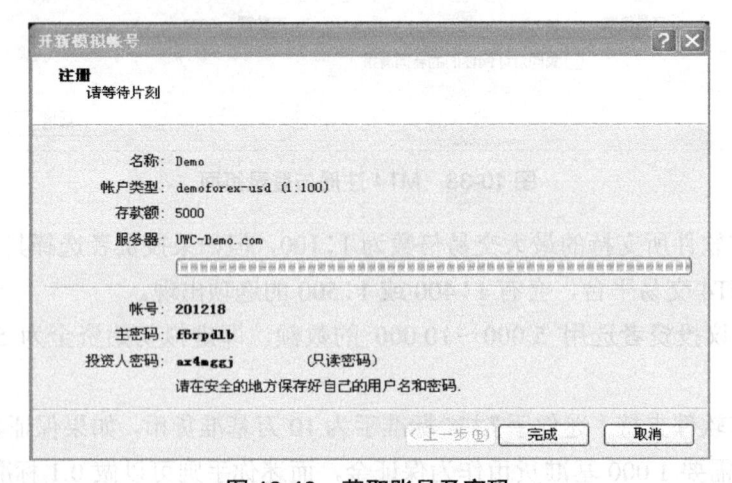

图10-40 获取账号及密码

第十章　个人外汇交易模拟

二、查看行情信息

注册完成后，MT4 系统可能弹出自动更新窗口，单击 Start 按钮即可，如图 10-41 所示。

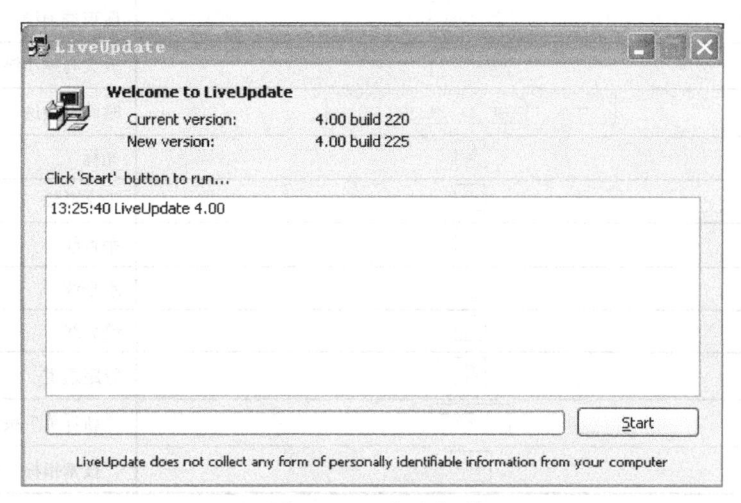

图 10-41　注册完成

第一次安装使用 MT4 平台，系统默认显示 4 个货币对的走势图，在"商品"列表右键单击想查看的货币对，在打开的菜单中选择"图表窗口"选项，如图 10-42 所示。选择货币对后，在页面上方单击"窗口"菜单栏下的"平铺"选项。主页面会出现 5 个货币对走势图，选择想查看的货币对窗口，单击使其最大化。

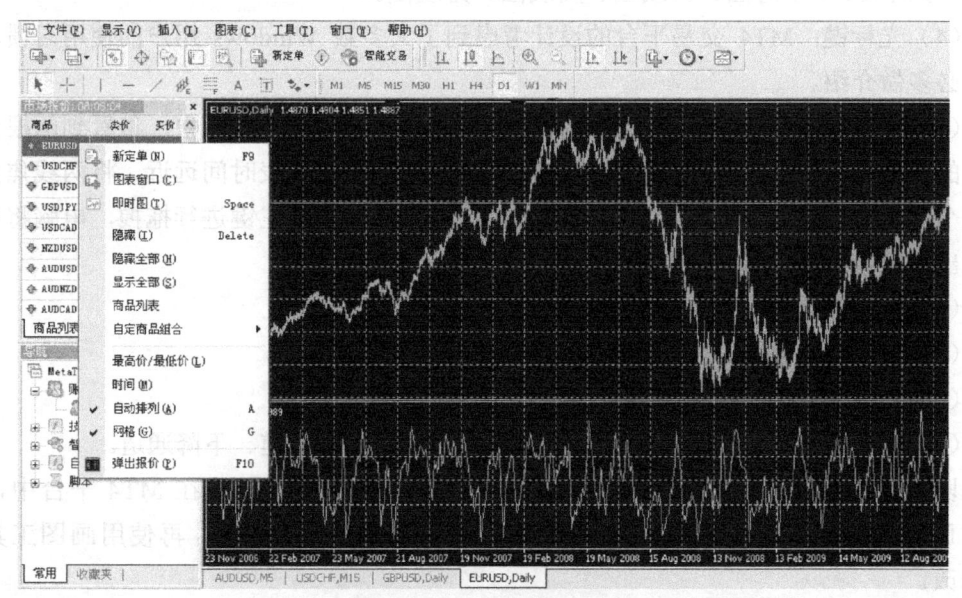

图 10-42　进入交易页面

完成以上步骤后，单击图表菜单栏，会出现与当前走势图相关的选项。

1. 常用快捷键图标介绍（见表10-1）

表10-1 常用快捷键图标介绍

序号	快捷键图标	快捷键名称
1		图形选项键
2		放大与缩小键
3	M1 M5 M15 M30 H1 H4 D1 W1 MN	时间时段选项快捷键
4		光标
5		十字准线
6		垂直线
7		水平线
8		趋势线
9		等距通道
10	新定单	"新订单"按钮
11		"技术指标"按钮

（1）图形选项键从左至右分别为柱状图、阴阳烛、折线图。目前国内有过股票或其他投资经验的投资者对阴阳烛（俗称K线图）较为熟悉。

（2）放大与缩小键可以调整走势图的大小。

（3）时间时段选项快捷键从左至右依次为1分钟图、5分钟图、15分钟图、30分钟图、1小时图、4小时图、日线图、周线图、月线图。

（4）光标键：MT4交易平台的设计考虑到了大多数Windows用户的使用习惯，光标不必多做介绍。

（5）十字准线：单击十字准线图标后，将光标移至价格走势图中，将看到两根相互垂直的直线，横线上下移动代表价格高低，纵线左右移动代表时间远近，将两线焦点对准某个单一蜡烛，则表明某个时间段的价格范围。按住鼠标左键进行拖拽，电脑将自动计算出点差。

（6）垂直线：对K线纵向分割。

（7）水平线：对K线横向分割。

（8）趋势线：画出K线趋势。

（9）等距通道：即两条平行线，分为横向通道、上升通道、下降通道。

以上快捷键是MT4平台中最常用的，也是最基本的工具。在MT4平台中，也可对已画图形进行修改，即将光标移到图形上方双击鼠标左键，再使用画图工具进行修改。

2. 修改 K 线图颜色

单击"图表"菜单栏下的"属性"选项，按照国内投资者的习惯，可设定阴阳柱颜色，如图 10-43 所示。

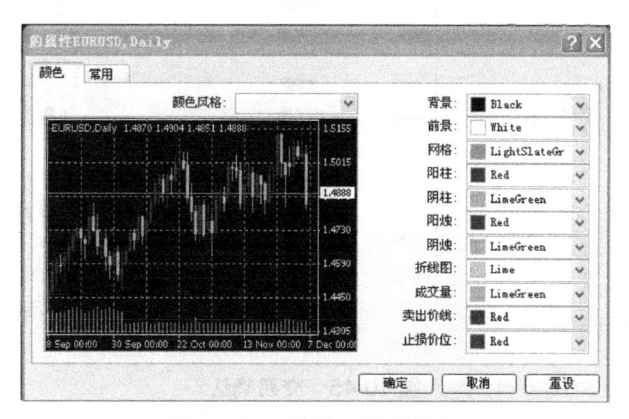

图 10-43　修改 K 线图颜色

三、即时交易

（一）建仓

1. 下单交易

定单可通过定单控制窗口"新定单"发出执行指令。此窗口可以使用主菜单中"工具——新定单"指令打开，也可以单击"常用"工具条中的"新订单"按钮打开；或者在图表窗口中使用右键菜单的"新定单"命令。

单击"新订单"按钮，打开交易窗口。直接单击图上的"卖"或"买"按钮，即可按照当前最新价格成交。建议下单的同时设置止损价格以控制风险。

如图 10-44 所示，左侧为即时图，在右侧单击"商品"下拉菜单，可以选择想交易的货币对。以图 10-44 为例，一标准手为 10 万基准币（英镑），即时卖出价价格为 1 英镑=1.371 37 美元，即时买入价格为 1 英镑=1.371 48 美元，但在下单前汇率会随市场行情不停地变化。

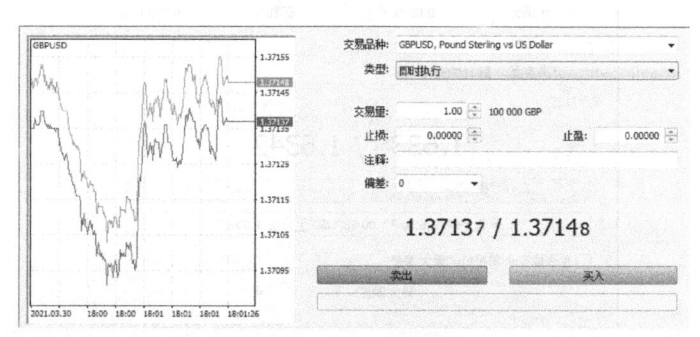

图 10-44　下单交易

2. 交易确认

在上一步单击"卖出"按钮后,会弹出交易确认窗口,如图 10-45 所示。

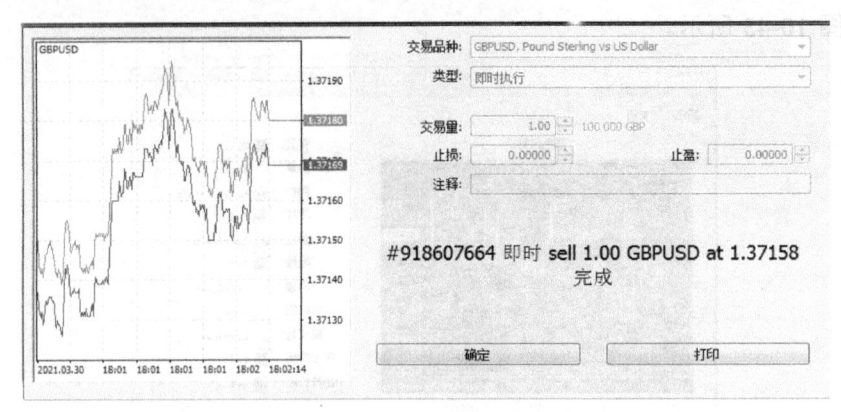

图 10-45 交易确认

3. 持仓明细查询

在价格走势图下方,单击"交易"按钮,即可显示持仓订单明细,如图 10-46 所示。

交易品种	订单号	时间	类型	交易量	价位	止损	止盈	价位	库存费	盈利
gbpusd	918578520	2021.03.30 17:47:28	sell	1.00	1.37239	0.00000	0.00000	1.37239	0.00	0.00
gbpusd	918607664	2021.03.30 18:02:08	sell	1.00	1.37158	0.00000	0.00000	1.37239	0.00	-81.00

结余: 10 000.00 USD 净值: 9 919.00 预付款: 2 743.97 可用预付款: 7 175.03 预付款维持率: 361.48 %   -81.00

图 10-46 持仓明细

(二)平仓

在终端窗口的交易订单上,鼠标左键双击要平仓的订单,或者单击鼠标右键,选择"平仓",弹出如图 10-47 所示的对话框,单击黄色的条形框(平仓#4799063 sell 1.00 GBPUSD 于价位:1.63420)即可平仓。

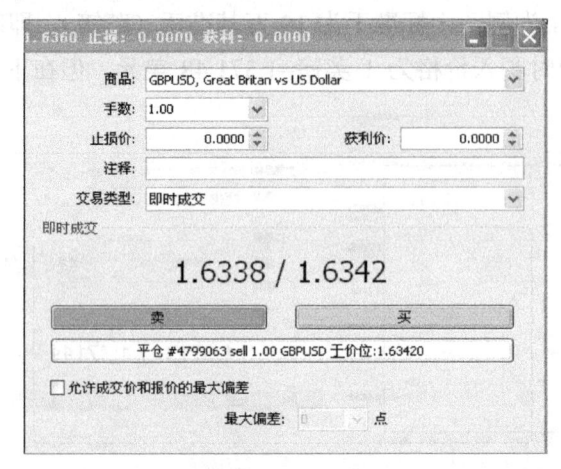

图 10-47 平仓

四、委托交易

(一) 开仓委托

开仓委托是指投资者指定以某一价格或某一价格区间,建立多头寸或空头寸。

1. 建立委托

单击"交易类型"下拉菜单,选择"挂单交易"选项,如图 10-48 所示。

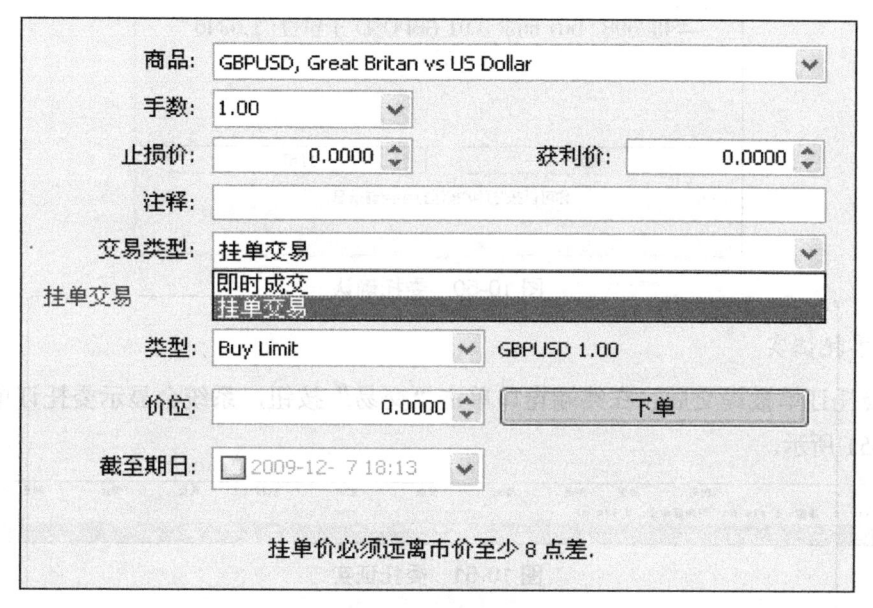

图 10-48 建立委托

- Buy Limit——建多仓委托:认为该品种将上涨,想购买,但目前价格稍高,想等到价格稍有回调后,建仓买多,如图 10-49 所示。挂单价必须低于市价 8 个点差。

图 10-49 挂单类型

- Sell Limit——建空仓委托:与建多仓相反,认为该货币对将下跌,想先卖出,但目前价格稍低,想等到价格稍有反弹后,建仓卖空。挂单价必须高于市价 8 个点差。
- 截止期日:此订单在指定时间内有效,超过指定日期会自动撤单。

2. 委托确认（见图 10-50）

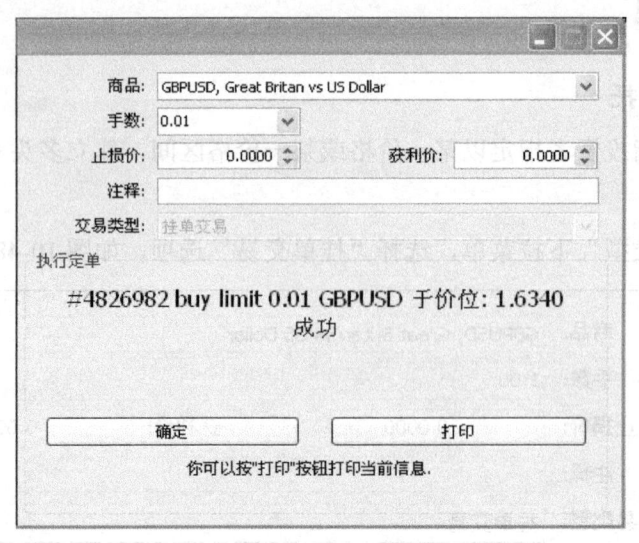

图 10-50　委托确认

3. 委托证实

当委托订单被提交后，在终端窗口单击"交易"按钮，系统会显示委托订单明细，如图 10-51 所示。

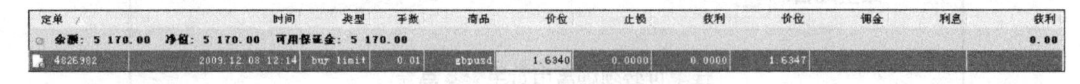

图 10-51　委托证实

在这里我们可以看出，未成交委托是不占用保证金的。但当投资者关闭 MT4 甚至计算机后，如果价格到达委托价位，订单仍将自动成交。

（二）获利委托

获利委托是指客户在进行外汇委托交易时，为未来的交易预先设定一个获利退出的成交汇率，当市场汇率到达获利汇率时，系统自动完成该笔交易，以期获取期望的盈利水平。

1. 建立委托

如图 10-52 所示，GBP/USD 货币对当前的买卖点差为 4 点，某投资者想建立 GBP/USD 多头寸，当前卖出价为 1.634 4，他想设定一个数值，希望到该数值后自动获利平仓。也就是说，当前以 1.634 4 建立多头寸，自动获利点数值至少要设定在 1.634 8 或更高。

空头寸自动获利委托与多头寸正好相反，当前买入价为 1.634 0，自动获利点数值要在 1.633 6 或更低。

图 10-52 建立委托

获利委托点差公式为：
$$卖出价-买入价=获利委托点差$$
多头寸获利委托公式为：
$$卖出价+获利委托点差=获利委托最低值$$
空头寸获利委托公式为：
$$买入价-获利委托点差=获利委托最低值$$

2. 委托确认（见图 10-53）

图 10-53 委托确认

3. 委托证实

订单详情会在终端栏显示，如图 10-54 所示。

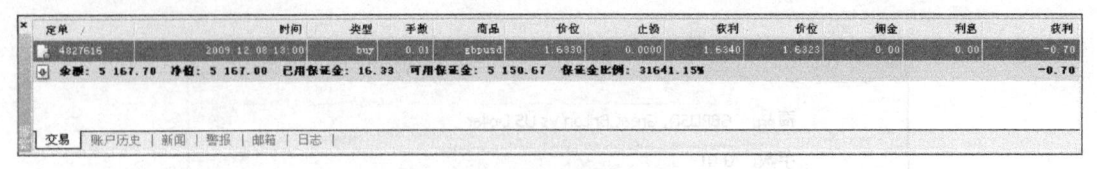

图 10-54　委托证实

（三）止损委托

止损委托是指交易者在进行外汇委托交易时，为未来的交易预先设定一个止损的汇率，当市场汇率到达止损汇率时，系统自动完成该笔交易，以便将亏损水平控制在可以接受的范围内。

1. 建立委托

如图 10-55 所示，GBP/USD 货币对当前的买卖点差为 4 点，某投资者想建立 GBP/USD 多头寸，当前卖出价为 1.631 4，他想设定一个数值，希望到该数值后自动止损平仓。也就是说，当前以 1.631 4 建立多头寸，自动止损点数值至少要设定在 1.630 2 或更低。

图 10-55　建立委托

空头寸自动获利委托与多头寸正好相反，当前买入价为 1.631 0，自动获利点数值要在 1.632 2 或更高。

止损委托点差公式为：

$$卖出价 - 买入价 = 获利委托点差$$

多头寸止损委托公式为：

$$买入价 - 获利委托点差 \times 2 = 止损委托最低值$$

空头寸止损委托公式为：

第十章　个人外汇交易模拟

卖出价＋获利委托点差×2＝止损委托最低值

2. 委托确认

该订单的交易内容在此框中已明确说明，单击"确定"按钮即可，如图 10-56 所示。

图 10-56　委托确认

3. 委托证实

在上一笔交易单完成后，MT4 会在终端窗口的交易栏中，用蓝色框来显示最新发生的一笔交易订单，如图 10-57 所示的黑色条部分。

定单	时间	类型	手数	商品	价位
4828319	2009.12.08 13:43	buy	0.01	usdchf	1.0211
4828865	2009.12.08 14:09	buy	0.01	eurusd	1.4791
4829072	2009.12.08 14:22	buy	0.01	gbpusd	1.6313

图 10-57　委托证实

（四）允许最大偏差

有时候，外汇市场会非常忙碌，如美国外汇市场开盘时，此时的价格变化非常快，有时 1 秒内变动 10 个点也很正常。

如果投资者想在此时交易，但系统经常会弹出类似于图 10-58 所示的窗口，有时耽误了投资的最佳时机，这时我们就可以利用 MT4 的另一个功能——允许成交价和报价的最大偏差，如图 10-59 所示。

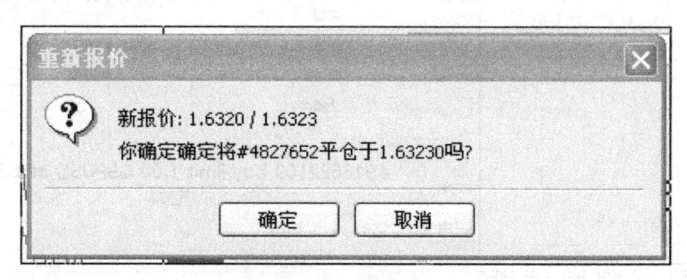

图 10-58　重新报价

最大偏差点数的意义在于，例如，当前 GBP/USD 买入价格为 1.632 0，设定最大偏差为 5 点，那么成交的价格为：1.631 5≤成交价格≤1.632 5。

209

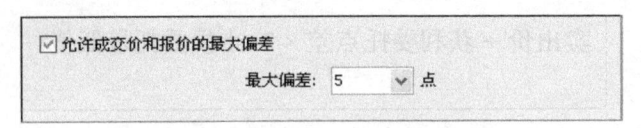

图 10-59　允许最大偏差点数的设定

五、撤单——撤销未成交委托

MT4 平台在网络速度良好的保障下，即时交易非常迅速，成交价格点数偏差一般不会超过 5 个点，所以撤单功能常用于开仓委托交易中。

例如，当前 GBP/USD 卖出价格为 1.372 2，买入价格为 1.372 0，投资者在 1.371 5 价位建立多头委托，如图 10-60 所示。

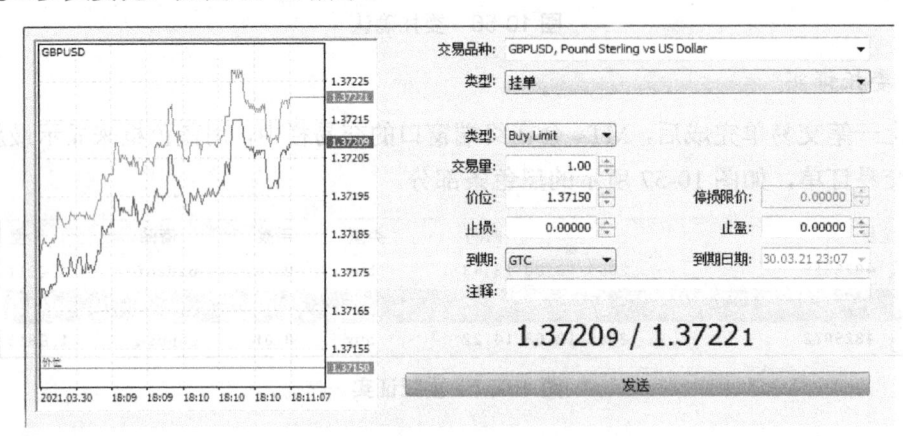

图 10-60　建立委托

执行订单成功，单击"确定"按钮，如图 10-61 所示。只要该订单还未被交易成功，客户随时都可以撤销订单。

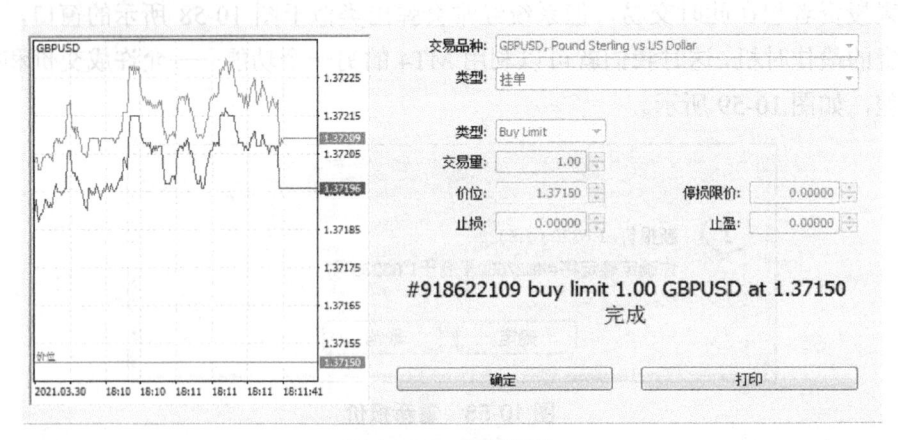

图 10-61　执行订单

在终端栏，单击"交易"按钮，右键单击想撤销的订单，选择"修改或删除订单"

第十章 个人外汇交易模拟

选项，如图 10-62 所示。

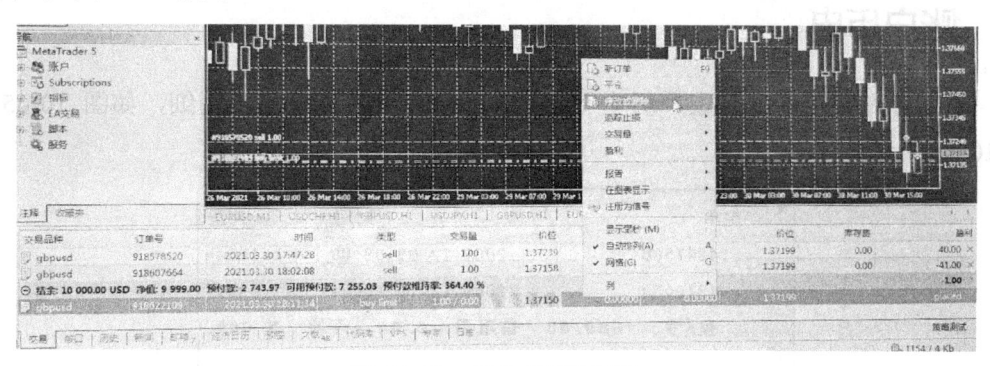

图 10-62 修改或删除订单

通过"修改或删除订单"选项，可以修改委托价位、止损价、获利价、到期日，如图 10-63 所示。

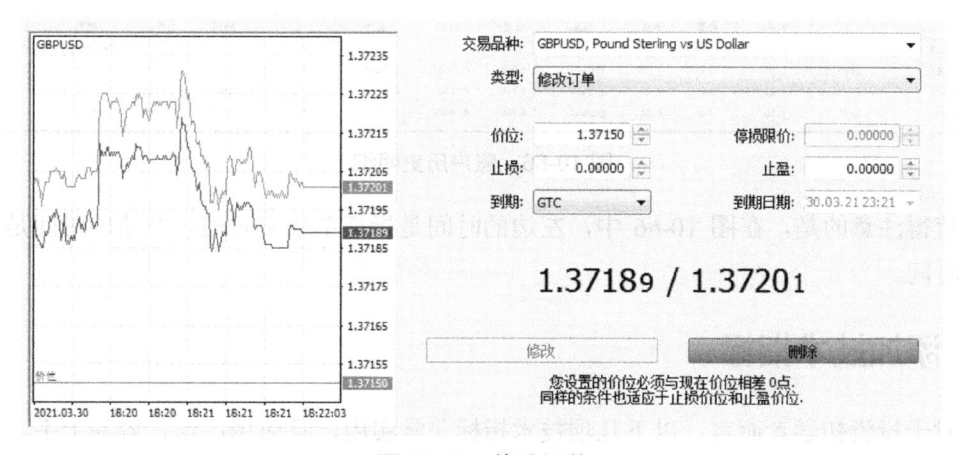

图 10-63 修改订单

单击"删除"按钮后，单击"确定"按钮，即可撤销订单，如图 10-64 所示。

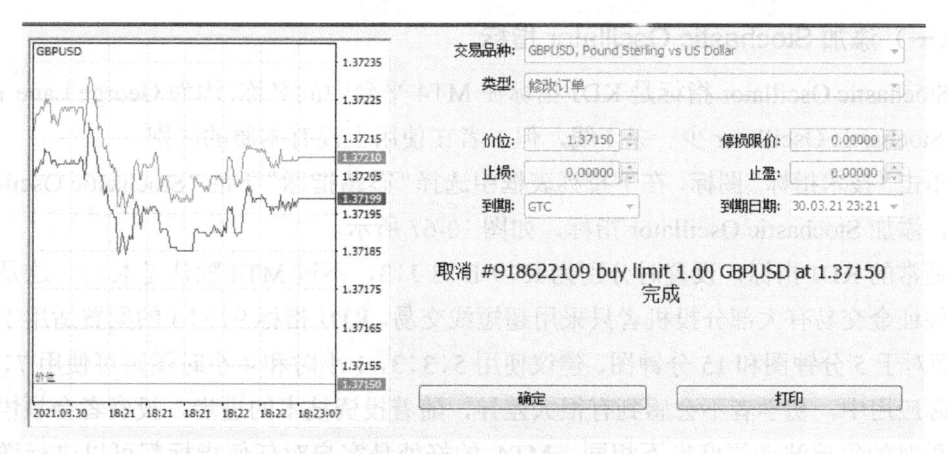

图 10-64 撤销订单

211

六、账户历史

在交易终端栏单击"账户历史"选项卡，可以查看账户历史明细，如图 10-65 和图 10-66 所示。

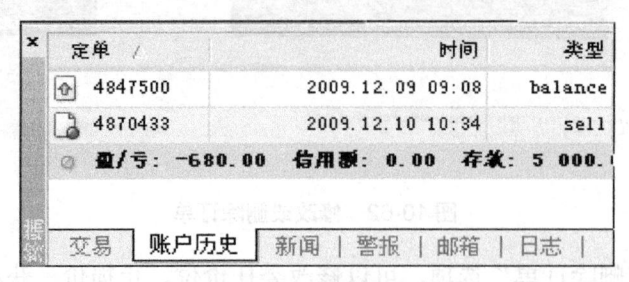

图 10-65　账户历史

图 10-66　账户历史明细

值得注意的是，在图 10-66 中，左边的时间是指订单成交时间，右边的时间是订单平仓时间。

七、添加技术指标

对于投资初学者而言，以下几项技术指标非常实用，且应用广泛，容易上手。

由于在前面的章节中已经介绍了技术指标的具体用法，因此本节只介绍如何添加技术指标。

（一）添加 Stochastic Oscillator 指标

Stochastic Oscillator 指标是 KDJ 指标在 MT4 平台中的名称，均为 George Lane 首创，只是 Stochastic Oscillator 少一条 J 线，但二者在使用上没有本质的区别。

单击"技术指标"图标，在下拉列表框中选择"震荡指标"下的"Stochastic Oscillator"选项，添加 Stochastic Oscillator 指标，如图 10-67 所示。

通常的 KDJ 指标，设置时分别为 K：9 D：3 J：3，不过 MT4 默认是 K：5，这是由于外汇保证金交易有大部分投机者只采用超短线交易，KDJ 指标 9：3：3 的配置适用于日线图，而对于 5 分钟图和 15 分钟图，建议使用 5：3：3，1 小时和 4 小时图则可使用 7：3：3。在实际应用中，初学者不会感到有很大差异，随着投资技术的进步，投资者会领悟到不同货币对的每日波动幅度也不相同。MT4 的好处是客户对任何指标都可以进行详细设

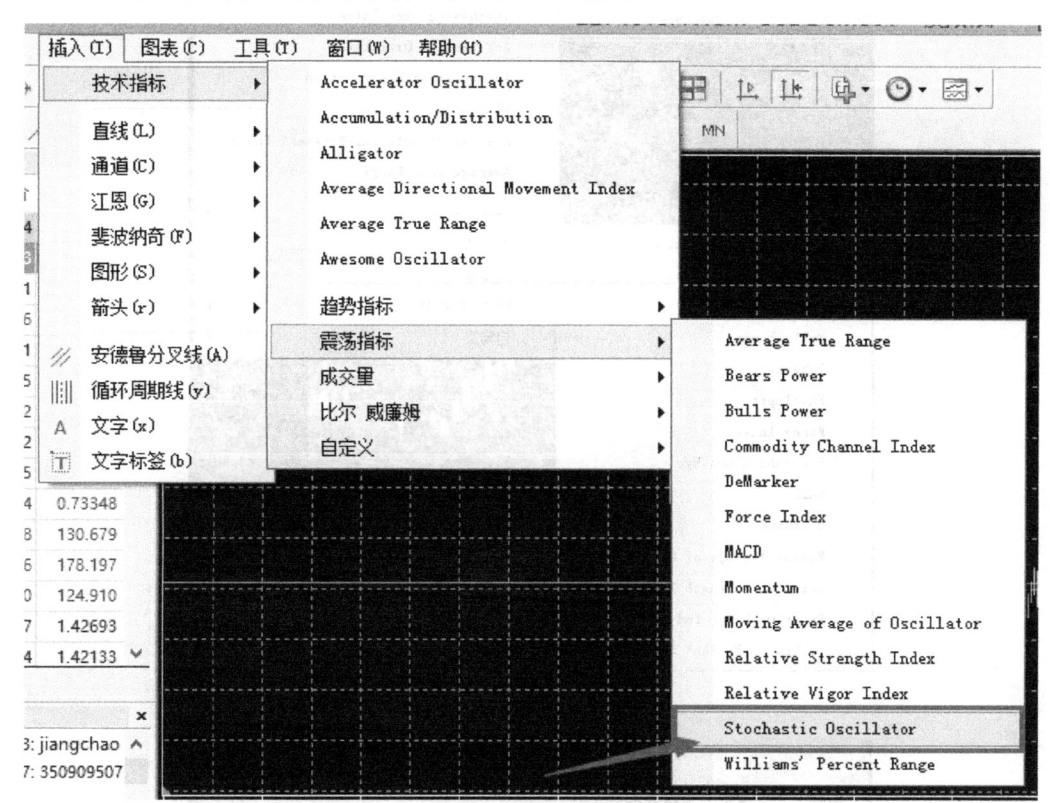

置,甚至开发适合自己的技术指标,如图 10-68 所示。

图 10-67 添加 Stochastic Oscillator 指标

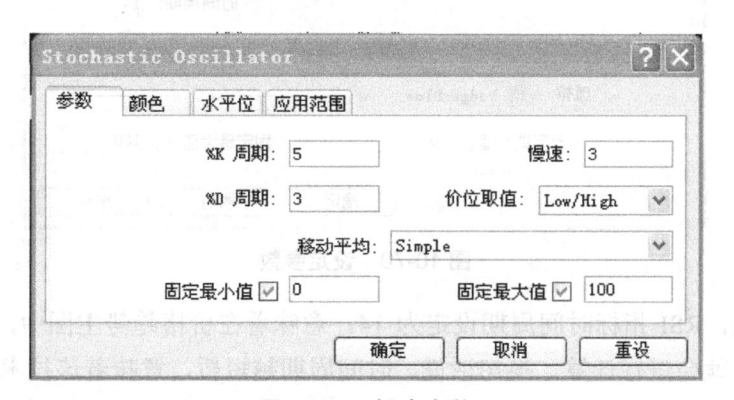

图 10-68 设定参数

(二)添加 RSI 指标

单击"技术指标"图标,在下拉列表框中选择"震荡指标"下的,找到"Relative Strength Index"选项,添加 RSI 指标,如图 10-69 所示。

MT4 默认的时间周期是 14,实际上所有的技术指标时间周期的意义都是相同的:以几根 K 线蜡烛图来进行计算,如图 10-70 所示。

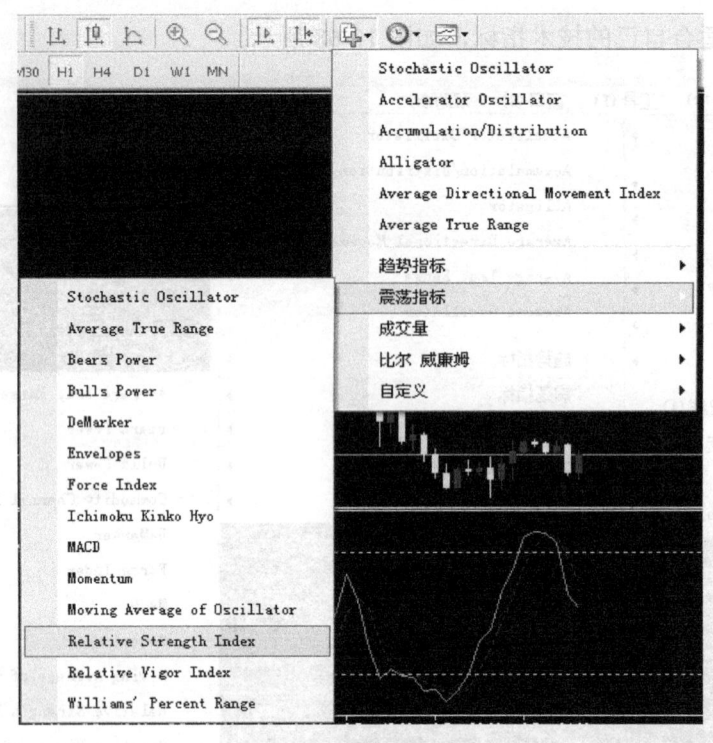

图 10-69　添加 RSI 指标

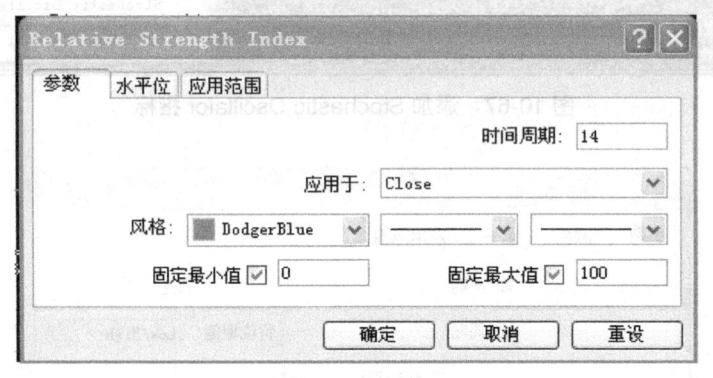

图 10-70　设定参数

举例来说，RSI 指标时间周期设定为 14，意味着在价格趋势主图中，每出现 14 根蜡烛图，RSI 就会进行计算。换句话说，时间周期越短暂，意味着该技术指标在应用中越敏感；同样地，技术指标越敏感，意味着准确度就越低。

（三）添加 MACD 指标

单击"技术指标"图标，在下拉列表框中选择"震荡指标"下的"MACD"选项，添加 MACD 指标，如图 10-71 所示。

在设定参数时，可在"水平位"选项卡中单击"添加"按钮进行设置，完成后单击"确定"按钮，如图 10-72 所示。

第十章 个人外汇交易模拟

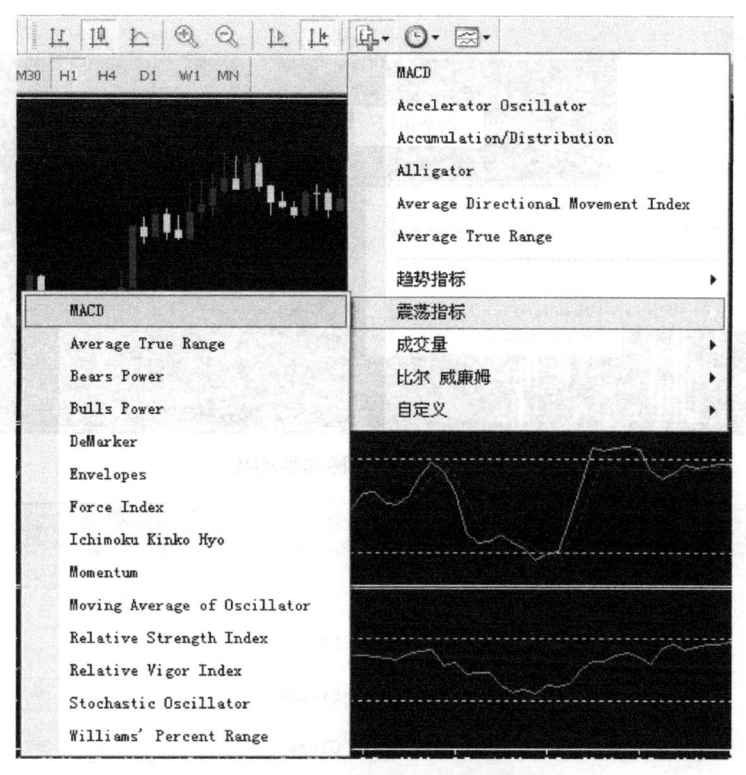

图 10-71 添加 MACD 指标

图 10-72 设定参数

（四）添加移动平均线

添加完之前的 3 个指标后，请按照图 10-73 所示，建立一个新的窗口，并单击"技术指标"图标，在下拉列表框中选择"趋势指标"下的"Moving Average"选项，添加移动平均线。

投资者可根据自己的投资习惯选择时间周期、移动平均线颜色等，如图 10-74 所示。

按照上述方法，可以对图 10-73 反复进行移动平均线添加。价格走势主图上将光标对准想修改的移动平均线，单击右键即可进行修改或删除，如图 10-75 所示。

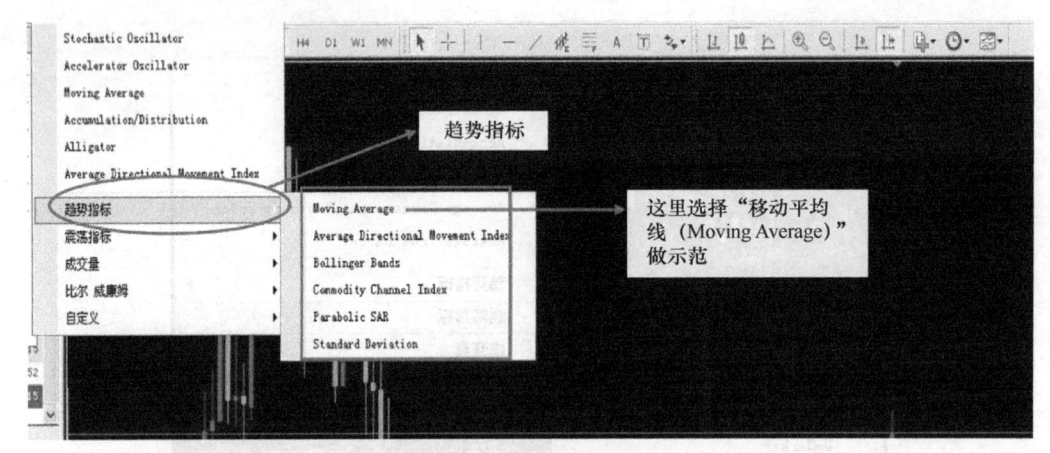

图 10-73　添加移动平均线

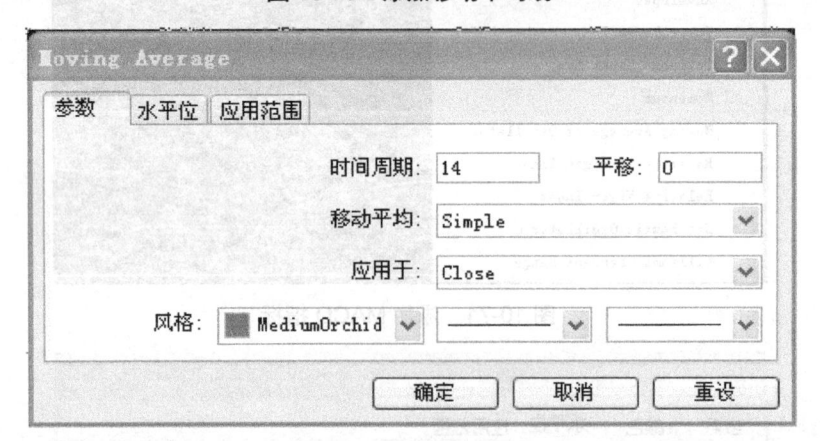

图 10-74　设定参数

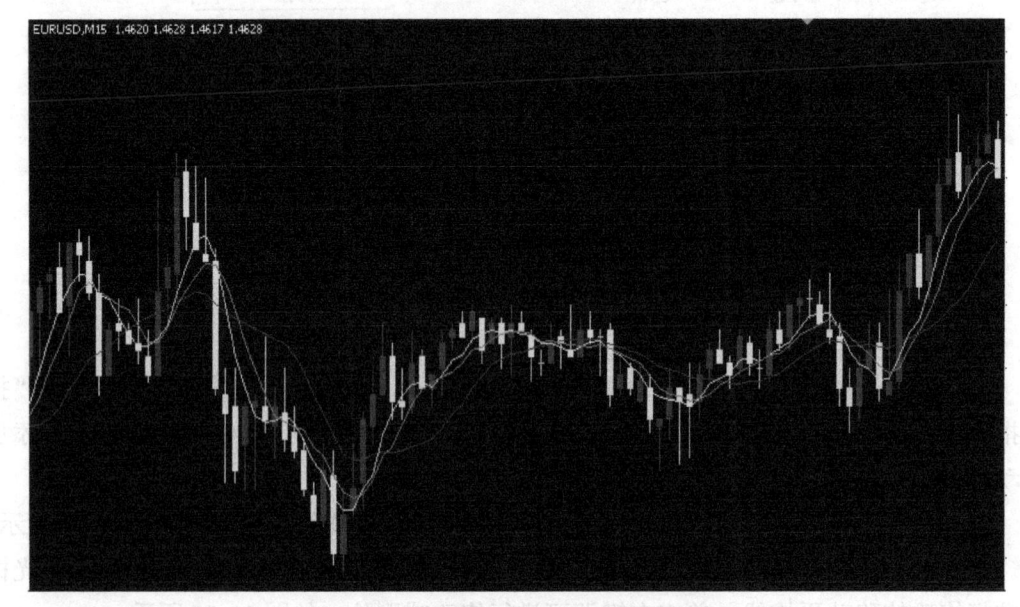

图 10-75　选择移动平均线周期及颜色

第十章 个人外汇交易模拟

本章思考题

一、实训题

【实训任务1】

登录工行外汇模拟交易系统，完成以下任务并回答相关问题。

1. 叙做卖出美元买入欧元的即时交易，金额为1 000美元。

2. 叙做卖出美元买入欧元的获利委托，金额为1 000美元，委托时间为24小时，获利价格设定为与即时汇率相差50个点。问题：

（1）获利价格应为多少？

（2）即时汇率如何变动？变动到多少时该委托会被执行？

3. 叙做卖出美元买入欧元的止损委托，金额为1 000美元，委托时间为24小时，止损价格设定为与即时汇率相差50个点。问题：

（1）止损价格应为多少？

（2）即时汇率如何变动？变动到多少时该委托会被执行？

4. 叙做卖出美元买入欧元的双向委托，金额为1 000美元，委托时间为24小时，获利价格和止损价格均设定为与即时汇率相差50个点。问题：

（1）获利价格和止损价格各应为多少？

（2）即时汇率如何变动？变动到多少时该委托会被执行？执行结果如何？

5. 叙做卖出美元买入欧元的获利委托，金额为1 000美元，委托时间为24小时，获利价格设定为与即时汇率相差50个点。追加一个止损委托，委托时间为1天，委托价格设定为与原委托价格相关50个点。问题：

（1）说明该追加委托的内容。

（2）即时汇率如何变动？变动到多少时追加委托会生效（思考追加委托什么情况下生效）？

（3）如原获利委托执行，市场汇率接着如何变动，变动到多少，追加委托会被执行？分析追加委托执行的结果。

【实训任务2】

进入MT4外汇模拟交易系统登录页面，完成以下任务。

1. 注册一个账号，用该账户登录进入外汇模拟交易系统。

2. 修改主图中的K线颜色（阳线用红色，阴线用绿色），并找到以下2根K线：带有较长上影线；带有较长下影线。

3. 分别圈出并截图。

4. 简要说明其含义。

【实训任务3】

通过已注册完成的模拟交易账号，进行模拟交易操作。使用即时和委托两种交易方法，进行外汇保证金交易。

【实训任务4】

结合第四章所学内容，在MT4平台中设定4个技术指标（分2个窗口，每个窗口2个指标），在技术指标分析的基础上，每个窗口至少做一笔交易，要求写明每次交易的入场原因、持仓过程、平仓原因并截图保存。

【实训任务5】

根据行情分析，结合第四章所学内容，在MT4平台中进行2次完整的交易（多头—平仓；空头—平仓），无论交易是否盈利，请写出2次交易的整个过程。要求：

1. 写明每次交易的入场原因（行情分析）、持仓过程、平仓原因并截图保存。截图中标明真实的买点和卖点。

2. 行情分析中使用课上讲到的方法，如K线（组合）、趋势线、技术指标等，在截图中要有所体现。

二、课外调研

在国内各家商业银行中，选择两家银行（包括国有商业银行和股份制商业银行），登录相关网站查阅个人外汇交易的信息，了解这两家银行个人外汇交易的流程规则和交易步骤，以及相关的术语。

附录 A
中华人民共和国外汇管理条例

（1996年1月29日中华人民共和国国务院令第193号发布　根据1997年1月14日《国务院关于修改〈中华人民共和国外汇管理条例〉的决定》修订　2008年8月1日国务院第20次常务会议修订通过）

第一章　总则

第一条　为了加强外汇管理，促进国际收支平衡，促进国民经济健康发展，制定本条例。

第二条　国务院外汇管理部门及其分支机构（以下统称外汇管理机关）依法履行外汇管理职责，负责本条例的实施。

第三条　本条例所称外汇，是指下列以外币表示的可以用作国际清偿的支付手段和资产：

（一）外币现钞，包括纸币、铸币；

（二）外币支付凭证或者支付工具，包括票据、银行存款凭证、银行卡等；

（三）外币有价证券，包括债券、股票等；

（四）特别提款权；

（五）其他外汇资产。

第四条　境内机构、境内个人的外汇收支或者外汇经营活动，以及境外机构、境外个人在境内的外汇收支或者外汇经营活动，适用本条例。

第五条　国家对经常性国际支付和转移不予限制。

第六条　国家实行国际收支统计申报制度。

国务院外汇管理部门应当对国际收支进行统计、监测，定期公布国际收支状况。

第七条　经营外汇业务的金融机构应当按照国务院外汇管理部门的规定为客户开立外汇账户，并通过外汇账户办理外汇业务。

经营外汇业务的金融机构应当依法向外汇管理机关报送客户的外汇收支及账户变动情况。

第八条　中华人民共和国境内禁止外币流通，并不得以外币计价结算，但国家另有规定的除外。

第九条 境内机构、境内个人的外汇收入可以调回境内或者存放境外；调回境内或者存放境外的条件、期限等，由国务院外汇管理部门根据国际收支状况和外汇管理的需要作出规定。

第十条 国务院外汇管理部门依法持有、管理、经营国家外汇储备，遵循安全、流动、增值的原则。

第十一条 国际收支出现或者可能出现严重失衡，以及国民经济出现或者可能出现严重危机时，国家可以对国际收支采取必要的保障、控制等措施。

第二章　经常项目外汇管理

第十二条 经常项目外汇收支应当具有真实、合法的交易基础。经营结汇、售汇业务的金融机构应当按照国务院外汇管理部门的规定，对交易单证的真实性及其与外汇收支的一致性进行合理审查。

外汇管理机关有权对前款规定事项进行监督检查。

第十三条 经常项目外汇收入，可以按照国家有关规定保留或者卖给经营结汇、售汇业务的金融机构。

第十四条 经常项目外汇支出，应当按照国务院外汇管理部门关于付汇与购汇的管理规定，凭有效单证以自有外汇支付或者向经营结汇、售汇业务的金融机构购汇支付。

第十五条 携带、申报外币现钞出入境的限额，由国务院外汇管理部门规定。

第三章　资本项目外汇管理

第十六条 境外机构、境外个人在境内直接投资，经有关主管部门批准后，应当到外汇管理机关办理登记。

境外机构、境外个人在境内从事有价证券或者衍生产品发行、交易，应当遵守国家关于市场准入的规定，并按照国务院外汇管理部门的规定办理登记。

第十七条 境内机构、境内个人向境外直接投资或者从事境外有价证券、衍生产品发行、交易，应当按照国务院外汇管理部门的规定办理登记。国家规定需要事先经有关主管部门批准或者备案的，应当在外汇登记前办理批准或者备案手续。

第十八条 国家对外债实行规模管理。借用外债应当按照国家有关规定办理，并到外汇管理机关办理外债登记。

国务院外汇管理部门负责全国的外债统计与监测，并定期公布外债情况。

第十九条 提供对外担保，应当向外汇管理机关提出申请，由外汇管理机关根据申请人的资产负债等情况作出批准或者不批准的决定；国家规定其经营范围需经有关主管部门批准的，应当在向外汇管理机关提出申请前办理批准手续。申请人签订对外担保合同后，应当到外汇管理机关办理对外担保登记。

经国务院批准为使用外国政府或者国际金融组织贷款进行转贷提供对外担保的，不适用前款规定。

第二十条　银行业金融机构在经批准的经营范围内可以直接向境外提供商业贷款。其他境内机构向境外提供商业贷款，应当向外汇管理机关提出申请，外汇管理机关根据申请人的资产负债等情况作出批准或者不批准的决定；国家规定其经营范围需经有关主管部门批准的，应当在向外汇管理机关提出申请前办理批准手续。

向境外提供商业贷款，应当按照国务院外汇管理部门的规定办理登记。

第二十一条　资本项目外汇收入保留或者卖给经营结汇、售汇业务的金融机构，应当经外汇管理机关批准，但国家规定无须批准的除外。

第二十二条　资本项目外汇支出，应当按照国务院外汇管理部门关于付汇与购汇的管理规定，凭有效单证以自有外汇支付或者向经营结汇、售汇业务的金融机构购汇支付。国家规定应当经外汇管理机关批准的，应当在外汇支付前办理批准手续。

依法终止的外商投资企业，按照国家有关规定进行清算、纳税后，属于外方投资者所有的人民币，可以向经营结汇、售汇业务的金融机构购汇汇出。

第二十三条　资本项目外汇及结汇资金，应当按照有关主管部门及外汇管理机关批准的用途使用。外汇管理机关有权对资本项目外汇及结汇资金使用和账户变动情况进行监督检查。

第四章　金融机构外汇业务管理

第二十四条　金融机构经营或者终止经营结汇、售汇业务，应当经外汇管理机关批准；经营或者终止经营其他外汇业务，应当按照职责分工经外汇管理机关或者金融业监督管理机构批准。

第二十五条　外汇管理机关对金融机构外汇业务实行综合头寸管理，具体办法由国务院外汇管理部门制定。

第二十六条　金融机构的资本金、利润以及因本外币资产不匹配需要进行人民币与外币间转换的，应当经外汇管理机关批准。

第五章　人民币汇率和外汇市场管理

第二十七条　人民币汇率实行以市场供求为基础的、有管理的浮动汇率制度。

第二十八条　经营结汇、售汇业务的金融机构和符合国务院外汇管理部门规定条件的其他机构，可以按照国务院外汇管理部门的规定在银行间外汇市场进行外汇交易。

第二十九条　外汇市场交易应当遵循公开、公平、公正和诚实信用的原则。

第三十条　外汇市场交易的币种和形式由国务院外汇管理部门规定。

第三十一条　国务院外汇管理部门依法监督管理全国的外汇市场。

第三十二条　国务院外汇管理部门可以根据外汇市场的变化和货币政策的要求，依法对外汇市场进行调节。

第六章 监督管理

第三十三条 外汇管理机关依法履行职责,有权采取下列措施:

(一)对经营外汇业务的金融机构进行现场检查;

(二)进入涉嫌外汇违法行为发生场所调查取证;

(三)询问有外汇收支或者外汇经营活动的机构和个人,要求其对与被调查外汇违法事件直接有关的事项作出说明;

(四)查阅、复制与被调查外汇违法事件直接有关的交易单证等资料;

(五)查阅、复制被调查外汇违法事件的当事人和直接有关的单位、个人的财务会计资料及相关文件,对可能被转移、隐匿或者毁损的文件和资料,可以予以封存;

(六)经国务院外汇管理部门或者省级外汇管理机关负责人批准,查询被调查外汇违法事件的当事人和直接有关的单位、个人的账户,但个人储蓄存款账户除外;

(七)对有证据证明已经或者可能转移、隐匿违法资金等涉案财产或者隐匿、伪造、毁损重要证据的,可以申请人民法院冻结或者查封。

有关单位和个人应当配合外汇管理机关的监督检查,如实说明有关情况并提供有关文件、资料,不得拒绝、阻碍和隐瞒。

第三十四条 外汇管理机关依法进行监督检查或者调查,监督检查或者调查的人员不得少于 2 人,并应当出示证件。监督检查、调查的人员少于 2 人或者未出示证件的,被监督检查、调查的单位和个人有权拒绝。

第三十五条 有外汇经营活动的境内机构,应当按照国务院外汇管理部门的规定报送财务会计报告、统计报表等资料。

第三十六条 经营外汇业务的金融机构发现客户有外汇违法行为的,应当及时向外汇管理机关报告。

第三十七条 国务院外汇管理部门为履行外汇管理职责,可以从国务院有关部门、机构获取所必需的信息,国务院有关部门、机构应当提供。

国务院外汇管理部门应当向国务院有关部门、机构通报外汇管理工作情况。

第三十八条 任何单位和个人都有权举报外汇违法行为。

外汇管理机关应当为举报人保密,并按照规定对举报人或者协助查处外汇违法行为有功的单位和个人给予奖励。

第七章 法律责任

第三十九条 有违反规定将境内外汇转移境外,或者以欺骗手段将境内资本转移境外等逃汇行为的,由外汇管理机关责令限期调回外汇,处逃汇金额 30% 以下的罚款;情节严重的,处逃汇金额 30% 以上等值以下的罚款;构成犯罪的,依法追究刑事责任。

第四十条　有违反规定以外汇收付应当以人民币收付的款项，或者以虚假、无效的交易单证等向经营结汇、售汇业务的金融机构骗购外汇等非法套汇行为的，由外汇管理机关责令对非法套汇资金予以回兑，处非法套汇金额30%以下的罚款；情节严重的，处非法套汇金额30%以上等值以下的罚款；构成犯罪的，依法追究刑事责任。

第四十一条　违反规定将外汇汇入境内的，由外汇管理机关责令改正，处违法金额30%以下的罚款；情节严重的，处违法金额30%以上等值以下的罚款。

非法结汇的，由外汇管理机关责令对非法结汇资金予以回兑，处违法金额30%以下的罚款。

第四十二条　违反规定携带外汇出入境的，由外汇管理机关给予警告，可以处违法金额20%以下的罚款。法律、行政法规规定由海关予以处罚的，从其规定。

第四十三条　有擅自对外借款、在境外发行债券或者提供对外担保等违反外债管理行为的，由外汇管理机关给予警告，处违法金额30%以下的罚款。

第四十四条　违反规定，擅自改变外汇或者结汇资金用途的，由外汇管理机关责令改正，没收违法所得，处违法金额30%以下的罚款；情节严重的，处违法金额30%以上等值以下的罚款。

有违反规定以外币在境内计价结算或者划转外汇等非法使用外汇行为的，由外汇管理机关责令改正，给予警告，可以处违法金额30%以下的罚款。

第四十五条　私自买卖外汇、变相买卖外汇、倒买倒卖外汇或者非法介绍买卖外汇数额较大的，由外汇管理机关给予警告，没收违法所得，处违法金额30%以下的罚款；情节严重的，处违法金额30%以上等值以下的罚款；构成犯罪的，依法追究刑事责任。

第四十六条　未经批准擅自经营结汇、售汇业务的，由外汇管理机关责令改正，有违法所得的，没收违法所得，违法所得50万元以上的，并处违法所得1倍以上5倍以下的罚款；没有违法所得或者违法所得不足50万元的，处50万元以上200万元以下的罚款；情节严重的，由有关主管部门责令停业整顿或者吊销业务许可证；构成犯罪的，依法追究刑事责任。

未经批准经营结汇、售汇业务以外的其他外汇业务的，由外汇管理机关或者金融业监督管理机构依照前款规定予以处罚。

第四十七条　金融机构有下列情形之一的，由外汇管理机关责令限期改正，没收违法所得，并处20万元以上100万元以下的罚款；情节严重或者逾期不改正的，由外汇管理机关责令停止经营相关业务：

（一）办理经常项目资金收付，未对交易单证的真实性及其与外汇收支的一致性进行合理审查的；

（二）违反规定办理资本项目资金收付的；

（三）违反规定办理结汇、售汇业务的；

（四）违反外汇业务综合头寸管理的；

（五）违反外汇市场交易管理的。

第四十八条 有下列情形之一的，由外汇管理机关责令改正，给予警告，对机构可以处 30 万元以下的罚款，对个人可以处 5 万元以下的罚款：

（一）未按照规定进行国际收支统计申报的；

（二）未按照规定报送财务会计报告、统计报表等资料的；

（三）未按照规定提交有效单证或者提交的单证不真实的；

（四）违反外汇账户管理规定的；

（五）违反外汇登记管理规定的；

（六）拒绝、阻碍外汇管理机关依法进行监督检查或者调查的。

第四十九条 境内机构违反外汇管理规定的，除依照本条例给予处罚外，对直接负责的主管人员和其他直接责任人员，应当给予处分；对金融机构负有直接责任的董事、监事、高级管理人员和其他直接责任人员给予警告，处 5 万元以上 50 万元以下的罚款；构成犯罪的，依法追究刑事责任。

第五十条 外汇管理机关工作人员徇私舞弊、滥用职权、玩忽职守，构成犯罪的，依法追究刑事责任；尚不构成犯罪的，依法给予处分。

第五十一条 当事人对外汇管理机关作出的具体行政行为不服的，可以依法申请行政复议；对行政复议决定仍不服的，可以依法向人民法院提起行政诉讼。

第八章 附则

第五十二条 本条例下列用语的含义：

（一）境内机构，是指中华人民共和国境内的国家机关、企业、事业单位、社会团体、部队等，外国驻华外交领事机构和国际组织驻华代表机构除外。

（二）境内个人，是指中国公民和在中华人民共和国境内连续居住满 1 年的外国人，外国驻华外交人员和国际组织驻华代表除外。

（三）经常项目，是指国际收支中涉及货物、服务、收益及经常转移的交易项目等。

（四）资本项目，是指国际收支中引起对外资产和负债水平发生变化的交易项目，包括资本转移、直接投资、证券投资、衍生产品及贷款等。

第五十三条 非金融机构经营结汇、售汇业务，应当由国务院外汇管理部门批准，具体管理办法由国务院外汇管理部门另行制定。

第五十四条 本条例自公布之日起施行。

附录 B
2020 年中国外汇市场交易概况（1—7 月）

单位：亿美元

交易品种	2020年1月	2020年2月	2020年3月	2020年4月	2020年5月	2020年6月	2020年7月	合计
一、即期	8 515	6 918	10 049	8 167	8 177	9 247	10 964	62 039
银行对客户市场	2 629	2 584	3 487	2 746	2 570	2 752	3 159	19 928
其中：买入外汇	1 314	1 259	1 696	1 330	1 205	1 403	1 622	9 831
卖出外汇	1 315	1 325	1 791	1 416	1 364	1 349	1 537	10 098
银行间外汇市场	5 886	4 334	6 561	5 421	5 608	6 495	7 805	42 111
二、远期	254	372	612	317	354	308	366	2 583
银行对客户市场	197	296	475	216	278	240	318	2 022
其中：买入外汇	53	69	155	88	101	93	117	676
卖出外汇	143	227	321	129	177	147	201	1 346
其中：3个月（含）以下	83	110	172	73	106	123	159	825
3个月至1年（含）	94	154	243	102	147	104	140	984
1年以上	20	32	61	41	26	14	19	213
银行间外汇市场	57	76	136	101	75	68	48	561
其中：3个月（含）以下	44	52	102	84	64	54	40	442
3个月至1年（含）	13	18	20	4	9	13	6	83
1年以上	0	5	14	12	3	0	2	36
三、外汇和货币掉期	10 083	9 774	13 441	13 931	12 854	14 746	17 319	92 148
银行对客户市场	110	121	310	351	180	152	124	1 348
其中：近端换入外汇	13	26	86	89	61	49	34	357
近端换出外汇	97	95	224	262	119	104	90	991
银行间外汇市场	9 973	9 653	13 131	13 580	12 674	14 594	17 195	90 800
其中：3个月（含）以下	8 447	8 568	11 051	12 106	10 995	12 779	14 950	78 897
3个月至1年（含）	1 455	1 057	2 011	1 405	1 598	1 746	2 204	11 477

续表

交易品种	2020年1月	2020年2月	2020年3月	2020年4月	2020年5月	2020年6月	2020年7月	合计
1年以上	71	28	68	69	80	68	41	426
四、期权	565	409	664	607	684	675	765	4 370
银行对客户市场	201	145	315	201	252	220	240	1 574
其中：买入期权	97	66	154	105	138	115	116	791
卖出期权	104	79	161	96	113	105	124	783
其中：3个月（含）以下	94	56	99	60	76	103	129	619
3个月至1年（含）	88	77	169	117	143	94	96	784
1年以上	19	13	47	24	32	23	15	172
银行间外汇市场	365	264	349	405	432	455	525	2 796
其中：3个月（含）以下	250	177	232	261	310	330	389	1 949
3个月至1年（含）	112	86	116	144	122	125	136	841
1年以上	2	1	1	0	1	0	0	6
五、合计	19 418	17 474	24 765	23 023	22 069	24 977	29 414	161 139
其中：银行对客户市场	3 137	3 147	4 588	3 515	3 280	3 365	3 841	24 872
银行间外汇市场	16 281	14 327	20 176	19 508	18 789	21 612	25 574	136 267
其中：即期	8 515	6 918	10 049	8 167	8 177	9 247	10 964	62 039
远期	254	372	612	317	354	308	366	2 583
外汇和货币掉期	10 083	9 774	13 441	13 931	12 854	14 746	17 319	92 148
期权	565	409	664	607	684	675	765	4 370

注：1. 外汇市场统计口径仅限于人民币对外汇交易，不含外汇之间交易。

2. 银行对客户市场采用客户买卖外汇总额，银行间外汇市场采用单边交易量，均为发生额本金。

3. 银行对客户的即期=买入外汇（售汇）+卖出外汇（结汇）（含银行自身结售汇，不含远期结售汇履约）；远期=买入外汇（售汇）+卖出外汇（结汇）；外汇和货币掉期=近端换入外汇（售汇）+近端换出外汇（结汇）；期权=买入期权+卖出期权，均采用客户交易方向。

4. 本表计数采用四舍五入原则。

资料来源：国家外汇管理局网站，2020年08月21日。

附录 C
国内实盘外汇交易与国际保证金外汇比较

类型	实盘交易	保证金交易
开户	国内银行	海外外汇交易商或其在中国的代理
资金托管	国内银行	海外外汇交易商指定的银行机构或该交易商在中国的代理
最低开户额	300 美元	有些交易商 50 美元即可
点差	直盘 30 点左右，交叉盘 60 个点	直盘 3～5 点，交叉盘 7～10 个点
交易方向	只能在美元贬值的时候交易，美元升值的时候无法交易	双向交易，美元贬值和升值的时候均可；又称做多、做空
杠杆	1:1	标准手为 1:25～1:50，迷你手为 1:100～1:250
收益	若 1 万美元本金，盈利一个点为 1 美元	标准账户盈利一个点为 10 美元，实际动用资金为 2 000～5 000 美元。迷你账户盈利一个点为 1 美元左右，实际动用资金为 50～100 美元
风险	实盘可以说没有绝对的风险，因为它的交易实质上是钱与钱的交换，即使发生损失，也不会最后一文不值。货币的波动有规律性，即使一时被套只要耐心等待，行情都能回头	保证金由于其一个点的价值在 1～10 美元，所以当行情波动上百甚至上千点的时候，若方向判断错误，则投资者可能损失上万美元。再加上交易所的 5-3-1 原则，会在投资者的本金为订单金额的 1%时强行平仓，此时投资者便没有机会再等行情的回头
监管	受中国人民银行监管	不受国内法律监管，受该海外交易商本土法律监管

附录 D
外汇交易常用术语中英文对照

（标准的）远期交割日——（Standard）Forward Dates
保证金——Margin
本票——Promissory Note
变动（化）保证金——Variation Margin
标准的交割——Value Spot or VAL SP
初始保证金——Initial or Original Margin
单一汇率——Single Rate
当日交割——Value Today or VAL TOD
到期月份——Expiration Months
掉期交易——Swap Transaction
多头——Long
多头套期保值——Long Hedge
多头投机——Long Speculation
复汇率——Multiple Rate
隔日交割——Value Tomorrow or VAL TOM
股价指数期货——Stock Index Futures
固定交割日的期汇交易——Fixed Forward Transaction
关键货币——Key Currency
官定汇率——Official Rate
国际货币基金组织——International Monetary Fund（IMF）
黄金期货——Gold or Bullion Futures
汇率——Exchange Rate
汇票——Draft
基本点——Basic Point
基本分析法——Fundamental Approach

附录 D　外汇交易常用术语中英文对照

基本汇率——Basic Rate
即期对即期的掉期交易——Spot-Spot Swaps
即期对远期的掉期交易——Spot-Forward Swaps
即期汇率——Spot Rate
即期交割日——Spot Date
即期外汇交易——Spot Exchange Transaction
即期外汇市场——Spot Exchange Market
即期外汇投机——Spot Speculation
技术分析法——Technical Analysis
间接标价法——Indirect Quotation
交割——Delivery or Settlement
交割结算——Delivery and Settlement
交割日/结算日/起息日——Value Date /Delivery Date
交易所——Foreign Exchange
金融期货——Financial Futures
开盘汇率——Open Rate
看跌期权——Put Option
看涨期权——Call Option
可兑换性——Convertibility
空头——Short
空头套期保值——Short Hedge
空头投机——Short Speculation
利率期货——Interest Rate Futures
伦敦国际金融期货交易所——London International Financial Futures Exchange（LIFFE）
买空——Buy Long
买入汇率——Buying Rate
卖出汇率——Selling Rate
卖空——Sell Short
美式期权——American Option
欧式期权——European Option
平价——at Par 或 Parity
期货——Futures
期货价格（履约价格）——Exercise Price（Strike Price）
期货交易——Futures Trading
期权费——Premium

清算公司——Clearing Firm
清算机构——Clearing House
清算价格——Settle Price
升水——Premium
市场汇率——Market Rate
收盘汇率——Close Rate
双向报价——Two Way Quotation
套期保值——Hedge
套算（交叉）汇率——Cross Rate
贴水——Discount
投机者——Speculator
外币期货——Foreign Currency Futures
外币期货交易——Foreign Currency Futures Transaction
外汇——Foreign Exchange
外汇交易——Foreign Exchange Transaction
外汇经纪人——Foreign Exchange Broker
外汇期货——Foreign Exchange Futures
外汇期货合约——Currency Future Contract
外汇期货交易——Foreign Exchange Futures Transaction
外汇期权交易——Foreign Exchange Option Transaction
外汇市场——Foreign Exchange Market
外汇投机——Foreign Exchange Speculation
完整汇率——Outright Rate
完整汇率报价方式——Outright Rate Quotation
维持保证金——Maintenance Margin
现钞汇率——Bank Notes Rate
现货交易——Spots Trading
信用卡——Credit Card
选择交割日的期汇交易——Optional Forward Transaction
远期差价——Forward Margin
远期差价报价方式——Swap Rate Quotation
远期掉期率——Forward Swaps Rate
远期对远期的掉期交易——Forward-Forward Swaps
远期汇率——Forward Rate
远期套期保值——Forward Hedge

附录 D　外汇交易常用术语中英文对照

远期外汇交易——Forward Exchange Transaction
远期外汇投机——Forward Speculation
择期交易——Optional Forward Transaction
支票——Cheque
芝加哥交易所——Chicago Board of Trade（CBT）
执行价格——Stick Price
（芝加哥）国际货币市场——International Monetary Market（IMM）
直接标价法——Direct Quotation
中间汇率——Middle Rate
逐日盯市制度——Mark to Market Daily
最低汇率——Low Rate
最高汇率——High Rate

参考文献

[1] 陈雨露. 国际金融（第六版）[M]. 北京：中国人民大学出版社，2019.

[2] 魏强斌. 外汇交易三部曲（第3版）[M]. 北京：经济管理出版社，2019.

[3] 许再越. 外汇市场与交易系统[M]. 杭州：浙江大学出版社，2017.

[4] 中国外汇交易中心. 中国银行间市场交易报告2019 [M]. 北京：中国金融出版社，2020.

[5] 北京银监局. 银行业金融机构外汇业务法规汇编[M]. 北京：中国金融出版社，2015.

[6] 斯文. 中国外汇衍生品市场研究[M]. 上海：上海人民出版社，2016.

[7] 贾里德·F. 马丁内斯. 外汇交易的10堂必修课[M]. 李汉军，等译. 北京：机械工业出版社，2018.

[8] 托马斯·普格尔. 国际金融（英文版·第17版）[M]. 北京：中国人民大学出版社，2020.

[9] 姜波克. 国际金融新编（第六版）[M]. 上海：复旦大学出版社，2018.

[10] 劳伦斯·A. 康纳斯，琳达·布拉福德·拉斯琦克. 华尔街交易智慧[M]. 陈鼎，等译. 太原：山西人民出版社，2018.

[11] 中国货币网（http://www.chinamoney.com.cn）.

[12] 国家外汇管理局（http://www.safe.gov.cn）.

[13] 中国工商银行（http://www.icbc.com.cn）.

[14] 中国招商银行（http://www.cmbchina.com.cn）.

[15] 交通银行（http://www.95559.com.cn）.

[16] 中国银行（http://www.boc.cn）.

[17] 中国建设银行（http://www.ccb.cn）.

[18] 和讯网（http://www.hexun.com）.

[19] 金融界（http://www.jrj.com）.

[20] 外汇通（http://www.forex.com.cn）.

[21] 世华财讯（http://www.shihua.com.cn）.

[22] 世界汇金网（http://www.globefinance.net）.